養護内容総論

[改訂版]

飯田 進＋大嶋恭二＋小坂和夫＋豊福義彦＋宮本和武 共著

ミネルヴァ書房

改訂版はしがき

　児童福祉施設において，家庭や親にかわって児童の養育という重大な責務を担う中心的な立場にあるのが保育士である。その保育士の資質の向上や専門性の向上という，社会的な要請に応えるべく，1970（昭和45）年10月に，保育士養成機関の教科目と履修方法などが一部改正された。以前は「養護原理」として包括的に教授されていたものが，「養護原理Ⅰ」「養護原理Ⅱ」「養護内容」の3教科目に分化されたのである。改正当初は評価される点も少なくなかったが，今日的な児童福祉ニーズにマッチしない問題点や改善すべき点が見受けられるようになってきた。

　保育士養成協議会は，早くからこの問題に着目し，1983年に改正案を厚生省に提出している。本書は，この大きな改正の動向をふまえて，ミネルヴァ書房より『養護内容総論』と題して初版を発刊したものである。

　初版刊行後，社会福祉基礎構造改革が進められ，1997（平成9）年には児童福祉法が大幅に改正された。2000（平成12）年には社会福祉事業法が社会福祉法に改正され，関連して児童福祉法をはじめ関係する政省令等も再度改正された。『養護内容総論（改訂版）』は，こうした動向をふまえて必要な加筆修正を行ったものである。

　従来の「養護原理」のなかから，内容論に相当する部分を原理との関連において学習できるようにまとめられたこの「養護内容総論」は，保育士養成校の講義テキストとして用いられることを主眼としている。もちろん，「養護原理」「養護内容論」の講義テキストとしても活用できるようになっている。

　とかく，教科書の内容と実際の福祉現場とのくい違いが指摘されるが，本

書においてはそうしたくい違いを少しでも無くするよう調整・努力したつもりである。そうして，実際に，施設養護に携わることになったとき，即戦力として役立つような実践力を身につけるには，どのような教授内容が必要かを考えた。幸いなことに，本書をまとめた5人の筆者らは，いずれも多年にわたって児童福祉施設の職員としての豊富な経験と同時に，保育士養成機関で施設養護に関する教科目を担当している立場であったり，またあるものは児童福祉施設などの職員を経て保育士養成機関の研究者としての現職にあるものたちである。したがって，児童の側に立ち，また施設の立場からみて望ましく，必要とされる「職員像」を熟知している故に，時として保育士養成に対する期待感から過剰で厳しい要求をしている場合があるかもしれない。施設養護が親や家庭になりかわり，児童の養護に主体的にかかわる場であることを考えると，職員の資質が問われることは，むしろ当然のことであろう。児童と共に生活する職員は，児童にとって「人間としてのモデル」であり「生活者としてのモデル」であることを忘れてはならない。

　子どもの養育で，もっとも重要なことは「精神的生命体」を育てることである。そのことを念頭におき，より高い人間的資質や専門的資質の向上を目指す保育士養成を願うものである。

　本書をまとめるにあたり，何回も話し合う機会をもった結果，この本の基本的な内容としては，以下の共通理解をもった。①オーソドックスな内容をベースとする。②興味深く読めるよう具体的な事例をあげる，③平易な表現内容とする。④実践に役立つものとする。これらをふまえて，できるだけ実際に役立つ内容となるよう配慮した。具体的な処遇内容としては，施設養護の原型的内容といわれている児童養護施設における養護の基本的原理，方法的原理を中心としながら論述した。

　文章構成は7章構成とし，まず各章の分担者が文章の概要を発表し全員で

検討を加えた。さらにまとめられた原稿内容についても加除を加え，全体的な脈絡がとれるようたび重なる共同討議や原稿の読み合わせの機会をもった。

　主要な流れを要約すると，第Ⅰ章からは，児童の人間としての尊厳にたった権利の保障理念と，児童の発達特性を理解したうえでの発達保障のあり方など，第Ⅳ章までは家庭の養育責任や社会的養護の意義，施設養護の目的と機能，施設運営の実際など理念的，原理的な内容を中心に論述した。第Ⅴ章は，児童福祉法に規定されている主要な8施設の重要部分をダイジェストに紹介しておいた。第Ⅵ章は，施設養護の基本原理にもとづいた児童の措置や基本的ニーズにたった，施設の日常生活養護の具体的な内容や専門治療的内容，アフターケアの実態やあり方も考察した。第Ⅶ章は，施設養護を高めるためにとして，施設養護として当然であるべき事柄や，今後の課題，さらにこうあって欲しいという願望なども交えて論述してある。

　本書は，ミネルヴァ書房より発刊されている，大谷嘉朗氏他共著の『養護内容論』を重要な参考文献とし，内容的に乗り越えたいという願いと意気込みをもって頑張った。「施設養護を問いなおす」という同書の理念が，いささかでも伝承されていれば幸いである。

　2001年3月

著者一同

目　次

改訂版はしがき

I章　児童の養護とは何か

第1節　児童養護の意義・目的 …………………………………………… 2

児童の理解（2）　児童の発達保障（6）　児童養護と福祉計画（11）

第2節　児童養護の変遷 …………………………………………………… 13

原始・古代社会（14）　中世社会（16）　近世社会（18）　近代社会（22）　現代社会（29）

II章　児童と家庭・社会

第1節　家庭の養育責任 …………………………………………………… 36

家庭養育と児童の人格形成（36）　親子関係（38）　現代家族の特徴（41）

第2節　社会的ケア ………………………………………………………… 49

児童養護問題（49）　社会的ケアの意義（59）

III章　施設養護の目的と機能

第1節　施設養護の目的 …………………………………………………… 66

施設養護の目標（66）　施設養護の種類（72）

第2節　施設養護の機能 …………………………………………………… 78

施設入所の意味（78）　問題別入所の意味（85）

IV章　児童福祉施設の運営

第1節　運営の実際 ………………………………………………………… 90

施設運営の基本的理念（90）　措置委託と最低基準（93）　児童福祉施設最低基準（94）

第2節　職員の人間性と専門性 …………………………………… 96

職員の資質と児童（96）　施設長，施設職員の専門性（100）

第3節　職員配置について ………………………………………… 102

職員配置と労働時間（102）　労働時間と児童（104）

第4節　養成と訓練 ………………………………………………… 108

研修の必要性（108）　スーパービジョン（111）　今後にむけて（113）

第5節　施設長の資質 ……………………………………………… 114

基本的要件（114）　施設長の資質要件と役割（115）

第6節　職員の資質 ………………………………………………… 119

人間性（120）　人間関係（協調性）（121）　自己覚知（122）　学ぶ姿勢（122）　日常生活上の技術（123）　心身の健康（123）

第7節　勤務条件 …………………………………………………… 124

労働基準法と施設養護（124）　児童福祉施設の対応（126）

V章　児童福祉施設各論

第1節　児童養護施設 ……………………………………………… 132

目的（132）　原因（133）　歴史（134）　内容（137）

第2節　知的障害児施設 …………………………………………… 139

目的（139）　原因（140）　歴史（142）　内容（144）

第3節　肢体不自由児施設 ………………………………………… 145

目的（145）　原因（146）　歴史（146）　内容（149）

第4節　乳児院 ……………………………………………………… 152

目的（152）　原因（152）　歴史（154）　内容（155）

第5節　重症心身障害児施設………………………………………… 157
　　　目的（157）　原因（160）　歴史（161）　内容（162）

第6節　盲ろうあ児施設……………………………………………… 164
　　　A．盲児施設——目的（164）　歴史（166）　内容（166）
　　　B．ろうあ児施設——目的（167）　歴史（169）　内容（170）

第7節　情緒障害児短期治療施設…………………………………… 171
　　　目的（171）　原因（171）　歴史（174）　内容（175）

第8節　児童自立支援施設…………………………………………… 176
　　　目的（176）　原因（177）　歴史（178）　内容（180）

第9節　その他の児童福祉施設……………………………………… 182
　　　助産施設（182）　保育所（183）　母子生活支援施設（186）　児童厚生施設（188）　（旧）虚弱児施設（189）　知的障害児通園施設（189）

Ⅵ章　施設養護の実際

第1節　施設養護の基本原理………………………………………… 192
　　　人間性の回復形成（192）　親子関係調整（195）　個別化（196）
　　　集団力学の活用（197）　処遇効果（198）

第2節　児童の措置…………………………………………………… 198
　　　児童相談所（199）　児童福祉施設への措置（204）

第3節　児童の基本的ニーズ………………………………………… 206
　　　愛情欲求未充足（207）　発達障害（208）　人間関係障害（208）
　　　生活習慣・生活技術の未熟（210）　専門的治療を要する児童（210）

第4節　日常生活養護………………………………………………… 211
　　　生活集団（211）　生活のリズム（212）　生活習慣の形成と生活技術の習得（212）　衣生活（213）　食生活（213）　住生活（214）
　　　余暇時間（215）　心身の発達と性（215）　生活の安全（216）

　　　　　進路指導（217）

　第 5 節　地域社会との連携……………………………………………… 217

　　　　　学校との連携（218）　近隣地域との連携（219）

　第 6 節　ケースワーク処遇…………………………………………… 223

　　　　　ケースワークの定義と機能（224）　過程（224）　基本的な原理
　　　　　（227）

　第 7 節　グループワーク処遇………………………………………… 229

　　　　　グループワークの定義と機能（229）　分類（230）　基礎的集団に
　　　　　対するグループワーク処遇（231）　意図的集団に対するグループワ
　　　　　ーク処遇（233）　任意集団に対するグループワーク処遇（234）

　第 8 節　その他の治療技術…………………………………………… 235

　　　　　医学的治療（235）　精神医学的治療（236）　遊戯療法（プレイ・セ
　　　　　ラピー）（237）　リハビリテーション（237）　治療技術の統合
　　　　　（239）

　第 9 節　アフター・ケア……………………………………………… 239

　　　　　アフター・ケアの意味（239）　アフター・ケアの出発点（242）

Ⅶ章　施設養護を高めるために

　第 1 節　処遇効果の測定評価………………………………………… 246

　　　　　測定評価の前提条件（246）　測定評価の基準（248）　測定評価を
　　　　　とおしての反省と活用（254）

　第 2 節　職員のチームワークの確立………………………………… 255

　　　　　施設長と職員の協働（256）　職員同士の協働（257）　専門家集団
　　　　　との協働（259）

　第 3 節　児童相談所等関係諸機関との協働………………………… 260

　　　　　児童相談所との関係（261）　その他の関係機関との関係（263）
　　　　　一貫性養護の保障（264）

第4節　専門性の確立 ………………………………… 265
施設養護の展開過程における処遇の専門的基盤の確立（265）　専門性を支える職員の人間性と科学的思考（269）

第5節　施設養護環境の再検討と改善 ………………… 272
児童の多様なニーズに対応するために（273）　少人数処遇にむけて（277）

第6節　正しい福祉理解の展開 ………………………… 280
戦後, 社会福祉の流れ（281）　人口の高齢化（282）　児童福祉の理念（282）　児童福祉施設の課題（283）　入所児童の課題（284）　家族の課題（285）　地域社会の課題（286）　行政の課題（287）

第7節　児童養護ネットワークの確立 ………………… 288
児童の権利の保障（288）　総合的な児童福祉計画とネットワーク（291）

■参考資料
■索　引

I章　児童の養護とは何か

第1節　児童養護の意義・目的

1. 児童の理解

　「20世紀は児童の世紀である」とエレン・ケイのいった言葉の意味を21世紀に入った今，あらためて考えてみよう。長い間，児童一人ひとりに賦与されているはずの人間としての諸権利が，時代・社会に押し流され踏みにじられてきた，その暗黒の夜明けを求め，児童の幸福な生活と成長を強く願い，祈りを20世紀にこめたのである。しかし，そうした願いに反し，われわれ人類は，2度におよぶ世界大戦を起こし，さらに数知れない戦争や内戦をくり返している。その度に多くの子供が親や家族を失い，幸福な家庭生活を奪い去られ，心や体に大きな傷を受けている。一方では，地震・干ばつ・水害などの自然災害による児童たちの飢餓や病気の問題，また，南北問題にみられる富の不均衡による飢餓や疾病・失業などの問題，北の国々では，工業化による環境汚染の進行，急激な都市化による人口問題・家族問題・地域問題，さらに豊かさの中における貧困問題や心の貧しさなどがみられた。

■ 児童と家庭

　たしかに産業・科学・文明の発達は人間に寄与する反面，人間生活にとって従来のリズムを狂わせるデメリットなほうへ影響をおよぼしていることも多い。人間の一生は，常にその時代・社会のう̇ね̇り̇・流̇れ̇の中で，誕生し成長し生活するというサイクルをくり返している。人間の子供にとって，どのように社会が移り変わろうとも，この世に生まれてくれば，親の愛情を受け家族に見守られながら育っていくのが，今日では当たり前のこととして受け

とめられている。とくに現代の家庭は、男女双方の愛情と自主的合意にもとづく共同生活を主体にしており、その結果として、親の期待と祝福の中に子供が誕生し、家庭生活に喜びと希望をもたらすのである。親は子供の養育のために働き生活し、子供にかける期待に支えられ生きがいや喜びをかみしめる。子供は親の背中をみて育つという言葉があるように、人間のモデルとして、親子という縦の基本的家族関係の中で自己を形成していくのである。夫婦という横の関係、親子の縦の関係、この縦横の愛情と信頼によって結ばれた生活共同体の中で、親子のきずなが強められ、お互いが支え合うことが、生きがいの源泉となるのである。家族は、こうした緊密な人間関係をとおして力を合わせながら、より豊かな人間成長や生活の充実・向上、いわゆる幸福な生活を目指しているのである。

　児童養護は、このような人間関係によって営まれる家庭の日常生活をとおして、とくに母親による一貫した日常養護（continuity of constant maternal care）を中心に、自他同一化作用による模倣や学習によって、人間関係の基本や生活習慣・技術を習得・習熟化していくのである。さらに、人格発達の基本となる安定感・所属感を醸成し、円満な人格形成を促進するのである。児童は主体的な人格として、愛され尊重され、信頼され期待されているという受動的な経験に始まり、ひたすらな養育者（両親とくに母親）への対応として、喜ばれる努力をしようとする意識や行動が育ち、受けるのみではなく、やがては他者を愛し尊重し受容するという能動的な人格形成の基礎をつくりあげていくのである。

■ 変わる親と子供のあり方

　このように、児童養護は、家庭における役割機能の重要性が認識されていながら、経済的・社会的変動の影響を大きく受け、変容しつつ現状にいたっている。その中でも顕著なものは、家族関係における親と子供のあり方の変

容であろう。わが国従来の家族制度が解体され、核家族化の進行が著しい。1985（昭和60）年のNHK調査による、東京・大阪の核家族と3世代家族の割合と平均的な家族サイズをみると、「どのような暮し方が望ましいか」の問いに対し、「核家族が望ましい」65％、「3世代家族が望ましい」14％という回答があり、圧倒的に核家族指向となっている。このような核家族化がどのように進んだか日・米の比較では、1家族5人から3.8人に少人数化するまでに米国では60年間（1880年〜1940年）を要したのに対し、日本ではわずか30年間（1955年〜1985年）という急激な変化をとげたといわれている。その結果、日本の場合は父親の権威が失墜し、これが家族関係の中で大きな問題となり、児童の養育上好ましくない現象が指摘されている。また、イギリスの精神医学者ウェザーヘッド博士は、「今や家庭はその構成家族員にとって、食事や睡眠をもっとも安価に手軽に得られるがゆえに帰ってくるねぐらにすぎなくなりつつある」といわせるほど、家庭の現実は変容しつつあり、児童にとって最悪の家庭養護環境として危機的・崩壊的状況へ進むきざしを呈している。米国においては1970年代に、「家庭は死んだ」（David Cooper, *The Death of the Family*.penguin press,1971.）という本まで出版されているのである。このような危機的様相が指摘されればされるほど、家庭における児童養護機能は、ますますその重要性を増すのである。

▮ 家庭を失った家族

このように、家庭児童養護（family child care, 以下家庭養護という）の弱体化・変容化が叫ばれながらも、人類の歴史は、児童養護の基本を家庭養護においてきており、今後もその役割期待は変わらないであろう。しかし、時代・社会の流れは家庭養護を大きく変え、生活共同体としての社会による児童養護、すなわち、社会的児童養護（public child care, 以下社会的養護という）にその機能を大きく委ねることになってきた。今日ではもはや、家庭養護のみ

では児童の健全な養護は望めず，社会的養護が不可欠の条件となっている。それだけに何度もいうように，家庭養護でなければならない大切な機能があり，それを失ってしまえば，家庭とはいえなくなるのである。最近，「家庭を失った家族」という言葉が使われている。家庭のない家族が確実に増加してきているのも事実である。また，孤立化した家庭や子供を愛せない親，愛せなくなった親の増加も深刻な問題となってきている。

▨ 児童の権利，生命の権利

今までみてきたように，児童養護はその時代や国・社会・家庭のあり方に大きく左右されてきたことは明らかであり，今後もそれらに左右されることは確実である。児童はいつの時代においても，被害を最大に受けるもっとも弱い存在である。フランスのジャン・シャザルは『子供の権利』の中で，子供は権利の主体であり，親の所有物でも債権者でもなく債務者であるといっている。子供の権利というのは，胎児も乳児も児童も青年も，生命への権利という共通の権原を有しているとし，さらに次のような権利をあげている。物質的・生物学的要求，安全と愛情に対する生命的・情緒的要求，理解されたいという，情緒的であると同時に知的な要求，成長の要求，外界発見・自己主張の要求などをあげ，これら諸要求の法的承認が子供の権利だといっている。シャザルのもっとも重要な指摘は，「子供たちに権利があるとしても，子供は普通その権利を自分では行使できず，自分の権利を仲介者，すなわち両親，両親の代理人，もしくは法人をとおして行使する」である。いいかえれば親や社会の側の権利を強調すれば，児童の権利が阻害されることを意味している。したがって親たちは，常に子供の権利を侵害しやすい立場にあることを反省・自覚する必要があると強く警告している(1)。

わが国の憲法は，第11条で基本的人権の享有を保証し，第13条では個人の尊重と公共の福祉，第25条は生存権と国の社会保障的義務を明記している。

この日本国憲法を精神に児童福祉法が制定され，わが国児童養護の基本となり，関連法律制度が成立されていった。児童養護に対する願いとして，「児童憲章」も制定されるにいたったが，残念ながら今日の社会にほとんど生かされない状態となっている。

　このような児童の権利を守り保障していこうとする考えは，国際的な立場から全世界の子供たちを対象とするような動きも今世紀のはじめ頃よりみられている。1922（大正11）年に児童救済基金団体基金連合による世界児童憲章をはじめとし，1923（大正12）年に採択されたゼネバ宣言として有名な児童権利宣言，1959（昭和34）年の国際連合による児童権利宣言，1989（平成元）年「国連・子どもの権利に関する条約」などがある。1959年の宣言は，国際連合に加盟している国のすべての国民に対するもので，基本的人権と人間の尊厳および価値にもとづき，身体的・精神的に未熟な児童に対し，その出生の前後においてはとくに守り世話することが必要であり，幸福な生活を送り自分と社会の福利のための権利と自由を享有するため，両親，大人，民間団体，地方行政機関，各国政府に対し，これらの権利が守られるよう努力することが要請されている。この宣言は前文および10条からなっており，あらゆる差別や不幸・虐待・放任・搾取・病気などから守られる権利のあることが明記されている。

　前文に，「人類は児童に対し最善のものを与える義務を負うものである」という文言がみられるが，宣言文の中でもっとも重要な個所であると思われる。どの時代にも，常に弱い立場におかれ，あらゆる権利が侵害され続けている児童に対し，文字どおり児童の権利が確実に守られ保障される日の到来はいつであろうか。

2. 児童の発達保障

　児童養護は，いいかえるならば発達の保障ともいえよう。児童の生来の素

質と，児童を生み育んできた家庭の中で，社会的人間としての出発が始まり，家庭をとりまく近隣社会や学校生活の中で獲得されていく社会化の過程を経て，人間らしい成長を遂げていくのである。家庭において人間発達のもっとも初期の段階における，母子関係の中断・欠如・未充足は，人間の尊厳の否定であり，人間に対する基本的信頼感の未形成として人格形式上の致命的な障害をもたらすといわれている。不適切な養育環境におかれて育つ児童は，依存と自立の社会化過程の基本を通過することができないのである。幼児期には幼児期としての発達の特性があり，さらに児童期，思春期，青年期というようにそれぞれの発達特性があり課題をもっているのである。そうした発達特性による課題に到達せず，未発達であるとするならば，次の発達段階に進めず，発達遅滞などの障害が起きるのである。家庭や親に起因する不適切な養育環境によるものや，心身の障害による発達障害に対し，今日では社会的養護サービスが機能するようになっている。たとえば，家庭養育援助，心身機能に障害のある特殊児童援助，情緒・行動に問題のある児童の援助などである。

　人間が一生物体として生を受け成長発達をするうえで，どのような発達過程を経るかその原則についてみてみたい。

▎発達の段階

　ベルナード（Bernard, H. W.）は発達を理解するために，発達の特徴を次のようにあげている。

(1) 発達は生体とその環境との相互作用による所産である。
(2) 発達は個々の生体の初期の生活時代にもっとも急速に行われる。
(3) 発達の速度は個体間に差がある。
(4) 同一種の生物では発達の型が一定の発生の順序に従って進んでいく。
(5) 発達は連続的・漸進的であり，断続的・飛躍的な傾向は少ない。
(6) 訓練の効果は，成熟の程度に比例して変わってくる。

(7) 発達の過程には，個別化と総合化の両過程がある。

(8) 生体の種々の特徴は相関しており，補償的でないのが原則である。

(9) 1つの生体の相対的な発達の速度は一定して変わらない傾向がある。

以上は生物全般の発達の原則についてのべたものであるが，人間の発達もこれに準じるものとして理解され，児童の発達の理解においても活用されるものである。

たとえば児童の発達の速度は児童によって個人差があるが，発達の方向が比較的に一定していることから，児童の将来の発達を予想する手がかりとなる。ある行動の発達段階を経て次の段階へ移っていく順序は，その段階の経過が長いか短いかの違いはあっても，どの児童も同じような順序と特定の型があらわれてくるので，ある時期の行動の型がわかれば，次の発達段階の型が予測できるというものである。

発達段階の理解

児童の発達にはいくつかの領域があり，身体的・精神的・情緒的・社会性の発達領域がある。これらの各領域が相互に関連し合って発達を促進するのである。パーソナリティは生まれつきできあがっているのではなく，児童を取り巻く環境の影響を受けながらつくりあげられていくものである。

新生児における発達は，生理的にも心理的にも未分化であり，母親とは依存・共生関係が強い。どんな動物の母子関係よりも，人間の母子関係ほど依存関係が長い期間必要とされるものは他にない。乳児期に入ると，運動機能・情緒・思考はまだ非常に未分化で混沌としており，この未分化な機能が，子供の生物的な成熟と環境から受ける学習の効果により分化していくのである。この時代の母子関係は，精神発達にきわめて重要である。乳児期および幼児前期（満3歳頃まで）に，突然母子関係が絶たれた場合，発達にとって重要な障害が起きることが多い。とくに情緒の発達に影響が多いといわれている。

また，精神的離乳の過程で，母子関係の分化過程が十分熟さない時期に，せっかちな分離があると子供の情緒を不安にし発達を停滞させる。このようなことは乳児院や養護施設の児童の例によくみられ，処遇のあり方が大変重要である。

　順調な母子関係は，母子の依存関係を徐々に分化させ，子供の自我も発達し次第に母親から離れて自立していく。母親の態度も子供の発達に応じて，自立を束縛せず促進させることが必要である。子供の自我が母親から独立して育っていくのがもっとも明確にみられるのは，子供の基本的習慣の自立の経過においてである。基本的習慣の自立は5領域あって，躾の5原則ともいわれており，子供が社会に適応していく基本的な生活技術となる。この時期に社会性も発達してくる。

■ 学童期

　学童期の発達は，幼児期の発達経過を知ることが大切である。それは幼児期にすでに独自の，内的な一貫した適応の型が形成されているからである。情緒的には，もっとも安定した時期といわれている。いわゆる困った不幸な子供は，幼児期の課題が解決されておらず，情緒の安定が確立していないため，情緒未成熟の問題をこの時期にまで持ち越している場合があり，典型的な問題児の反応を示す。仲間から孤立したり，仲間はずれとなり，不安を増したり自信をいっそう弱めたりする理由となる。

　一般的に他児との協調や自己中心的な情緒も卒業して，仲間意識「われわれ意識」が発達してくる。自分の情緒が楽に処理されるようになり，心理的環境が広がり外界に対する興味が急に増加する。一方仲間意識の強化により行動の伝染や流行の取り入れなどが激しくなる。また連帯意識も強まり，仲間の秘密を固く守り合うことも高学年になるにつれみられてくる。ギャング時代とよばれるのがそれである。親の権威で子供の行動を規制することが難

しくなってくる。

■ 前思春期

　12～13歳の前思春期の発達の特徴は，生理的変化による第2次性徴があらわれてくることである。情緒的には感受性が敏感になり，動揺しやすくなる。幼児期から学童期にかけて，情緒の未成熟な子供は，情緒的動揺が強くあらわれるようになる。正常に発達した子供でも，情緒の動揺が強く，安定への回復が困難になり，強い緊張状態が続くこともある。性衝動の急な発達により，今まで経験したことのない新しい情緒の体験をうまく処理できないことが理由である。このような，急な不安や自信を失うことが，親や教師などの権威に対する反抗という形をとってあらわれることもある。親はこうした子供の対応に不安になり，それが親子関係を困難にする原因となる場合がある。

　情緒不安の結果，怠学・家出・自殺などの症状的な行動に発展したり，集団的不良行為という形の反社会的行動を示したりする。大部分がこの時代の**発達的特徴である情緒的動揺の所産である**ことが多く，周囲の理解ある対応によって，ある時期を過ぎると消えていく一時的な特徴であることが多い。周囲の対応が，この時代の発達的特徴を無視したり，不適切な対応であった場合は，子供の不安・葛藤は強くなり，ときには常習家出・自殺行為・不良行為・性的倒錯といった異常症状に追い込み，一過性の行動異常を恒常的（stereo type）な行動異常に追い込んでしまう場合がある。しかし反面，この動揺の解決過程が性格を豊かにし，適応性の幅を広くし，文化的な興味を増すとともに人生観・世界観を育てるきっかけを与えることにもなるのである。

　この時期における，親や教師の対応のまずさから，施設入所養護の対象となる児童が増加してきている。

■ 思 春 期

　思春期（青年期）の発達の特徴としては，身体的生理的変化としての性的成

熟は一応安定してくるが，社会的・心理的にはさまざまな制約があり，性的衝動を適当に処理する心理的技術は十分に発達していないことがある。児童期を通じて，現実を客観的に理解する能力は発達してくるが，同時に価値判断が進み，個人の価値体系ができあがり，現実を批判する「理想像」が育っていくのであるが，理想と現実の自分とのギャップに苦しむようにもなる。理想的基準から自己批判をすると無力であり，おろかであり，自己嫌悪に陥ったりもするが，この現実と理想の不一致は，思春期の青年を動揺させる反面，同時に精神生活を豊かにし向上させる条件にもなるのである。この時代の動揺をいっそう高める原因となっているものに，あるときは子供に，ある場合は成人として扱われる不安定な社会的な地位がある。この時代の困った傾向としては，自分の内的な世界に目を向けすぎ，極端な場合は，自分の世界に閉じこもり，人との接触を嫌い内閉的な傾向をもつ場合である。

　思春期は子供から大人への過渡期であり，人間なら成長過程の中で必ず通る過程である。思春期は難しいとよくいわれるが，問題は何が難しいのかである。アメリカのある社会学者は「青春文化」の時代といっている。

　以上，各発達段階の特徴について，必要と思う部分を概括的にみてきたが，最後に次のことをのべておきたい。

　発達は成熟と学習の二側面の効果によって促進されるものであり，子供の成熟度を無視した押しつけ的な学習効果は，人格発達のバランスを失調させる。学習を効果的に受け入れる準備（readiness）の状態が大変重要であり，無理な学習は発達を妨害し，反対に準備ができあがっている子供に，それに応じた学習の機会がないと，発達は遅れるのである。

3. 児童養護と福祉計画

　前項では，児童養護は発達の保障であるといった。発達の保障をすること

は，児童の健全な成長発達を守ることである。すべての児童の健全な成長発達を促進するには，家庭養護と社会的養護機能が，車の両輪のごとく協力し合わなければ，児童の養育は成り立たない状態におかれている。人間社会の歴史をさかのぼってみると，児童の成長発達の大部分の働きかけが，家庭内で行われていた。生命・健康の保全・生産技術の習得・教育・娯楽・宗教といった人間生活のあらゆる領域にわたって家庭が主体的にかかわっていたのである。この家庭の役割責任としていた領域が，近代国家の成立を機に急激に縮小していき，あるいは完全に家庭から離れて国や社会的機関や施設に移っていった。

　現代社会における児童養護は，家庭養護からますます社会的養護に委ねる領域が多くなり，もはや家庭と社会の共同責任なくして児童養護は進展しなくなってきている。とくに社会的養護の一つである施設入所児童養護（以後施設入所養護という）は，完全に家庭養護の手から離れて，養育の営みが施設に移ることになる。本来ならば児童は，健全な家庭で両親の愛情を受けて生活し成長するべきである。それが困難な児童に対しては，個々のニーズをしっかり受けとめ，その児童にもっともふさわしい生活の場を与えるべきである。児童個々のニーズは安定した少人数の施設らしくない場での生活を基本的に望んでいるのに対し，現実は多人数による集団生活が相も変わらず行われているのである。児童の成長発達にとって，もっとも望ましい養育環境を見直すべきであろう。短期で治療的なニーズの高い児童は，それにふさわしい施設を必要とするであろうが，日常生活の中心は集団的な処遇でなく少人数による生活単位とし，養育が進められるのが望ましいのではないだろうか。児童の成長発達には，家庭における養育環境は重要な意味をもっており，社会的養護が最大限それをどこまで取り入れながら養護が進められるか，根本的に検討し直し実践することはできないのであろうか。里親養護も多様な里親

を選び訓練し，施設養護も児童の立場に立って発想の転換をもとに，グループ・ホームなどを含めた処遇メニューをもつべきであろう。施設養護はできるだけ短期化し，長期にわたる社会的養護が必要な児童には，たらいまわしをしないような養護計画にもとづいた里親養護やグループ・ホーム養護を考えるべきであろう。

　根本的には児童を家庭から引き離さなくて済むような予防的な援助プログラムを中心にしながら，施設もそのプログラムに機能するよう位置づけていくような，児童福祉計画の策定はできないものであろうか。

第2節　児童養護の変遷

　人類の長い歴史の中で，誰が児童の養護にあたってきたのかを考えると，当時の時代社会の影響を受けつつも，基本的には家族を中心とした家庭がその責任を果たしてきたものと考えられる。家庭による児童養護，すなわち，家庭児童養護（以下家庭養護という）が中心となって，養育が営まれてきたのである。今日のように児童養護機能が社会的に分類・分化していない時代においては，家庭がすべての機能を有し責任を担っていたのである。現在とは比較にならないほど，親としての責任は重く，また，親のあり方ひとつで子供が左右されていたと推測できる。どんな時代であっても，親はわが子の健康やしあわせを願ったに違いない。しかし，いつの時代社会においても貧困・病気・死亡などの事情により，親や家族による養育が営まれなかった事例が数多くあったことも事実であろう。そうした場合，生活共同体としての近隣社会は，彼らを見捨て・見殺しにしてきたのであろうか。よほどの天災地変

か戦争などの非常事態でない限り，見捨てるようなことはなかったといってよいであろう。何らかの方法で近隣社会の手によって，児童養護が展開されていた事実が，考古学やアフリカや南米の未開種族の文化人類学研究などの資料をとおしても推察できるのである。

　このような生活共同体としての社会によって行われる児童養護を，社会的児童養護（以下社会的養護という）と表現するならば，史実として残されている社会的養護としては，日本の6世紀末の仏教寺院の発展とかかわる大阪四天王寺の悲田院や，ヨーロッパのカトリック修道院とかかわるアサイラムが有名な施設児童養護（以下施設養護という）として伝えられている。里親の歴史は約千年ぐらい前からといわれているが，児童の集団的（施設とは呼べないかもしれないが）養護は，何らかの形で史実にはあらわれなかったとしても存在していたものと思われる。

　家庭養護と社会的養護としての施設養護（この場合は収容施設養護を含む施設児童養護という）を正しく理解するために，また今日の児童養護がどのような歴史過程を経て現在にいたっているかを知ることによって，さらに将来にわたって対応の方途を探るためにも，それぞれの時代社会における児童養護の変遷について概観してみたい。

1. 原始・古代社会

▨ 原始・古代社会の生活と児童

　原始・古代社会においては，子供の出生はその部族や国家の存続や維持に重要な資源として歓迎される反面，生産手段が乏しく生活資源の限界や生活環境の厳しさ・劣悪さを考えると，手放しで喜べない一面があったことも事実であろう。人口過剰は深刻な問題であり，堕胎・嬰児殺し・棄子などの間引きが行われたり，たとえ出生しても，心身に障害のある者や病弱児は，忌

避され山や川に捨てられ流されたという物語もあるくらいで，当時の部族や国家は児童を「生命の尊厳としての人格」といったとらえ方ではなく，種族維持のための貴重な資源,「物」としてとらえていた。親や部族・国家の都合によって，他の財産と同じように処分の対象であり生殺与奪の権利を握られていた。

当時の自然条件を考えてみると，生きるには過酷な条件が多すぎ，強い者しか生き残れないという厳しい自然環境でもあった。強い者のみが生き残り，弱い者が犠牲になるという原理が支配していた時代であった。

現在においても未開種族の育児法の中には，厳しい自然環境を生き抜く方法として，戦闘的な人間を育てるために，常に飢餓状態におき激しい性格をつくりあげる育て方をしているものもある。このような状況を現在の立場からみると，児童福祉とはおよそ結びつかない冷酷無情な感じがするが，あらゆるものが未発達な時代にあっては，むしろ自然の摂理であったのかもしれない。

▨ 古代の児童養護

もちろん，この時代には今日でいうところの施設養護は存在しなかったはずであるが，神話伝説や説話文学などによると，孝元天皇（皇室系図8代）の第1皇子，大昆古命（おおひこのみこと）は，棄子を収容して保護したと伝えられている。さらに日本書紀によると，雄略天皇（皇室系図21代）は同朝6年 西暦462年，皇后に養蚕を奨励し，スガルという側近に蚕（こ）を集めてくるように命じられた。ところがスガルは蚕（こ）を児（こ）と聞き違え，国中から嬰児を集めて天皇に献上した。天皇は宮庭の一部に建物を建てその子供たちを養育することにし，スガルにその責任を命じられ少子部（ちいさこべ）の姓を与えられたといわれている。これが，わが国の幼児養護施設の始祖ではないかともいわれている。

史実にもとづく児童保護事業は，仏教伝来以後であり，推古天皇の代593

年，聖徳太子が創設したと伝えられる大阪四天王寺の悲田院（混合収容施設），敬田院（教化施設），施薬院（薬草栽培，投薬），療病院（病院）の四箇院の活動は，わが国社会福祉事業で組織的事業の源流とされている。これらのうち，悲田院では棄子や孤児を収容養護したと伝えられている。

こうした活動の背景は仏教思想の慈悲の影響を強く受け，当時の貴族がその教えを実践するために活動を支えたといわれている。

2. 中世社会

中世の児童養護

6～7世紀にわたって仏教文化が流入し，さらに仏教が国家宗教として確立されるにともない，宗教思想の広まりとその教えの中心である慈悲慈愛として，孤老・寡婦・孤児・病者・不具者などが弱者として受けとめられ，仏の加護の対象とされるようになった。とくに児童に対しては子宝児童観が生まれ，仏の「申し子」として親の身勝手による子供の圧殺・間引きは，国家の法律によって禁止されるようになったが，棄児やその他の理由で孤児になった子供たちが多く存在した。

そうした子供たちは，宗教寺院や高官貴族の篤志家たちによって収容保護がなされた。有名な事例として，奈良時代の723（養老7）年元正天皇の皇后，光明皇后は21歳の独身時代に奈良興福寺（山階寺）に悲田院を，皇后になられた翌年の730（天平2）年に施薬院を設立した。

平安時代になると，孝謙女帝（光明皇后の長女）の女官であった和気広虫（清麻呂の姉）は，仏門に入り法均尼と称し藤原仲麻呂の征誅後，戦乱のため飢えや疫病が蔓延し生まれた子供を育てられず，棄児や孤児が続出し，彼らを救済する勅命を受け756（天平勝宝8）年83人の孤児たちの養育を始めた。後に養子とし葛木首の姓を賜わったといわれている。さらに淳和天皇823～833年

（天長年間）の代に，太后正子内親王の棄子収容や，仁明天皇845（承和12）年に京都鴨川の悲田院の預僧（養護施設長）賢義が養育した18人の孤児に，新生連(にぶの)の姓を賜わり左の京に定籍させたといわれている。また，清和天皇860年代（貞観年間）に施薬院での幼児の収容保護がなされたりなど，公的責任による保護の傾向が強く感じられる。土佐日記の紀貫之が，土佐守(かみ)として在任中，930年代（承平年間）に私費で孤児の収容保護をした記録もある。

■ 中世の生活

この時代は天皇家を中心とする律令国家が確立され，権力の集中化が朝廷を頂点とする中央貴族らにより進められた。農民は戸籍や計帳によって登録され中央の支配を受けるようになり，班田農民は重い負担と生活苦にあえぐようになった。そのため戸籍を偽ったり浮浪・逃亡する者が多く出たといわれている。当時の苦境を示すものとして，山上憶良の「貧窮問答歌」がある。筑前守(ちくぜんのかみ)であった山上憶良が，農民の実態を見聞し，強大な国家権力の前に夢も希望もなく半ばあきらめの心境で，二人の貧農が生活苦を切々と問答形式で語る長歌は，律令国家の繁栄の影に泣く貧しい民の存在が今日でも目に浮かぶようであわれとしかいいようがない。

仏教が国家宗教として確立し，荘園が発達し，それにともなって武家制度が出現する。士農工商の階級制度も生まれ，やがて武家政権としての幕府による治世が始まる。児童保護に対しての施策はみるべきものはなかったが，天災地変による孤児・棄子・貧窮者の救済に僧侶が活躍をした。仏の慈悲と来世願望の実践として現世で功徳を施す思想の広がりが，僧侶の救済活動に大きな影響をおよぼしたものと思われる。

■ 西洋の影響

西洋においても4世紀頃，ローマ帝国がキリスト教を国家公認宗教としてから，精神面のみならず法律・政治や民衆の社会生活のあらゆる面に影響を

およぼし，教会や修道院による社会的弱者の救済をはじめた。とくに子供は神の慈しみ給うものとして，従来のような子殺しや棄児が為政者によって禁じられ，アサイラムやホスピタルと呼ばれる難民救済施設に収容保護された。わが国でも室町時代にキリシタン信仰による慈善救済事業として，ルイス・デ・アルメーダがキリシタン大名・大友宗麟の援助のもとに1556（弘治2）年豊後府内（現在の大分市）に棄児救済院を創設している。

中世社会においては洋の東西を問わず，親の子供に対する権威は絶大なものがあり，不幸勘当や娘子供の身売りなどがみられ，社会公認の道徳倫理観として受けとめられていた。西洋社会においては，キリスト教の原罪思想の影響で，子供も生来的に罪を背負っているという考え方や，子供は大人を小型にしたものだという非科学的児童観が根強くあり，鞭による厳しい教育・しつけ・従弟奉公訓練をとおして子供の根性を正しく鍛え直すという考え方が社会全般にみられた。悲田院やアサイラムなどの施設養護も慈恵的・施慈者本位の内容であったにせよ，子供はすべて神仏の申し子として理解され，親の身勝手や都合だけで，子供を取り扱ってはならないという児童観が出てきたことは，児童養護の歴史に重要な第一歩をふみだしていたことになる。

3. 近世社会

後期封建社会とよばれる近世は，慈善事業が政策としてとりあげられ，慈善救済理論が治国のひとつであると認識されるようになった。徳川家康が三河に在住していた頃，貧困のため子供の養育ができない場合，金持ちが面倒をみたり住込奉公人として受け入れたり，親戚で面倒をみる相互扶助を強調した。江戸開幕以来，賑恤（しんじゅつ）（救済業事）に力を入れその救済思想は歴代将軍，各大名，幕府代官，旗本らに引き継がれ，領主・代官による児童養護の実践があったといわれている。

有名な慈善救済の方法のひとつとして五人組制度がある。この制度は社会統制，治安対策をもくろむものではあったが，捨て子の養育・行旅病人の保護・間引きの禁止・人身売買の禁止などがもりこまれていた。もうひとつは，松平定信による深川窮民救済所の設置（1790年）と，貧民孤児救済のための救恤費積立制度である。貧民孤児救済の機関として町会所を設け，老幼者の救済・棄児教育・母子扶助の事業を行い，1867（明治元）年まで続けられた。

▍ 近世の生活と児童

生活困難のための間引きを防止するために，児童の養育料として貧困家庭の第2子以下と双児などに，米穀か金銭を幕府によって給与した事実がある。また，領主の中には，三倉を設けて備荒に留意し，飢餓，天災などによる貧民・児の救済，間引きの禁止に尽力したものもいたようである。

江戸幕府の崩壊期近くになってくると，うち続く圧政と重税に加え，地震・洪水・冷干害・疫病などの自然災害により，農民層は風斗出（ふとで）（離村）逃散（ちょうさん）・百姓一揆・打ちこわし・蜂起・暴動などの積極的な行動をとり，堕胎・間引き・棄児などの無言の抵抗を為政者にくり返したといわれている。このような社会風潮によって発生する児童問題に対し，幕府各藩ともしばしば禁止令を発し，児童養護の重要性を領民に強調したが，ほとんど効果があがらなかったともいわれている。

次に徳川時代の事績をとおして，児童養護の一端を見てみよう。

▍ 江戸時代の児童養護

幕府の老中阿部忠秋は，人望や信心が厚く，寺社参りの途次，道に棄児がいれば邸に連れ帰り，数十人を養育したといわれている。先述のように為政者に対する抵抗の形で示されていた，嬰児圧殺・間引き・子堕しなどが社会問題となり，禁止令が出されたりしたが，貧困や天災地変で続出する棄児や孤児を救済するため育児院を設立することはしなかった。

そのかわり，多くの義人とよばれる人たちが，棄児や孤児の救済をしたといわれ，上総の大高善兵衛もそのひとりといわれている。善兵衛は，嬰児や孤児を養育する看板を立て子供たちを預り30数人の孤児たちの養育をしている。

　江戸時代には実現をみなかったが，すぐれた2人の児童保護施設論者がいた。ひとりは佐藤信淵といい，1859（安政6）年に，『垂統祕録』のなかで，孤児救済のための今日的な児童福祉論をのべており，慈育館（乳児院），遊児廠（保育所兼養護施設）の設立構想を提唱した。内容は，江戸町内はもちろん地方でも禄高1万石の禄地に3ヵ所慈育館を設け，各館は四方を塀か垣をめぐらし長屋を数棟建て，番号をつけ1室に7～10人の貧窮児を収容する。世話をするのは近隣の農家の老夫婦で，体が十分に働ける人をあてればよいといった。この子供たちは教育所より送致され，名札をかかげ各室に収容される。親たちの面会を奨励し，引き取りを希望する者は上司に申し出て許可を受ける。入院児の費用は官給とし，給食の内容に牛乳や水飴を与えるよう考えていたのである。慈育館は，4～5歳まででそれ以上は遊児廠に移すことにしていた。一般の家庭の子供も，昼間は共に遊ばせることを考え，1万石の禄地に20数ヵ所，都市にはもっと多く設置するように考えていた。収容期間は，4，5歳から7歳ぐらいまでとし，以後は教育所に移す。この遊児廠は，両親が就業する場合はとくに必要であると考えていた。これらは今日の児童福祉施設の先駆的な実践につながるものであったが，大変残念なことに理論のみにとどまり，評価は明治以後にもちこされたのである。

　もうひとりは，平山敬忠の発案をもとに大久保忠寛が，1857（安政4）年に幼病院の設立を幕府に建議している。この施設は，幼児300人を収容し西洋医学医師を中心に，看護する婦人300人と乳牛100頭，牛飼50人を配置する計画であった。もし当時の為政者が，この案に着目し実践に移していたとすれば，

わが国の児童福祉施設は世界に先駆けており，今日の姿を大きく変えていたかもしれない。

何にせよ徳川時代の児童養護の歴史的所産は，みるべき実践はみなかったにしろ，児童観の確立であったといえよう。

近世ヨーロッパの児童養護

西洋においては，封建制国家が崩壊していく中で近世統一国家が建設され，その直面する社会問題は，それまでの土地を基盤としての生活から，大量の民衆が土地を捨て国内を浮浪し都市部内外でひき起こす，不潔・疾病・犯罪などの社会秩序の動揺や不安にどう対応するかであった。17世紀の初め，エリザベス救貧法が制定され，ワークハウス（強制収容労役所，Workhouse）の設置やインデンチュアー（年季従弟奉公 indenture）の制度が，貧困浮浪大衆に対して多く適用されており，これが児童に対する対策としてもとられるようになった。労役所への混合一斉収容の問題，請負従弟奉公による子供の人格形成面の問題や経済的搾取は，産業革命後の近代国家の成立期における児童労働の歴史とつながり，児童養護の暗黒時代と呼ばれる状態に追い込まれていったのである。産業革命により形成された階級制度により，新しい支配者・富裕階層は，近代国家発展という名目の下に貧困大衆のみならず，幼児・児童までが生産労働に組みこまれ低賃金・長時間労働という苛酷な取り扱いを受けるようになった。利潤追求をあくなき目的とする初期資本主義の体制下にあって，このような社会的悲惨ともいえる不道徳・不健康・無知文盲といった社会的不公正・社会悪の現状に対し，フランス革命の影響を強く受けた博愛主義者や社会改良運動家たちがたちあがった。ルソー，ペスタロッチ，ロバート・オーエンらは英国とヨーロッパ大陸において，児童には遊びと教育を中心とした生活が必要であるいう立場から，開拓的実験的児童施設養護を試み，児童のみのさまざまな収容施設設立の世論をもりあげ，それらは児

童労働保護や児童虐待防止協会設立運動の展開につながっていった。さらに，フランシス・ガルトンらによる科学的児童研究を主旨とする児童協会の啓蒙運動，ビネー・シモンによる知能テストの開発などによって，児童を大人の小型化とみる児童観が払拭されはじめ，児童独自の人格概念が生まれてくることになったのである。

当時の，怠惰・堕落・不摂生というような個人的責任感に根拠をおく救貧法の思想や，マルサスを代表とする「鞭の刺激による就労への駆りたて」といった経済社会思想家の考えと，中世以来のキリスト教人間観とが結びついて，社会防衛の立場からの隔離的懲治的性格の強い，劣等的施設処遇を生み出したものといえよう。しかし，このような児童養護の経過の中で，児童個々の心身のニーズに合った児童だけのさまざまな保護・教育・訓練施設が設置されるようになり，分化・分類収容から効果的処遇の向上を考える施設養護のあり方が研究されはじめ，小舎制処遇や里親家庭委託といった処遇方法が工夫改善されるようになったのである。

4. 近代社会

▩ 近代前期の児童養護政策

約300年続いた徳川幕藩体制は崩壊し，王政復古の大号令の下，近代国家成立の期を迎えることになった。明治維新政府は，幕府体制社会によって農村や都市が生みだした貧民問題を未解決にしたまま，さらに維新による社会体制の変動によって生みだした貧民をも抱えこむことになった。明治政府は貧困な士族の救済を除いては，多くの貧民に対しては何ら積極的な救済策を講じようとしなかった。1868（慶応4）年3月に公布された太政官布告によると，「鰥寡孤独廃疾ノ者，憫ムベキ事」とあるが，これも家康の遺訓とされていたもので，新政府の慈善に対する体質は江戸幕府の継承に過ぎなかった。

旧来の「人民相互の情誼」「隣保共済」の相互連帯を基本理念として，その責任を課したものであった。

徳川時代の孤児は天災地変により大量発生したが，近代に入ってもその実態は変わらず，加えて資本主義体制を原因とする貧窮孤児の発生もみられるようになってくるのである。

1868（慶応4）年公布の堕胎禁止令は，児童の生存権を保障する第一歩となり，明治期における児童保護事業の出発点となった。

この時期に襲ってきた濃尾の大地震や，たび重なる東北地方の冷干害により生活困窮家庭が続出したため，全国に数ヵ所の民間篤志家の手による孤児院が設立された。その中には，キリスト教宣教師による先駆的な活動があったことを見逃すことはできない。

資本主義国家としての体制づくりに専念する政府は，「恤救規則(じゅっきゅう)」を1874（明治7）年に布告し，家族の扶養を受けられない70歳以上の老衰者，70歳以下で疾病により産業を営めない者，13歳以下の者だけを救済の対象とし食費に使う金銭の支給を定めた。救済の方法を，共同体内の人民相互の情宜による相互扶助を中心とし，飢餓に苦しむ窮民だけを救済するにすぎず，施設をつくって救済する考えはなかった。したがって，相互扶助の対象とならない人たちの救済施設の必要が生じた。

■ 施設養護の萌芽

そのため，明治元年から20年代末までの間に，38の施設が民間人の手によって設置された。1869（明治2）年日田の養育館，1872（明治5）年横浜慈仁堂，1872（明治7）浦上養育院，1877（明治10）年神戸女子教育院，1878（明治11）年函館聖保禄女学校，1879（明治12）年東京の日本聖保禄会育児部童貞院，長崎の鯛之浦養育院，奥浦村慈恵院，1886（明治19）年京都天主教女子教育院，1887（明治20）年東京の日本玫瑰塾などのキリスト教徒らによって児童

養護施設が設立された。

　仏教関係では，1879（明治12）年東京の福田会育児院，1883（明治16）年長野の善光寺養育院，1886（明治19）年愛知育児院，徳川末期の1723（享保8）年に設立された小石川養成所の後身である東京市養育院も1878（明治11）年から児童の養育を開始した。1864（元治元）年に小野太三郎によって設立された金沢の小野慈恵院，プロテスタントの孤児収容施設として，1887（明治20）年に石井十次によって設立された岡山孤児院，1888（明治21）年暁星学園，大阪博愛社，1890（明治23）年神戸孤児院，1892（明治25）年上毛孤児院などの設立がみられる。

　精神薄弱児のための最初の施設として，1891（明治24）年石井亮一による滝野川学園の前身の孤女学園が設立されている。

　非行児対策としては，先進諸外国の感化教育や教護思想が導入され，1880（明治13）年小崎弘道の建議により感化事業の重要性が唱えられ，1884（明治17）年に池上雪枝による神道祈禱所，1885（明治18）年高瀬真郷による，錦華学園の前身である私立予備感化院，1899（明治32）年わが国の矯正教護事業の先駆者といわれる留岡幸助によって，東京家庭学校を開設しキリスト教を基盤に，家庭的な雰囲気の下で訓育をし現在の北海道家庭学校の前身となった。

　民間の感化事業の活発化と，不良少年の激増に対し，政府は1900（明治33）年に18歳未満の児童を対象とした感化院法を制定し，1917（大正6）年の国立感化院令にもとづき，1919（大正8）年に国立武蔵野学園を設立した。

　盲ろうあ問題については，1878（明治11）年京都市の盲啞院，1880（明治13）年東京訓盲院，1903（明治36）年伊沢修二が言語障害児のための楽石社を設立している。

　肢体不自由児施設としては，柏倉松蔵が，1921（大正10）年柏学園を設立し

た。東京整肢療護園の初代園長となった高木憲次（医学博士）は，肢体不自由児の教育・治療・職能訓練の3つを中心とする療育理念とリハビリテーション体系を確立し，肢体不自由児の療育活動に生涯を捧げその先駆的な功績は大きい。

虚弱児施設としては，1909（明治42）年東京市養育院児童保養部安房分院，病弱児施設では1910（明治43）年婦人共立育児会付属小児病院，大阪日赤病院乳児部などが設立された。

託児所または保育園は，1877（明治10）年医師ヘボン（J. C. Hepbrn）が横浜港湾地区に保育施設を開設，1890（明治23）年に新潟市の赤沢鐘美・仲子夫妻が静修学校内に，わが国最初の幼児保育所を設立，1894（明治27）年東京深川の大日本紡績株式会社内に企業内託児所，1896（明治29）年福岡県の三井田川鉱業所内に企業内託児所，本格的な保育施設として1900（明治33）年に野口幽香，斉藤峰らによって東京四谷に設立された二葉幼稚園（現二葉保育園）などがある。なお全国初の農繁期託児所が，1923（大正12）年に山口県に設置され全国普及のきっかけをつくった。

乳児院は，1918（大正7）年に東京賛育会，1922（大正11）年大阪堀川日赤産院などに乳児院が開設されている。

上述のように，今日にみられるわが国児童福祉施設の多くが，明治時代に先駆的に創設されていることがわかるであろう。

近代の養護思想

近代国家としての目標を富国強兵におき，それによって生みだされた新たな貧民問題を，和魂洋才の和魂で解決しようとし，時の明治政府は自らの手で努力解決をしないで，民間の慈善事業にその責任をゆだねた。民間の力の対象となるものには限りがあるが，和魂や東洋的精神を支柱に家族と村落とを共同体として考え，貧窮問題を解決させようと相互扶養の義務を負わせた。

扶養の義務を，家長制家族による扶養に一任し，家族主義道徳，家族主義法制（教育勅語，明治31年制定の家族法）の強化策を進めた。政府は，労働能力のあるかぎり，また扶養義務者のいる限り絶対に救助をせず，労働能力も扶養義務者もいない窮民だけを対象に，わずかな食費相当分のみを支給し救済した。この恤救規則は，1932（昭和7）年の救護法（昭和4年には成立している）の施行まで58年間も適用された。同じく，1871（明治4）年太政官達第300号，「棄子養育米給与方」（棄児が15歳になるまで，年に米7斗＝98キロを支給）も1932（昭和7）年にいたるまで実施された。

明治政府は，洋才（西洋の知識・技術）を使って資本主義体制を確立し発展させたが，その当然の結果として生みだされた社会問題に対しては，人民の和魂を利用して解決しようとし，財政上の負担を軽減させ富国政策の拡大強化をはかったのである。その陰に泣く一般庶民や力の弱い児童たちへの配慮も少なく，国家主義の独走を固め第2次世界大戦の敗戦につながる路線を走りはじめるのである。

▨ 近代中期の状況

大正年代に入り，第1次世界大戦は未曽有の好景気をもたらしたが，大戦後の不景気は多くの失業者を生みだした。物資不足や物価の値上りに，国民生活は深刻な事態に追い込まれ社会不安を高めた。1918（大正7）年富山県内で起きた米騒動は数日の内に全国各地に広まった。事態は軍隊の出動により短時日の間に鎮圧されたが，ショックをうけた政府は米騒動をとおして，慈善事業ではもはや対応しきれないことを悟り，社会政策と社会事業の必要性にやっと目覚めるのであった。各地の労働争議や小作争議などによる，騒然とした社会情勢のなかで，児童の生活はおびやかされた。経済不安による家庭崩壊，乳児死亡の増大，労働のため就学できない児童，棄児，孤児らの問題を放置できない状態となった。

第1次世界大戦後の経済恐慌，米騒動，労働争議，関東大震災などにより，旧来の貧者惰民説はくつがえされ，貧困は社会的・経済的要因によるものとの認識が一般化してきた。

　政府は，妊産婦保護・乳幼児保護・貧児保護・労働児童保護・病弱児保護・義務教育終了児保護・児童虐待防止事業・感化事業・異常児保護などの予防的側面をもった各種の児童保護事業を拡大させるため，関係法規の改訂や研究分野の開発などを促進することになった。その結果の一部として，1903（大正14）年末には，孤児院数119施設・収容人員4,145名と報告されている。

■ 児童虐待防止法と救護法

　わが国の資本主義は，日清・日露両戦争を契機に産業革命を完了し金融独占資本を確立していった。帝国主義国家としての地歩を確立していく過程で，工場労働者や農民の低所得層，貧民層を生みだした。支配階級は狭い国内市場から，植民地や市場をアジアに求め植民・侵略政策を強化し，その突破口として戦争への参加と拡大をはかり，第1次世界大戦に参加し，シベリアに出兵した。戦争による激しいインフレーションは，社会不安をひき起こし，社会運動・無産政党の結成につながるきっかけをつくった。戦後恐慌は，中小企業を没落させ，大企業や財閥を台頭強化させることになった。

　こうした戦後恐慌は昭和恐慌へとつながり，生活困難を増加させ，児童の中には虐待されたり欠食児童が増加し，1933（昭和8）年の児童虐待防止法の成立を促した。大量失業に対する社会政策の欠如は，結局，社会事業をもってそれを補足させることになり，1929（昭和4）年救護法を成立させた。

　しかしその基本的な考え方は，恤救規則と同じようで，扶養義務者が扶養できるときは救護しないとした。政府は救護法を必要として成立させながら，財政逼迫を理由に予算化せず，1932（昭和7）年1月までその実施を遅らせるという無責任さであった。救護法は65歳以上の老衰者，13歳以下の児童，妊

産婦,疾病者で貧困のため生活できないものを対象とした。

恐慌・戦争への道

世界恐慌にまき込まれたわが国の,1930年代の農村の惨状は誠に深刻であった。欠食や人身売買などが頻発し,また経済的に不安定な母子家庭からは母子心中が続発した。これをきっかけに,1927(昭和2)年に児童扶助法案が提出されるが,母親も扶助すべきであるとの考えから改案され,1937(昭和12)年の母子保護法となった。この法律は児童の養育を目的とし,母親に労働能力があっても生活・養育・生業の3扶助を行い,さらに埋葬費の支給も考えられた。この児童養育扶助は戦争遂行のための人的資源確保という目的でもあった。また同じ年に公布された「軍事扶助法」は,戦争遂行の国家目的を達成するための配慮として,戦争犠牲者の遺家族や母子家庭を対象とした援護施策であった。

襲いくる経済恐慌不安により家庭生活不安は高まり,とくに農村の疲弊には目をおおうものがあった。このような国内状態のなかで,わが国は軍事力をもって市場の拡大を満州(現中国東北部)に求め,軍部は軍部独裁政権の樹立を画策し,満州事変をひき起こした。国際連盟からの脱退を余儀なくされ,国際的に孤立化したわが国は,戦争に向けての道を進みつづける。国内で5・15事件により政党政治が終わり,軍部による政治支配が進み,2・26事件のあと国家体制は軍国主義国家的色彩をいっそう強めた。日中戦争に突入した日本は,日独伊の三国同盟を結成し,国際的にも完全に孤立化を深めてしまった。軍需物資をアメリカ依存から,自給自足体制に切り換えるため,南進政策(東南アジア侵略)を打ち出し,米英との対立を決定的にした。政府は,「帝国国策遂行要領」を策定し,米英蘭との開戦を決定した。国をあげて戦争準備が進められる中で,1938(昭和13)年1月に厚生省が設置され,同年3月には国家総動員法が制定された。その他治安維持法にみる弾圧法令や各種

統制令によって，国民生活上のすべての自由が抑圧・制限され，生活必需物資は不足しはじめ闇価格が暴騰し，戦争の敗色が高まるにつれ生活は貧窮のどん底に陥り飢餓状態に追いこまれていった。

▨ 戦争と児童

一方，社会事業は厚生省が設置される頃より厚生事業とよばれるようになり，社会事業の対象であった人々は聖戦遂行の邪魔者とされた。敗戦の3カ月前に大阪の陸軍司令官は，本土決戦となった時「老幼及病弱者は皆殺す必要あり」(2)と放言したといわれ，国家目的遂行のためには人間の価値や尊厳が見失われた状況の中で，健常な児童は唯一人的資源としてみなされ，国家目的のために組み込まれたのであった。

1937（昭和12）年に保健所法が成立し，1940（昭和15）年に国民体力法が成立，1942（昭和17）年には妊産婦手帳の交付制度が実施されるようになった。これらは，戦時体制下の国家総動員法に準拠した富国強兵政策で，児童養護とはほど遠い戦争目的に成立したものであった。学童疎開・生徒の徴用工，都市の孤児院は軍に徴用され工場や工員寮となった。

1945（昭和20）年8月に広島と長崎に原子爆弾が投下され，敗戦は決定的となり，同年8月15日，日本はポツダム宣言を受諾し無条件降伏をした。長い戦争のため都市は破壊され尽し，親や家庭を失った戦災孤児たちがビルの焼け跡や地下壕の中で，誰からの援助もなく生きていた。戦争の被害は日本国民ならず，東南アジアをはじめ多くの国民に迷惑をかけ，その中でもとくに子供たちに大きな被害を与えたのである。

5. 現代社会

▨ 敗戦後の混乱と児童

第2次世界大戦の敗北により，わが国は国土の46％・国富の43％を失い，

全国88の都市が戦禍でがれきと化した。国民は絶望的な生活物資・食糧不足に襲われ、さらに激しいインフレーションに見舞われた。追いかけるように、歴史的な大凶作にみまわれ、国民生活の窮乏は筆舌に尽せないものがあった。戦後社会の混乱と虚脱・窮乏生活の中で大きな被害をこうむったのが児童であった。戦災・復員・引揚・失業・生死別離散・生活苦などに起因する家庭崩壊が発生し、戦災孤児・引揚孤児の問題やそれにかかわる浮浪児・不良児が巷を放浪し、欠食児童の増加をみるにいたった。誰からもかえりみられず放置された、これら戦災孤児・引揚孤児・浮浪児らに対する要保護児童対策が戦後の最重要課題であった。

敗戦後の児童養護

　当時約12〜13万人いたといわれた孤児に対し、彼らの生命を守る孤児院の数は86ヵ所しかなかった。1945（昭和20）年9月占領軍の指示を受け、「戦災孤児保護対策要綱」を定め実施に入ったが、これに対応する保護施設はなく、また既存の児童保護法制は全く機能しなかった。翌年4月、厚生省社会局長名で「浮浪児その他児童保護等の応急措置実施に関する件」が通達され、各道府県知事の責任で、浮浪児の発見と保護や相談所の設置などを要請した。続いて厚生次官名で、浮浪児が集中していた東京・神奈川・愛知・京都・大阪・兵庫・福岡の7大都府県に、「主要地方浮浪児保護要綱」を通達しその事業に国庫補助を行った。その結果、浮浪児保護委員会の設置や、一時保護所18ヵ所、児童鑑別所7ヵ所、児童収容保護所11ヵ所が全国に設置された。

　「狩り込み」とよばれる、警察や占領軍の権力を背景とした無差別・強制的な一斉保護収容が行われたが、狩り込みによって収容された児童の多くが、すきをみて脱走し、また保護されるといういたちごっこの状態もみられた。

　施設数の絶対的不足は否定できず、単なる収容にとどまった。こうした実状を見かねて、自己のすべてを投げだし孤児の救済に立ちあがった人たちが

いた。終戦時には86施設に減少していた孤児収容施設も，1946（昭和21）年現在で，恩賜財団同胞援護会が引揚・戦災孤児援護対策調査によると，268施設・収容児童7,615人に増加し，その後も増設し続けた。これが今日の養護施設の前身をなすものである。しかし，この当時の孤児の総数は，123,504名（1947年全国孤児一斉調査による）であり，施設収容児童は1割に満たない状況であり，9割の孤児が放置された状態におかれていたことがわかる。ごく限られた善意の人たちが必死に頑張っても，その力にはおのずと限界があった。食べる物，着る物，住む所をどうするか，私財を投げだしても追いつかない状態に，施設の関係者は共に生きることを支えにし，厳しい戦後を孤児たちとともに生き伸びてきたのである。こうした施設の逼迫した状態に対し，旧軍需物資の放出・ララ物資，その他外国の援助団体による緊急援助が，多くの子供たちの生命を救い支えた事実を今日の日本人の大部分は知らないであろう。戦争の影響は，もっとも力の弱い子供に向けられ，悲惨な状態に追い込むことを国民のすべては思い知らされた。戦争という愚行によって人間の破壊や悲劇を，2度とくり返してはならないという願いをこめて，戦後の改革がはじめられた。

占領政策の一環とはいえ，軍国主義の排除と民主主義の確立に向け改革が進められ，その基本となる日本国憲法が1946（昭和21）年11月に公布（1947年施行）された。主権在民を基本とし，基本的人権の享有と個人が尊重され，生命・自由・幸福追求の権利は，尊重され保障されることを宣言した。さらに，家族生活における個人の尊厳と夫婦両性の平等，すべての国民に対する健康で文化的な最低限度生活権，教育権，勤労権，労働にかんする児童の酷使禁止などが盛り込まれ，国民主権を位置づける基本的な理念を打ちだした。その後制定された新法は，この憲法の理念にもとづいたものである。

■ 児童福祉法の成立

　戦後発生した児童問題の対応として，児童の基本的人権の尊重や福祉の増進を願い，児童保護からすべての児童を対象とする「児童福祉」の増進をはかるという抜本的な施策を盛り込んだ「児童福祉法」が，1947（昭和22）年12月に制定され，従来の育児施設は養護施設と改称，明治中期より民間の手で行われてきた精神薄弱児施設・盲ろうあ児施設・身障児施設などの各種施設も，はじめて公的専門施設として位置づけられた。すべての国民は，児童が心身ともに健かに生まれ育成されなければならないという理念のもとに，生活が保障され愛護されるべきであると児童の権利の享受が規定された。そうして，国・地方公共団体は保護者とともにその責任を負うことになり，児童福祉に対する公的責任の確認と責任・義務が明確にされ，児童の基本的人権を守る社会的活動がはじまることになったのである。1947（昭和22）年3月厚生省児童局（1958年児童家庭局と改称）を設置，9月に労働省婦人少年局が新設された。1945（昭和20）年労働組合法成立，1947（昭和22）年3月には教育基本法が成立し民主主義教育がはじまるのである。さらに地方自治体には，児童福祉の主管課が設置され，1948（昭和23）年から毎年5月5日を「こどもの日」と定め，児童福祉の関心を高める記念日としたのである。

　戦後の混乱がやや落ち着きはじめた，1951（昭和26）年5月5日児童憲章が宣言された。児童の権利を確認しその福祉を心から願うものとし，大人が子供に対し社会的に誓約するという「社会的協約」として，国の内外に宣言したと思われるが，制定後38年を経過した今日，国民の中にほとんど生きておらず忘れ去られた存在となっていることは誠に残念としかいいようがない。この憲章の願いと精神は，次代を背負う児童の養育の基本となる理想的規範となるものであるが，国民生活の中に生かされていない事実を振りかえると，社会・学校・家庭で起きている児童問題と無関係ではなさそうに思える。

一方国際的な立場では，1924年のゼネバ宣言，1948年の世界人権宣言，1959（昭和34）年国際連合による児童権利宣言などをとおし，児童の権利が宣言されながら，2度の世界大戦と数知れない紛争のため，多くの児童が死亡し，親や家族を失い傷つき，飢餓や病気で苦しんでいる事実があとを絶たない。児童の権利は，今日でも侵害されているのである。

▨ 現代の児童

わが国の児童福祉の実情は，戦後の悲惨な危機を脱し次々と児童福祉施設が設置され，量的にはめざましい発展がみられるが，児童問題の発生はますます深刻化・多様化してきている。奇跡的ともいわれる経済復興は，昭和30年代から打ち出された「所得倍僧計画」のもと，誰しも予測しなかった高度経済成長へと進行していった。戦後20年代の物不足・貧窮がうそのような社会へと変化していったのである。このような急激な経済成長は，やがて大きなひずみを社会や家庭にもたらすことになる。すなわち，都市化現象，都市の過密化，農村の過疎化現象をもたらし核家族化を促進させ，家族機能の変化や弱体化を促進し，さらに地域社会の養育機能，相互作用機能などを混乱・低下させるという現象を生みだした。

経済力が高まり，物があふれ物質的な豊かさが，児童の豊かな心を育てることにはならない。20世期末にみられた10代の青少年の凶悪犯罪の続発は，社会に向かって何を訴えているのであろうか。

いままで，各時代の児童養護の変遷をみてきたが，どの時代においても一人ひとりの児童の権利が，ときの為政者・支配者・国家目的などによってふみにじられ，生殺与奪を左右され，その権利を守ることの難しさをわれわれに教えてくれているように思われる。

20世紀が「児童の世紀」とよばれながら，100年が経過し，21世紀に突入した。児童養護が人間の長い歴史過程の中で，どのように進められてきたかの

事実を厳粛にしっかり振りかえり，それをふまえながら，より望ましい児童養護の歴史が創られていくよう願いたいものである。

注

(1) ジャン・シャザル『子供の権利』白水社，1960年。
(2) 今岡健一郎他『社会福祉発達史』ミネルヴァ書房，1973年，290頁。

II章　児童と家庭・社会

第1節　家庭の養育責任

1. 家庭養育と児童の人格形成

■ 家庭養育の思潮

　児童の人格形成にとってもっとも重要な基盤は家庭にあるという規範は，長い人類の歴史の中で培われてきた普遍的認識である。なかでも20世紀初頭に，スウェーデンの婦人運動家エレン・ケイ（Ellen Key）は，「20世紀は児童の世紀」であるとして，生命の創造と進化のため女性の使命は母性にあり，恋愛と結婚を一致させて愛情ある夫婦生活のうちに子どもを健全に養育し，それを通じて平和をつくることを主張した。

　次いで1909年，米国大統領T・ルーズベルトは第1回白亜館児童福祉会議において，「家庭は，人類が創造した最も美しい文明の所産である」として，「児童から，貧困という理由だけによって，この家庭生活の幸福を奪ってはならない。ただし，家庭が家庭としての効力を持たず，悪徳に包まれているような場合は，これに代わるものが備えられなければならない」と大会基調宣言をして以来，児童の人格形成にとって家庭の重要性は社会思想的ならびに国家的施策にも強調され，その認識は世界的規模にまで普く波及していった。

　さらに，20世紀の2度にわたる世界大戦は厖大な人間生命の損失と，生活環境の破壊をもたらした。なかでも，児童の人間性を無視した悲惨な情況には目を覆うものがあった。この反省に立ち1924年の国際連盟によるジュネーブ宣言，1948年の「国際人権宣言」，ならびに1959年の国際連合による「児童権利宣言」，また1990年国連総会において採択された「児童の権利に関する条

約」の基本的思潮は，児童の保護と発達保障ならびに幸福追求権などを発展させ児童の基本的人権の擁護を国家社会として遵守する内容のものであった。また同時にこれら宣言の条文内容は，その根底に児童の人格形成には国家社会の責任の重さとともに，家庭の果たす重要な役割の大きさを認識させられるものであった。

■ 児童の人格形成基盤

戦後のわが国で制定された児童福祉法（1947年），ならびに国民の合意にもとづいて制定された児童憲章（1961年）の精神，さらに児童権利宣言20周年を記念した国際児童年（1979年）にちなんで行われた各種の事業また「児童の権利に関する条約」の批准も，基本的には児童の人権を社会的に擁護しようとする意図の内容をもつものであるが，これらのいずれも，児童の人格形成の基盤は家庭にあるという思潮を前提としたものであることはいうまでもない。

このように，現代の児童福祉の思想の根底には，わが国の児童憲章にも明らかなように，児童は一人格を有する社会的存在として尊重され，その人格は家庭という望ましい養育環境を基盤に育まれる権利を有することが自明の理として主張されているのである。

児童の人間形成にとって家庭の役割は何かとの問いは，古今東西いずれの社会においても常に問われてきたところである。そしてそれはいうまでもなく，児童の人間形成の基礎は，親の温かい児童への愛がみちあふれている家庭において培われるという認識が真実の力として，あるいは自明の理として一般的かつ普遍的にいわれてきた。

■ 児童にとって家庭とは何か

ここで児童にとって家庭とは何かを人格形成に焦点をあてながら，社会学的，教育学的，ならびに児童心理学・精神医学的にそれぞれの見解を一言明らかにしておこう。

まず社会学的見解としては，T・パーソンズがのべるように，家庭はその成員の心身の安定をはかるとともに児童のパーソナリティの社会化を果たす機能をもつという。とくに児童の人格の社会化にとって親子関係のもつ意味は大きい。児童はその乳幼児期に母親への依存関係を確立することによって，母親の日常の行動様式を広く学び受け入れる。このように児童は彼自身のパーソナリティの内部に，母親の役割が内面化されていくことになる。それが自我の確立へと向かわせるのである。

　次に教育学的見解として，児童にとって家庭とは親が児童のもつ内在的能力を，自然や親子関係を基盤とした生活をとおして基礎陶冶する場であるといえる。とくに児童の生活習慣，価値観や道徳観の形成は，親による意識的あるいは無意識的な生活の訓育によって培われる。こうして児童の知識 (head)，身体 (hand)，意志 (heart) の調和がはかられることによって児童の生活の基礎的能力が培われる。

　さらに，児童心理学や児童精神医学からみる児童にとっての家庭とは，児童の精神発達や身体発育ならびに人格形成を児童の発達段階に応じて展開する親と児童との生活過程をとおして促進することにあるといえる。とくに親子関係のあり方が児童の日常生活における情緒の安定や精神発達に大きく影響を与え，児童の精神的自立の基礎となるといわれている。なかでも乳幼児期における母子関係はその後の人間関係の基礎となり，とくに一貫性のある継続した母性のアタッチメントが児童の精神的発達と自立に欠かせないということが幾多の実例を通して科学的に実証されている。

2. 親子関係

　このような諸見解をもとに，児童の人間形成にとって家庭とは何かを改めて問い直してみると，その基底には家庭における親子関係とりわけ母子関係

のあり方が重要な意味をもっていることが明らかである。

▰ 社会的自立のための依存

　児童の年齢が低ければ低いほど，一般的に児童の生活は親，とくに母親に依存する割合が大きい。児童はその乳幼児期において，母親への十分な安定した依存感情が個々の児童の生活ニーズに応じて充足されていればいるだけ，児童の情緒は安定し，また母親への絶対的な信頼も増し加えられる。そしてこの母親への絶対的信頼が母親への同一視（identification）を生み，母親の行動規範の学習を無意識のうちに培うのである。

　このように，母親に対する乳幼児の依存感情の充足は，彼らの情緒的安定と信頼感ならびに同一化にともなう行動規範をも学び，社会的自立への基礎を醸成・育成するのである。それはちょうど，ある3歳になる幼児が第1反抗期を迎えて，母親が差し出す手を振りきって自分が選んだ道を主張する姿にみられる。それと同じように，児童一人ひとりはそれぞれの年齢において，あるいは成長発達の過程で，親に対して必要十分な依存をその生活をとおして充足していれば，自らの力で社会的自立への歩みをはじめるのである。児童の人間形成の基礎は，まずこの自立のための親への依存からはじまるといってよい。

▰ 価値観・倫理観の形成

　一方，児童の日常生活が家庭を基盤に展開されることから，児童に対する親の養育の役割は大きいことはいうまでもない。それは児童の乳幼児期における母親との関係がどのようなものであったかによって，児童の日常生活の基本的生活習慣の確立や児童の価値観，倫理規範などの形成に少なからず影響を与えると一般的にいわれている。

　多くの児童心理学者や精神科医が指摘しているように，乳幼児期における母子関係は，母親の乳幼児に対する養育姿勢や態度が愛と希望と信頼に富ん

だアタッチメント（愛着）に根ざされ，かつまたそれが継続的・一貫性のあるものであれば，乳幼児は母親が期待する基本的な生活習慣をくり返される日常生活の中で自然に身につけるようになる。

さらにまた乳幼児は母親への信頼感を深めることによって，父親や兄弟姉妹，祖父母といった家族同胞との関係も親密に築くとともに，家族がもつ価値観や道徳・倫理規範をも同一化していく。この発達段階の乳幼児の日常生活における行動範囲は，母親を基軸に家族と近隣地域に限られるが，人間関係は次第に確実に拡大していく。

■ 生活圏の拡大と価値観・倫理観の確立

児童が幼稚園や保育所に通園し，さらに小学校へ通学する頃，児童の生活圏の拡大は人間関係の拡がりとともに，多様な行動様式を学ぶ機会となる。しかしこの期間における児童の生活基盤は依然として家庭におかれ，親や家族の養育のもとに培われてきた価値観や道徳・倫理観を，児童の自己の生活規範の中にとり入れ人格の基礎をかたちづくっていく。

児童が小学校高学年ならびに中学生になると生活圏はさらに拡大し，これまでの親を中心とした人間関係から，次第に仲間の友だちや家族以外の人たちに人間関係の比重を移していく。この段階になると，これまでに親から学んだ価値観や倫理規範を自らの生きる信条としていた児童は，さまざまな人間の生き方や行動様式に接することによって，自己の生活規範や行動基準との矛盾に心理的葛藤をひき起こし，自己矛盾に悩む結果として親に反抗したり，生活行動に異常な行動や態度を一時的にあらわすことがある。

このようなときにも親は児童の心の悩みを理解し受容するように努め，児童が自ら選び決定した道を自らの力で歩むことができるように見守り励ますことが必要である。

以上のように，親は児童の乳幼児期から児童期・思春期を経て社会的自立

にいたるまで，児童との生活をとおして人格的にかかわり，児童が自らの人生航路を選択し自己決定できるように養育していく責任を担っている。

3. 現代家族の特徴

▓ 核家族の増加

これまでは家庭の養育責任として，児童の人格形成に焦点をおいた親の責任を明確にしてきたが，この項では，現代社会におけるわが国の家族の一般的特徴を明らかにしてみよう。

現代社会における家族の一般的特徴をあげてみると，まず家族の核家族化傾向が徐々にではあるが一層明確になってきたことである。わが国の世帯総数の推移をみると，1955（昭和30）年には世帯総数推計1896万3000世帯であったが，1999（平成11）年には世帯総数推計が4492万3000世帯と，この半世紀近くに世帯総数は約2.7倍に伸びた。このうち単独世帯は204万世帯（1955年）から1058万5000世帯（1999年）へと約5.2倍に，核家族世帯は860万世帯（1955年）から2693万3000世帯（1999年）へと約3.13倍に飛躍的に増加している。これに対して，3世代世帯は832万4000世帯（1955年）から475万4000世帯（1999年）へと逆に約半数に減少している。

▓ 核家族の世帯構成

これを世帯構造別にみた構成割合をみると，1955（昭和30）年には単独世帯が10.8％，核家族世帯は45.4％，3世代世帯43.9％であったが，44年後の1999（平成11）年には単独世帯23.6％，核家族世帯60.0％，3世代世帯10.6％となっている。

これらの世帯の推移からみて，わが国の家族は3世代家族の減少とともに核家族が漸増し，また単独世帯も増加傾向にある。さらに核家族について構造的にみると，表1が示すように，近年夫婦と未婚の子のみの世帯は全体の

表1 世帯構造別にみた世帯数の年次推移

年　次	総数	単独世帯	核家族世帯				三世代世帯	その他の世帯
			総　数	夫婦のみの世帯	夫婦と未婚の子のみの世帯	ひとり親と未婚の子のみの世帯		
			推　　　計　　　数　　（単位：千世帯）					
1955（昭和30）年	18 963	2 040	8 600				8 324	
1975（〃 50）	32 877	5 991	19 304	3 877	14 043	1 385	5 548	2 034
1980（〃 55）	35 338	6 402	21 318	4 619	15 220	1 480	5 714	1 904
1985（〃 60）	37 226	6 850	22 744	5 423	15 604	1 718	5 672	1 959
1990（平成2）年	40 273	8 446	24 154	6 695	15 398	2 060	5 428	2 245
1995（〃 7）	40 770	9 213	23 997	7 488	14 398	2 112	5 082	2 478
1999（〃 11）	44 923	10 585	26 963	9 164	15 443	2 356	4 754	2 621
			構　　　成　　　割　　　合　　（単位：％）					
1955（昭和30）年	100.0	10.8	45.4				43.9	
1975（〃 50）	100.0	18.2	58.7	11.8	42.7	4.2	16.9	6.2
1980（〃 55）	100.0	18.1	60.3	13.1	43.1	4.2	16.2	5.4
1985（〃 60）	100.0	18.4	61.1	14.6	41.9	4.6	15.2	5.3
1990（平成2）年	100.0	21.0	60.0	16.6	38.2	5.1	13.5	5.6
1995（〃 7）	100.0	22.6	58.9	18.4	35.3	5.2	12.5	6.1
1999（〃 11）	100.0	23.6	60.0	20.4	34.4	5.2	10.6	5.8

1955（昭和30）年の核家族世帯は総数のみ。その他はなし。
注）　平成7年の数値は，兵庫県を除いたものである。
出所）厚生省1999（平成11）年国民生活基礎調査に1995年をつけ加えたもの。

30％台におよんでいる。しかしこれも近年漸減傾向にあるのに対して，夫婦のみの世帯が漸増している。この推移の背景には，わが国の人口構造が高齢化するのにともない，高齢者の単独世帯ならびに高齢者夫婦世帯が確実に増加していることが予測されている。またさらに人口の都市集中化にともない，家屋の構造上の理由から3世代家族の同居を一層困難ならしめていることが窺える。

■ 少産化傾向

このように，現代のわが国における家族は急激な社会変動の渦中にあって，都市化の波に洗われつつ核家族化への傾向を一層強め，世帯の人員構成にも大きく変化をもたらした。すなわち，世帯構成人員の平均は1955（昭和30）年には4.68人であったが，年を追うごとに減少し，1999（平成11）年には2.79人

表2　児童の有（児童数）無別にみた世帯数と平均児童数の年次推移

年　次	総数	児童のいる世帯					児童のいない世帯	児童のいる世帯の平均児童数
		総数	1人いる世帯	2人いる世帯	3人いる世帯	4人以上いる世帯		
		推　計　数			（単位：千世帯）			（人）
1975（昭和50）年	32 877	17 427	6 578	8 089	2 401	360	15 450	1.81
1980（〃 55）	35 338	17 630	6 251	8 568	2 497	315	17 708	1.83
1985（〃 60）	37 226	17 385	6 174	8 417	2 520	274	19 841	1.83
1990（平成2）年	40 273	15 573	5 803	7 176	2 348	247	24 700	1.81
1995（〃 7）	40 770	13 586	5 495	5 854	1 999	238	27 183	1.78
1999（〃 11）	44 923	13 172	5 558	5 644	1 750	221	31 751	1.75
		構　成　割　合			（単位：％）			
1975（昭和50）年	100.0	53.0	20.0	24.6	7.3	1.1	47.0	
1980（〃 55）	100.0	49.9	17.7	24.2	7.1	0.9	50.1	
1985（〃 60）	100.0	46.7	16.6	22.6	6.8	0.7	53.3	
1990（平成2）年	100.0	38.7	14.4	17.8	5.8	0.6	61.3	
1995（〃 7）	100.0	33.3	13.5	14.4	4.9	0.6	66.7	
1999（〃 11）	100.0	29.3	12.4	12.6	3.9	0.5	70.7	

注）　平成7年の数値は，兵庫県を除いたものである。
出所：厚生省「国民生活基礎調査」

となった。さらに15歳から49歳までの女子の年齢別出生率を合計した「合計特殊出生率」によると，1960（昭和35）年には2.00であったが，4半世紀を経た1985（昭和60）年には1.76に下がり，さらに10年後の1995（平成7）年には1.42に下げ以降1999（平成11）年には1.38と最も低くなっている。この傾向が持続すると，わが国の一夫婦がもつ児童数は平均1人ないし2人という，いわゆる"ミニ家族"の出現である。これは家族計画の普及にともなう夫婦の少産化傾向が一層鮮明になったことを意味している。

■ 女性の社会参加

次に，現代のわが国における家族の特徴を顕著に示しているものとしてあげられるのは，女性の社会参加とりわけ既婚の子どもをもつ女性の就業者数の増加と，家庭における父親不在の現象である。

まず近年の女性の社会参加の傾向は，表3の女性就業者数の年次推移において明らかなように，女性労働力人口がますます激増していることである。

表3　配偶関係別女性雇用者数及び構成比の推移（非農林業）

（単位：万人・％）

年	総　　数	未　　婚	有　配　偶	死別・離別
1975(昭和50)年	1,159 (100.0)	440 (38.0)	595 (51.3)	125 (10.8)
1980(〃 55)	1,345 (100.0)	437 (32.5)	772 (57.4)	135 (10.0)
1985(〃 60)	1,539 (100.0)	482 (31.3)	911 (59.2)	147 (9.6)
1990(平成2)年	1,823 (100.0)	596 (32.7)	1,061 (58.2)	165 (9.1)
1995(〃 7)	2,034 (100.0)	682 (33.5)	1,161 (57.1)	191 (9.4)
1999(〃 11)	2,101 (100.0)	700 (33.3)	1,195 (56.9)	206 (9.8)

資料出所：総務庁統計局「労働力調査」

　とくに有配偶の女性の就労率の増加は顕著である。この増加の要因には，わが国の経済的繁栄による労働力の需要が急増していることにもよるが，それにもまして家庭女性，とくに有配偶の既婚女性が育児期間を終えて，あるいはまた育児期間でありながらも自由時間をもち，就労の機会を得て社会的自立をはかろうとする女性の意識の変化である。さらにそれを可能にしたのが少産化による育児期間の短縮化と，人生80年の平均余命の延長にともなうライフサイクルの変化である（図1参照）。

　この女性の意識の変化とライフサイクルの変化は，既婚家庭の子どもをもつ女性の社会参加にともなう社会性の向上には有益であるが，一方で児童に対する家庭養育の機能の縮小低下をもたらしていると一般的にいわれている。

■ 父親不在の家庭

　一方，父親の家庭養育の役割について考えてみると，父親は一般的に家庭経済を支える基盤としてその立場を重視されているが，児童の養育に関しては多くの場合一方の母親にまかせきりになる傾向が強い。平均余命の延長にともなうライフサイクルの変化が父親の方にもみられるが，それは定年退職後の余暇期間が以前より長くなったに過ぎない。したがって家庭にあって父親としての家長の権威の形はあっても，児童の養育に対する実質がともなっていないのが実情であるといっても過言ではない。

II章　児童と家庭・社会

図1　ライフサイクルの変化

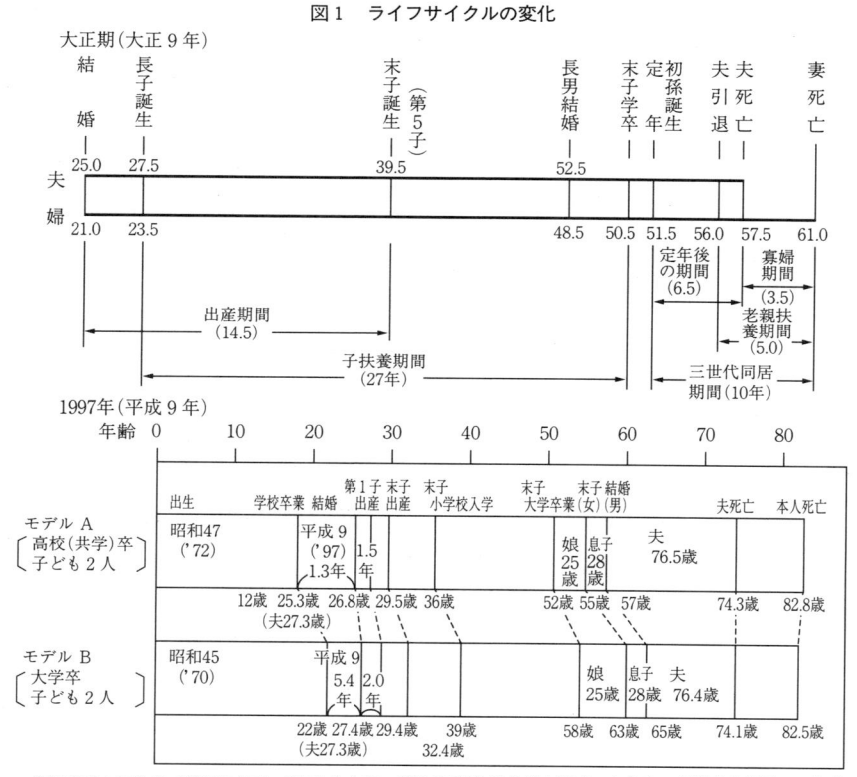

大正期（大正9年）

夫婦：
- 結婚　夫25.0／妻21.0
- 長子誕生　夫27.5／妻23.5
- 末子誕生（第5子）　夫39.5
- 長男結婚　夫52.5／妻48.5
- 末子学卒　妻50.5
- 定年　妻51.5
- 初孫誕生
- 夫引退　妻56.0
- 夫死亡　夫57.5
- 妻死亡　妻61.0

出産期間（14.5）
子扶養期間（27年）
定年後の期間（6.5）
寡婦期間（3.5）
老親扶養期間（5.0）
三世代同居期間（10年）

1997年（平成9年）

モデルA〔高校（共学）卒・子ども2人〕
出生 昭和47（'72）／学校卒業 12歳／結婚 25.3歳（夫27.3歳）／第1子出産 26.8歳 平成9（'97）1.3年／末子出産 29.5歳 1.5年／末子小学校入学 36歳／末子大学卒業（女）52歳 娘25歳／末子結婚（男）55歳 息子28歳／57歳／夫死亡 74.3歳 夫76.5歳／本人死亡 82.8歳

モデルB〔大学卒・子ども2人〕
出生 昭和45（'70）／22歳／結婚 27.4歳（夫27.3歳）平成9 5.4年／29.4歳 2.0年／39歳／32.4歳／58歳 娘25歳／63歳 息子28歳／65歳 夫76.4歳／夫死亡 74.1歳／本人死亡 82.5歳

資料出所：厚生省「簡易生命表」「完全生命表」「第11回出生動向基本調査」をもとに労働省女性局にて作成

■ 父親の子育てに関する意識──国際比較

　次に掲げる資料は，1994年11月〜1995年2月の4カ月間にわたり，総務庁青少年対策本部が日本とアメリカと韓国における0歳から15歳までの子どもをもつ父親又は母親（日本1,015人，アメリカ1,000人，韓国1,000人）に対して，"家庭の実態，家庭に関する親の意識，子どもに対する養育態度等"を調査したものである。その中からここでは，日米韓の父親の子育てに関する意識の相違についてみると，図2のとおりである。

　以上の資料から，子育てに関する父親の肯定的な意識の中で三国に共通するものをあげると，①〈男の子は男らしく，女の子は女の子らしく育てるべ

図2　日米韓の父親の子育てに関する意識の相違（父親のみ）

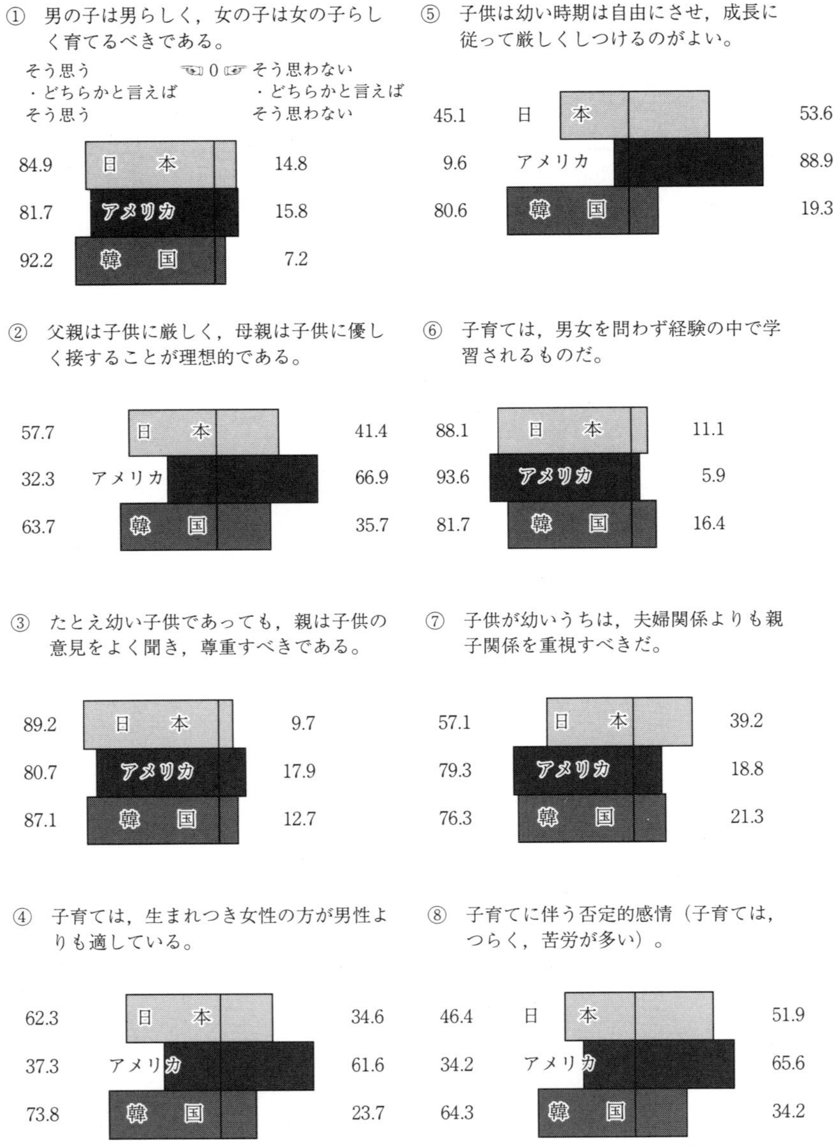

① 男の子は男らしく、女の子は女の子らしく育てるべきである。

そう思う　　　　　　　　　そう思わない
・どちらかと言えば　　　　・どちらかと言えば
そう思う　　　　　　　　　そう思わない

84.9	日本	14.8
81.7	アメリカ	15.8
92.2	韓国	7.2

② 父親は子供に厳しく、母親は子供に優しく接することが理想的である。

57.7	日本	41.4
32.3	アメリカ	66.9
63.7	韓国	35.7

③ たとえ幼い子供であっても、親は子供の意見をよく聞き、尊重すべきである。

89.2	日本	9.7
80.7	アメリカ	17.9
87.1	韓国	12.7

④ 子育ては、生まれつき女性の方が男性よりも適している。

62.3	日本	34.6
37.3	アメリカ	61.6
73.8	韓国	23.7

⑤ 子供は幼い時期は自由にさせ、成長に従って厳しくしつけるのがよい。

45.1	日本	53.6
9.6	アメリカ	88.9
80.6	韓国	19.3

⑥ 子育ては、男女を問わず経験の中で学習されるものだ。

88.1	日本	11.1
93.6	アメリカ	5.9
81.7	韓国	16.4

⑦ 子供が幼いうちは、夫婦関係よりも親子関係を重視すべきだ。

57.1	日本	39.2
79.3	アメリカ	18.8
76.3	韓国	21.3

⑧ 子育てに伴う否定的感情（子育ては、つらく、苦労が多い）。

46.4	日本	51.9
34.2	アメリカ	65.6
64.3	韓国	34.2

きである〉，③〈たとえ幼い子供であっても，親は子供の意見をよく聞き，尊重すべきである〉，⑥〈子育ては，男女を問わず経験の中で学習されるものだ〉の三点である。

　それに対してアジアという地理的・文化的に共通地盤をもつ日本と韓国の父親が共通意識をもって示し，アメリカの父親と対照的な意識を示しているのが②〈父親は子供に厳しく，母親は子供に優しく接することが理想的である〉，④〈子育ては，生まれつき女性の方が男性よりも適している〉，⑤〈子供は幼い時期は自由にさせ，成長に従って厳しくしつけるのがよい〉，⑧〈子育てに伴う否定的感情（子育てはつらく，苦労が多い）〉である。この意識の相違の特徴は，②④⑤⑧項目のいずれに対しても日本・韓国がアメリカを超える高い数値で肯定的に捉えている。なかでも韓国は日本よりも非常に高い数値を示している。それに対してアメリカは上記②④⑤⑧において，〔そうは思わない・どちらかと言えばそうは思わない〕という否定的数値が圧倒的に多い。これは日本・韓国の父親が子育てについては母親が主として役割を担い，父親は子どもに厳しく接し特に幼い子どもには自由にさせ成長するにしたがい厳しくしつけることが必要であるという意識である。その上子育ては半数近くあるいはそれ以上があまり楽しくないという意識である。

　それに対してアメリカの父親は，子育ては母親と共同で行い，しかも子どもが小さいときから厳しくしつけることが子どものためにも親のためにも必要で，それがまた成長するにしたがって楽しみも加わるという意識である。

　以上総じていえることは，日本の父親の子育てに関する意識は，子どもに父親としての威厳を示す一方で，子どもには理解ある父親として振舞おうとしているが，実際の子育てにおいては仕事などのつきあいや伝統的な子育て観などによって，母親に任せきりにしているきらいがある。したがって父親はあまりしつけにも自信がもてず，子どもが成長し思春期になって初めて関

わろうとするので，しつけはあまり効果的でない状態を示していると思われる。

このように父親は一般的に子育てに関して，親として十分にその役割を果たしているとはいいきれない状況にあるといえる。今日社会問題としてクローズアップされている青少年の殺人や傷害事件や非行等の多発の背景に，家庭教育の中に父親の存在感がうすれ，子育てに関する関与度が少ないという指摘はあながち無視はできない。今日家庭教育のなかに父親の存在のあるべき姿を警鐘をもって問いかけられているといえる。

■ 離婚問題——親権のあり方を問う

最後に，現代社会における家族の特徴の一つとしてあげられるものに，家族機能の低下および脆弱化があげられる。そのもっとも典型的なものが離婚問題であろう。そしてこの離婚問題は，夫妻児童がいる場合に親権の帰属問題が大きくクローズアップされる。

わが国の離婚件数の推移は表4のように，1970年代に入って10万の大台にのり，それ以降漸増して1983（昭和58）年，84年には17万9000台のピークを迎えた。しかし一時減少傾向にあったが1990（平成2）年以降急激に増加し，

表4　離婚件数および離婚率の年次推移

	離婚件数 （1000件）	有　子　離　婚		離　婚　率 （人口1000対）
		件数（1000件）	割合（%）	
1960（昭和35）年	69	40	58.3	0.74
'65（〃 40）	77	45	58.2	0.79
'70（〃 45）	96	57	59.1	0.93
'75（〃 50）	119	75	62.7	1.07
'80（〃 55）	142	96	67.6	1.22
'85（〃 60）	167	114	68.2	1.39
'90（平成2）年	158	99	62.7	1.37
'95（〃 7）	199	121	61.3	1.66
'98（〃 10）	243	144	59.6	1.94

注）「有子離婚」とは，20歳未満の子のある離婚をいう。
資料：厚生省「人口動態統計」
出所：『国民の福祉の動向』厚生統計協会，各年版。

1996（平成8）年には20万7000に達し，さらに増加傾向にある。

　離婚件数の中で児童がいる家庭の有子離婚は，近年全体の60％前後を占め，家族問題に深刻な影響をおよぼしている。児童にとって両親の離婚はいずれ単親家庭となることから，児童の親権の帰属はその後の児童の生活基盤ばかりでなく，人格形成に与える影響は非常に大きいと思われる。

　両親の離婚後児童の親権を誰が担うか。これは離婚後，妻が児童の親権を行う場合が総数において年々増加し全体の90％近くを占めている。これに対し夫が児童の親権を行う割合は1960年代より減少し，1990年代には妻の親権行為との差がますます拡大して10％前後となっている。離婚家庭の児童数が複数の場合に，夫と妻双方で親権を分け合う割合も漸減傾向にあることから，離婚した場合の児童の親権帰属は圧倒的に妻側にあるといってよい。

　母親側が児童の親権を行う場合は，一般的に児童の養育に関しては父親側が行うよりも，きめ細やかな対応ができる点ではるかに優れているが，家庭の経済的基盤は父親側の養育料に頼らざるを得ない点で逆に脆弱化傾向にあるといってよい。一方，父親側が児童の親権を行う場合は，母親側とは逆に経済的基盤は確保されても，児童の養育に関する日常能力は例外を除いてほとんどないといってよい。

第2節　社会的ケア

1. 児童養護問題

　前節でものべたように，今日わが国の家庭における児童養育の機能は，都市化と核家族化が進むなかで縮小化され低下している。また一方，急激な社

会変動にともなう価値観の多様化と未成熟な家庭養育の影響もあって，形態的には夫婦および親子という一見民主的な結合にみえる家族関係も混乱と不安のただなかにあるといってよい。このような家庭養育の機能の衰退と動揺は，ひとたび親が病気になって入院したり，家族間の人間関係や生活基盤に緊張や亀裂が生じると，たちまち親の児童に対する養育困難，ひいては家庭崩壊の危機をはらむことになる。

このような親の養育困難や家庭崩壊の危機を児童の養護問題としてとらえ，社会的に援助していくのが児童養護の基本的施策である。

ここでは，児童養護問題がどのような状況に起因しているかを明らかにしておこう。

■ 児童養護問題の発生

親の養育困難や家庭崩壊の危機に対して，社会的に相談援助を行う公的機関は児童相談所ならびに福祉事務所に付設されている家庭児童相談室である。全国の児童相談所が受けたここ数年の養護相談の推移は，次の表5，表6のとおりである。

この表をみてもわかるように，親の養育困難や家庭崩壊の危機に瀕して養護相談に訪れる親たちのなかで，0～2歳の乳幼児を抱えた親が毎年全体の30％前後におよんでいる。これを就学前の幼児をもつ親の養護相談と合わせると，いずれも全体の50％にのぼっている。さらに，ここ数年来15歳以上の児童をもつ親たちも養護相談に来る割合が徐々に増加している。

このことは，乳幼児や思春期の児童を抱える親たちが核家族の中で養育困難や家庭崩壊に陥ったとき，わが子の養育についての相談を社会的機関に委ね問題解決や克服の道を自ら探し出そうとする親の意志のあらわれであるとともに，また一方，不安と錯綜の中で社会的援助機関を唯一のよりどころとして頼らざるを得ない現代家族の特質のあらわれでもある。

II章　児童と家庭・社会

表5　児童相談所における養護相談の年次推移　　（単位：件(%)）

年齢別＼年	1996	1997	1998	1999
養護相談総数	31,298 (100.0)	33,794 (100.0)	36,819 (100.0)	44,806 (100.0)
0～2　（歳）	10,174 (32.5)	10,621 (31.4)	10,849 (29.5)	12,510 (27.9)
3～5	6,421 (20.5)	7,109 (21.0)	7,850 (21.3)	9,979 (22.3)
6～8	4,481 (14.3)	5,027 (14.8)	5,583 (15.2)	7,293 (16.3)
9～11	3,610 (11.5)	3,884 (11.5)	4,526 (12.3)	5,745 (12.8)
12～14	3,333 (10.6)	3,732 (11.0)	4,185 (11.4)	4,822 (10.8)
15～17	2,298 (7.3)	2,396 (7.1)	2,713 (7.4)	3,295 (7.4)
18～	981 (3.1)	1,025 (3.0)	1,113 (3.0)	1,162 (2.6)
養護相談の処理件数				
養護処理件数総数	30,990 (100.0)	33,497 (100.0)	36,371 (100.0)	43,597 (100.0)
児童福祉施設入所	8,713 (28.1)	9,154 (27.3)	9,434 (25.9)	9,916 (22.7)
里親・保護受託者委託	551 (1.8)	613 (1.8)	662 (1.8)	660 (1.5)
面接指導	18,545 (59.8)	20,329 (60.7)	22,835 (62.8)	28,863 (66.2)
その他	3,181 (10.3)	3,401 (10.2)	3,440 (9.5)	4,158 (9.5)

資料）　厚生省「社会福祉行政業務報告」1988年。

　これらの養護相談のうち，毎年約半数は面接指導によって養育困難の克服や家庭崩壊を防いでいるが，一方児童の施設入所は年々減少傾向であるが毎年25％前後を占め，さらに里親・保護受託者への委託を含めると30％近くが毎年社会的養護の手に委ねられている。

　次に，これら社会的養護を必要としている親たちの養育困難や家庭崩壊の実例をあげてみよう。

■ 家庭崩壊――離　婚

● 事例1 ●

　K雄が小学1年生のとき，父母は協議離婚をした。離婚の理由は，父の女性関係に暴力団が介入し多額の負債をかかえたためである。母は問題が発覚した直後，K雄とK雄の2人の姉をつれて実家に帰り別居した。その後双方とも弁護士を立て協議し，母は2人の姉を引きとり，父はK雄を引きとることに合意して，4年後正式に離婚した。

　しかし，K雄は父方の家庭になじめず，再三家出をくり返し警察に保護された。K雄は父の養育困難を理由に児童養護施設に入所した。母はK雄を引きと

表6　社会的養護を必要とする親たちの養育困難・家庭崩壊の理由　（単位：件(%)）

	総数	棄児	家出(失踪含む)	死亡	離婚	傷病(入院含む)	家族環境 総数	家族環境 虐待	家族環境 その他	その他
1996年（平成8）										
総数	30,990	176	2,429	366	2,024	6,102	12,930	4,102	8,828	6,963
施設入所	8,713	87	946	129	628	2,144	3,608	905	2,703	1,171
	(100%)	(1.00)	(10.86)	(1.48)	(7.21)	(24.61)	(41.41)	(10.39)	(31.02)	(13.44)
里親・保護受託者委託	551	21	43	8	14	104	176	18	158	185
	(100%)	(3.81)	(7.80)	(1.45)	(2.54)	(18.87)	(31.94)	(3.27)	(28.68)	(33.58)
1997年（平成9）										
総数	33,497	244	2,019	465	1,966	6,256	14,655	5,352	9,303	7,892
施設入所	9,156	129	785	168	637	2,218	3,960	1,166	2,794	1,259
	(100%)	(1.41)	(8.57)	(1.83)	(6.96)	(24.22)	(43.25)	(12.73)	(30.52)	(13.75)
里親・保護受託者委託	613	21	51	16	21	96	219	32	187	189
	(100%)	(3.43)	(8.32)	(2.61)	(3.43)	(15.66)	(35.73)	(5.22)	(30.5)	(30.83)
1998年（平成10）										
総数	36,371	197	1,948	400	1,856	6,250	17,247	6,932	10,315	8,473
施設入所	9,434	103	709	136	580	2,217	4,211	1,391	2,820	1,568
	(100%)	(1.09)	(7.52)	(1.44)	(6.15)	(22.55)	(44.64)	(14.74)	(29.89)	(16.62)
里親・保護受託者委託	662	19	66	21	22	103	207	35	172	224
	(100%)	(2.87)	(9.97)	(3.17)	(3.32)	(15.56)	(31.27)	(5.29)	(25.98)	(33.84)
1999年（平成11）										
総数	43,597	221	1,842	367	1,956	6,343	23,699	11,556	12,143	9,169
施設入所	9,916	98	679	139	505	1,946	5,016	2,059	2,957	1,533
	(100%)	(0.99)	(6.85)	(1.40)	(5.09)	(19.62)	(50.58)	(20.76)	(29.82)	(15.46)
里親・保護受託者委託	660	33	43	21	29	105	224	47	177	205
	(100%)	(5.00)	(6.52)	(3.18)	(4.39)	(15.91)	(33.94)	(7.12)	(26.82)	(36.06)

るために親権の変更を強く希望しているが，父と折り合いがつかぬままに現在家庭裁判所の調停の申請中である。

　父母の離婚は家庭崩壊のもっとも典型的な例である。離婚によって児童が施設入所や里親委託される割合は社会的ケア全体の中で，ここ数年は13％前後で推移している。さらに同じ施設入所と里親受託の割合は離婚数全体の約36％にのぼっている。この親の離婚によって受ける児童の影響は，事例1のように，片方の親との離別を余儀なくされるばかりではなく，精神的ショ

クによるさまざまな問題を引き起こす場合も少なからずあるのである。

■ 養育不能――虐　待

● 事例2 ●

　長女のN子が3歳のとき，夜尿が治らないことに腹を立てた父親はN子の顔にタバコの火を押しつけたり，食事を与えないなどの折檻を加えたことで警察の取り調べを受けた。母親も父親の厳しい折檻をしつけのためと黙認していた。連絡を受けた児童相談所のワーカーが家庭訪問して実情を調べたところ，N子の衰弱は予想以上にひどく，即刻母親にN子を市民病院に入院をさせるように助言した。N子には年子になる10ヵ月年上の兄と，1歳年下の弟がいるがとくに虐待を受けている様子はなかった。

　児童相談所はN子の健康回復を待つ間に，今後のN子の処遇について話し合った。その結果，N子はしばらくの間児童養護施設に入所させて，その間に親子関係の調整をはかることになった。F養護施設に入所したN子は1日中泣いたりわめいたりの感情の起伏が激しく，排便の自立もできていなかった。また保育士に叱られたりすると体を硬直させ，明らかに虐待が原因と思われる自己防衛の態度をとることが多かった。

　その後，児童相談所はF施設の協力を得て，母子通所指導を隔週の週末帰宅を利用して行って，親子関係の修復をはかるように努めた。その成果が徐々にあらわれたために，入所後1年半後にN子を家庭復帰させた。

　しかしN子が小学2年生になったとき，学校の担任教師から児童相談所に電話があり，N子は家庭で虐待を受けているらしく，授業中に椅子に座ることができないほど痛がっている。また学校では忘れものが多く授業を放棄して校内をうろつくことが目立ち，盗み行為が再三発見されたとの申し出があった。親のN子への虐待が再び明るみにだされた。

　N子は家庭でも弟や近くの友だちをつれて近隣の店で万引きをしたり，父親の叱責を恐れ帰宅が遅かったり，夜間あてもなく徘徊していることが多く，そのために父親は一層N子に憎しみを覚え折檻をくり返していた。児童相談所のワーカーは，N子を両親の監護のもとにおくことは本児と親のためにもよくないと親を説得し，N子を一時保護するとともに，S情緒障害児短期治療施設に緊急に入所させることになった。(2)

■ 家庭環境不良

　親が児童を家庭で養育できなくなる理由の中で，もっとも単純な例は親の

死亡あるいは傷病による入院などである。これらの理由による養育困難で社会的ケアに委ねる例は、いつの時代にも生起することであるが、親が児童を遺棄したり、児童の養育を放棄して家出し同じく社会的ケアに委ねる例も、ここ数年において総数は減少していても、なお年間3000件を上まわっている。さらに両親がありながら家族関係の不調や環境不良のために、養育困難とみなされる例は年間6000件にも及び、施設入所や里親委託の社会的ケアに委ねる割合も、ここ数年において毎年上昇している。すなわち家庭環境に問題ある養育不能（虐待も含む）は、1996（平成8）年には施設入所が41.4％、里親委託は31.9％であったが、その後の推移は1997（平成9）年において施設入所43.2％、里親委託35.7％、1998（平成10）年には同じく44.6％、31.3％、1999（平成11）年には50.6％、33.9％と年々増加傾向にある。

この家族関係不調ならびに環境不良による児童養護問題は、事例2が示すように、親の児童に対する虐待や放任、さらに過保護や過干渉による児童の自立性の欠如、ならびに情緒未発達からくる家庭内暴力など、いずれも深刻な親子間の対立や、家族間の人間関係の亀裂による心理的葛藤が長期にわたり継続している例が多いのが特徴である。

■ 学校不適応──不登校児童

● 事例3 ●

　症例：小学5年のTは、小学2年の2学期から「しんどい、頭痛がする」といって登校を嫌がるようになった。そのたびに母が、叩いて叱ったり、付き添って登校していたが、3年2学期から4年1学期まで全く登校しなくなり、その間教育研究所の指導を受ける。母は、その後家庭を省みず子どもたちとのかかわりも稀薄で気ままな生活をする父と協議離婚をした。本児も転校して、2学期から順調に登校していたが、5年になってから始業式後数日登校したのみで登校しなくなった。登校拒否の初期には、自発的に登校準備をするが登校時間がくると動けず、そのうちには床から起きようとしなくなった。担任教師、級友が家庭を訪問しても押入れに隠れて絶対に会わず、母が無理に起こそうと

すると暴れて登校強制に抵抗して，終日自宅に閉じこもるようになった。

家庭環境：小学4年1学期，父母協議離婚後は，母（45歳），姉（高校2年生），本児の3人家族。母は6歳時に実母と死別し，中学卒業まで叔父夫婦に養育されている。几帳面で堅い枠組みを持った人で，抑圧的で決して動揺を外にみせない人柄である。離婚後は経済的理由からミシン工として就労している。本児の登校拒否状態については，問題意識はあるが，解決の方法がわからず半ば諦め気味である。父（大工）は，自己中心的で無計画に思いつきで生活を進めていく人で，結婚当初から性格不一致であったと，母はのべている。家事や子供のしつけにわずらわされることを極端に嫌い，自分だけの趣味に没頭していたと批判的である。姉は明るく温和な性格である。

経過：4年2学期の終わり頃になって，家庭児童相談室にどこかで預ってほしいと母から相談があり，3学期になって児相に紹介され相談が開始された。初回の心理判定には，母に連れられて来所するが，その後は抵抗を示したので児童福祉司と心理判定員が一緒に数回家庭訪問して面接した。母は「今までいろいろやってきたが好転の気配はない。就労しているので本児に手がゆきとどかない」とのべ，学校とも協議のうえ，一時保護を実施した。

入所後は一度無断外出があったが，日がたつにつれて次第に落ち着きをみせて，他児と遊べるようにもなった。心理判定と精神科医の診断の結果，「分裂病の疑いも否定しきれないが，一応神経症のレベル」と考え，情緒障害児短期治療施設に入所させ，今後の観察のなかで検討していくことになった。8カ月余の入所治療後，本児から卒業を機に家庭に帰ることを強く希望したので，意向を尊重して地域の中学校に入学させたが，以後とくに問題は起こっていない。[3]

■ 不登校児童生徒の状況

義務教育課程における児童・生徒の不登校とみられる長期欠席の近年の動向は，文部省が1999（平成11）年12月に発表したものによると，小学生20,724人，中学生85,942人となっている。これは前年度比で小学生4,341人，中学生14,815人の増加となっている。ここ10年間の約2.5倍となっている。しかも今日なおこのような顕在化している児童・生徒以外に，潜在的な不登校児童を含めると相当な数を占めることが予測されている。このうち長欠・不登校で

児童相談所が1987（昭和62）年受け付けた相談件数は7,209件であり，施設入所は7.3％である。

　不登校児童のなかで，事例3のように，両親が離婚した単親家庭で長期に登校拒否を続けている児童は，親の養育困難にともない施設入所となる例が多い。また両親が揃っていても不登校の理由が学校生活や家庭環境にあり重度の場合には，一時的に家庭から離して施設に入所させ，環境治療による処遇が行われるケースも少なくない。いずれにしても不登校児童の増加の背景には，知育偏重の教育体制ならびに管理主義的教育の間で，教師と児童・生徒の信頼関係の欠如，児童・生徒間同士のいじめなど学校生活に起因するものも少なくない。しかしまた一方で家庭における養育機能の脆弱化にともなう養育不安や混乱，親子関係の軋轢（あつれき）などが複雑に錯綜して，確固とした養育理念を持たぬまま，結果的に児童自身が自らの学習意欲を喪失させ，親不信，学校不信にいたらしめているのである。

■ 社会不適応――非　行

● 事例4 ●

　A男は中学2年のとき，自転車窃盗，万引，喫煙，飲酒，夜遊び，外泊，母や教師に対する暴力を振うなど，つづけざまに問題行動を起こして児童自立支援施設に措置された。

　A男が荒れ狂うまでの問題行動を起こした家庭背景と，その経緯の概要は次のとおりである。

　A男の母は5歳のときから児童養護施設に預けられ育った。中学卒業と同時に児童養護施設を出て女子工員として就職した。母は同じ工場で働いていた父と知り合い結婚し，A男を出産した。その後まもなく，父が長期間にわたり家出をしたため，母は父に失望して離婚した。しかし友人に勧められて再び父と縒（よ）りを戻すことになった。その後，妹も生まれて生活も安定したかにみえたが，父は酒ぐせが悪くたびたび母子に暴力を振った。そのためA男が5歳のとき父母は再び離婚した。

　母子家庭となり，母は，生活保護を受け飲食店で働いていたが，そこで知り合った妻子のある男と知り合い内縁関係に入った。やがて母が女児を出産する

と男は行方をくらまし，生活に困った母はＡ男の妹と生まれた女児を養子に出した。

その後母は現在の養父と同棲し始め，1年後男子出産とともに結婚した。しかし養父はＡ男の入籍を認めず，その後生まれた2人の子供とＡ男とをつねに差別し，Ａ男を邪魔者扱いするようになった。Ａ男は，中学に入学したころから養父を嫌うようになり外泊さえするようになった。Ａ男が中学2年のとき，家族は隣のＭ市へ引越すことになった。しかしＡ男は家族と一緒に住むことができないことを母から聞かされると，Ａ男の行動は手がつけられないように荒れ狂いはじめた。(4)

■ 非行に関する状況

全国の児童相談所において取り扱っている非行に関する相談件数（非行相談・触法相談）は，ここ数年増加傾向を示している。1997（平成9）年においては，全国で約1万7,308件の相談があり，処理内容別にみると，児童相談所内での面接指導が全体の68.5％を占め圧倒的に多い。次いで児童自立支援施設など児童福祉施設入所が9.2％，児童福祉司等の指導が8.0％，訓戒誓約が4.8％，家庭裁判所への送致が0.8％の順になっている。

非行行為などの反社会的行動をとった児童の動機や背景はそれぞれさまざまであるが，事例4においては，直接的な動機として複雑な家族関係があり，家庭における父母の差別的な養育態度があった。その態度がＡ男の人間性を否定し疎外したためだといえる。

このように心身の成長発達過程において，とくに反抗期を迎えた児童の心に親や社会の大人たちに対する不信の感情をつのらせて，自己主張の一環として反社会的行動をとらせるにいたったのだといえる。

■ 本人自身の問題——心身障害

● 事例5 ●

Ｒ夫（10歳1ヵ月）は，未熟児の仮死状態で生まれた。その後数回の高熱をともなうてんかん発作を起こして生命が危ぶまれたが，手厚い医療を受けやっともち直した。さらに4ヵ月の入院治療を受けたのち母親のもとに帰った。医

師からは重複障害のおそれがあるので，引き続き通院治療をすすめられ，以来母親はR夫が3歳になるまで，地域の小児医療センターに週一度通院した。R夫の心身障害症候は出生後3ヵ月において，脳の機能障害によると思われる四肢のマヒがあり，その上1歳を過ぎても発語がない状態で知恵おくれの症候があると診断された。

　その後，R夫は重度の重複障害児として療育を受けることになった。R夫が2歳になって母親は，療育センターにおいて週一度行われる小児科医，整形外科医，理学療法士などのチームによる四肢の機能回復訓練に参加する一方で，R夫が3歳になったとき，センターのソーシャルワーカーの紹介で，地域の障害児のためのK幼児グループに参加した。それはR夫の言語の発達を促進するためと，同じ障害児をかかえる母親との交わりによって，障害児の療育訓練を学びつつ連帯を強めるためであった。K幼児グループにはセンターから派遣された保育士や看護婦，リハビリテーション・ワーカー，心理指導員，ボランティアなどが交替で参加し，療育に当たった。

　またR夫が3歳8ヵ月になったとき，母親は次男のD児を出産した。出産のため入院した母親に代わって，父親が週一度の訓練日にR夫をつれて参加する一方，福祉事務所からは週2度ホームヘルパーを，また保健所からは毎週1回保健婦を派遣してもらい，R夫の療育指導と日常生活介助の援助を受けた。

　その後，R夫は就学期を迎え養護学校に在籍したが，休む日が多かった。R夫の症状は次第に重度化して3年生になるとほとんど通学できなくなった。その上母親も次男の子育てに手がかかるようになって，R夫の日常介護に限界を知った父母は，保健婦に相談し療育センターに入所措置を依頼した。(5)

■ 心身障害児に関する状況

　重症心身障害児をかかえる親の悩みには，想像を絶するものがある。事例5のように，現在，障害児やその家族に対する福祉や教育ならびに医療的ケアの社会的援助の施策サービスは徐々に充実してきているが，しかしまた一方重症児のように最重度の障害をもつ児童に対する家庭療育には限界がある場合が多い。親がどんなに最善のケアをしても，児童の年齢が高くなり障害の程度がさらに重度化した場合に，障害の程度を軽減して社会的自立の訓練を行うためには，家庭療育よりもむしろ施設における専門的養護やリハビリテーションの援助を必要とするのである。

2. 社会的ケアの意義

■ 社会的ケアの基本理念

　以上，前節において家庭における養育困難と家庭崩壊に至る児童養護問題について，もっとも典型的な5つの事例を交えてのべてきた。

　現代社会において，児童養護の問題を生みだす社会環境の特質は，家庭にあっては親と児童1人あるいは2人という少人数の核家族のなかで，親の養育機能の衰退にともなう父性および母性の喪失，さらには親子ならびに家族間の人間関係の不調の顕在化である。一方地域社会においては，生命と健康を脅やかす各種の公害，遊びの喪失，いじめ，非行の多発化など，児童の人間性を疎外する潤いのない荒廃した環境がいたるところに存在しているといってもよい。

　こうした社会環境のなかで，すべての児童の健全な成長発達を助長し，より望ましい児童養護を展開する環境整備が必要である。そのためには，すでにのべたように，第一には豊かな父性および母性による家庭養育の創出は欠かせない。また同時に，家庭や地域社会における児童をとりまく環境を，"人間性の回復と形成"という視点から，児童福祉の基本理念に立って再創造していかなければならない。

　それはちょうど，豊かな果実を実らせるには，肥沃な土壌や太陽の光と清澄な水や空気が必要であるばかりでなく，必要十分な手入れがなされなければならないと同様に，児童にとって親の愛を基盤とする家庭養育と，地域社会における児童の養護，教育，保健医療，レクリエーションといった各種の社会的援助サービスが十分に整備されなければならない。なかでも，家庭養育の機能の縮小化ならびに衰退にともない，それを補完または代替する社会的ケアサービスの重要性は一層増しつつある。

■ 社会的ケアの基本的枠組

ここで，社会的ケアの基本的枠組を明確にしておこう。

まず，児童養護とは，「児童すべての健全な成長発達過程を助長するための，社会や成人の側から児童に働きかけるあらゆる形態のサービス・プログラムを意味する。したがって，児童養護は〈家庭養護〉を中心に，〈社会的養護〉プログラムを補完的・代替的に活用して行なわれる」（大谷嘉朗『現代社会福祉事典』）とのべているように，社会的ケアは，保護者による家庭養育の不足を社会的に補完・代替するすべての社会的ケアサービスをさす。

■ 社会的ケアとしての在宅ケアおよび里親養護

通常，社会的ケアサービスには図3が示すように，狭義の意味で家庭養育を補完・代替するものとして在宅ケア，里親養護，さらに通所型ならびに入所型の施設養護がある。

1997（平成9）年6月に児童福祉法が改正され，通所型の最も施設数の多い保育所において措置から選択へと入所制度が変わり，児童福祉施設にも高齢者施設や障害者施設と同様に一部ではあるが地域に根ざした児童保育サービ

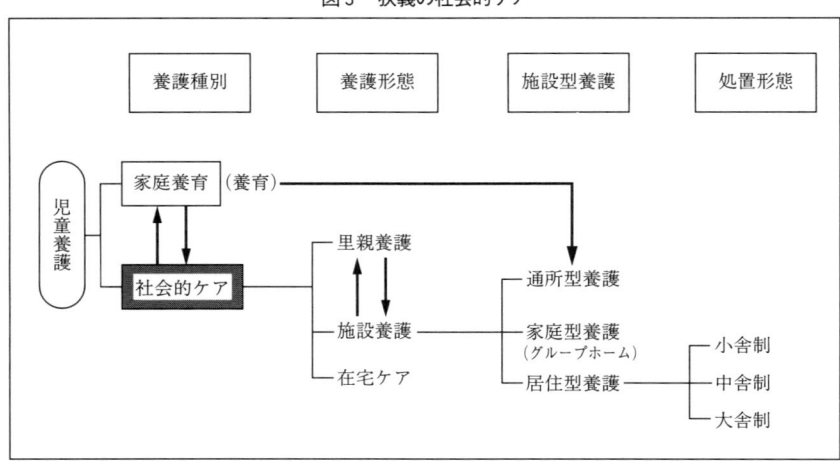

図3　狭義の社会的ケア

スを選択し契約に基づく社会的ケアの新しい制度が導入されることになった。

また同時に、重度の心身障害児の居宅生活支援事業に対する援助も従来と同様に展開されるが、この在宅ケアサービスも心身障害児だけの援助対象も、コミュニティケアの一環として乳幼児を抱える養育困難な家庭に向けた居宅援助事業としても展開できる可能性を有している。

ここでは、児童の社会的ケアとしての里親養護と施設養護について以下に述べよう。

里親養護とは、児童の実親（父母のいずれかまたは両親）が死亡、疾病、家出などいろいろな理由により児童を養育保護できない場合、とくに個別的・家庭的ケアを必要とする児童を里親が引き受け、その家庭生活をとおして、児童の心身の健全な成長発達と豊かな人格形成をはかるように養護することである。

里親養護には通常2つの種類が考えられる。1つは、児童の養育保護が主なる目的で、委託された児童を温かい人間関係と望ましい家庭的雰囲気の中でケアしながら、やがては児童本来の家庭に復帰させるか、または社会的に自立させるように援助する養育里親と、他の1つは、委託された児童を将来自分の養子にすることを前提とした里親養護の場合である。このいずれも望ましい家庭的ケアが与えられるという点で、児童福祉の基本理念にかなうものである。里親養護の対象となる児童は、一般的に要養護児童のうち乳児、幼児あるいは養護上特別な問題をもたない比較的年齢の低い学童が適切であるといわれている。しかし中には高年齢児童ないしは心身に障害をもった児童が委託されている場合もある。

このように里親養護は、諸種の社会的ケアの養護形態のうちで、児童の家庭にもっとも近似した養護機能を提供する典型的な家庭型養護といえるであろう。

■ 施設養護

　これに対して施設養護とは，各種の通所型施設ならびに家庭型・居住型施設において実践される児童の養護をさし，対象児童に対して，「日常生活の基本ニーズを充足しながら，個々の施設機能に応じた個別的な治療・訓練指導により，在園児者の健全な人間性の発達の維持に向け」（大谷嘉朗前掲）援助する児童養護職員（保育士・児童指導員）の働きのすべてを総称していう。

　今日は，家庭養育の機能の縮小化ならびに衰退化にともない，それを補充・代替する施設養護の重要性は一層増しつつある。

　ちなみに，近年のわが国における児童福祉施設の推移をみると，1985（昭和60）年度を100とした場合の施設総数の比は，1990（平成2）年は99.6，1999（平成11）年も99.6とほとんど横這いの推移である。このことはわが国の児童人口の総数が年々減少傾向にあることから当然であると考えられる。

　しかし，要援護児童に対する社会的ケアの必要性や時代の要請から施設を増やしたり，新たに創設したり，また一方で児童養護の機能を殆ど同一にする虚弱児施設を児童養護施設に編成替えしたりで各種児童福祉施設の数的変動がみられる。これを各種の施設別でみると，通所施設の場合に顕著にみられるのは，保育所の数は1985年より97.3と乳幼児の絶対数の減少により年々減少傾向にある。しかしそれ以外の通所施設は，横這いあるいは増加の傾向にある。この中で最も増加のある施設は児童館124.2，次いで肢体不自由児通園施設118.5，知的障害児通園施設105.5の順である。

　一方入所施設において増加した施設は3施設で，最も大きな伸びをした施設は重症心身障害児施設で157.1，次いで情緒障害児短期治療施設154.1，児童養護施設102.8である。また最も多く減少した施設は盲児施設で50.0，次いでろうあ児施設66.6，助産施設67.9，母子生活支援施設83.4，知的障害児施設86.6，肢体不自由児療護施設87.5，肢体不自由児施設89.2，乳児院93.4の

順である。

■ 通所型施設養護へ

このように社会的ケアの中枢を担う児童福祉施設の最近の動向は，国や地方自治体の児童福祉施設の重点が家庭福祉や地域福祉の拡充に注がれるようになってから，居住型の児童福祉施設を新たに増やすことよりも，家庭養育を補完する通所型施設の増設に方向転換をしてきていることである。これには，主に次のようなねらいがある。すなわち，児童は本来家庭養育を基盤に，親や保護者によって養育されることがもっとも自然な，望ましい養育形態であるとの基本理念を前提とし，家庭養育の不足や困難に対して，あるいは児童がもつ問題や障害に対しては，主として通所型施設をもって補完し，さらにいろいろな事情で家庭養育を喪失した場合に，居住型施設を提供することによって家庭養育を代替するという基本的な考えである。

■ コミュニティ・ケアと施設養護

しかし，ここで留意しておかなければならないことは，国や地方自治体の基本施策がコミュニティ・ケアに焦点が注がれるようになったとしても，家庭養育を代替する居住型施設の重要性が少しも軽減されたわけではない。むしろ，家庭養育の困難や崩壊から生起する対象児童のもつ問題の深刻化や障害の重度化に対して，居住型施設の果たす役割は一層重要な意味をもっているといわなければならない。すなわち，居住型施設養護のあり方は，対象児童の生活を施設が一手に引き受け，心身の安定と児童がもつ問題や障害に対する教育的治療，ならびに崩壊した家庭に対する養育機能の回復を目指した社会的援助に焦点が注がれることに重要な意義があるからである。

いずれにしても，通所型施設ならびに居住型施設を問わず，家庭養育を補完し代替する施設養護のはたらきは，コミュニティ・ケアの推進とともに現代の脆弱化した家庭養育に対する重要な役割を担っていることを認識しなけ

ればならない。

注

(1) 豊福義彦『児童の養護と福祉』学文社，1985年より引用。
(2) 同上。
(3) 長尾正男「家族病理としての登校拒否」『現代のエスプリ，学校に行けない子どもたち』250号，1989年より引用。
(4) 豊福義彦，前掲書より引用。
(5) 豊福義彦「地域福祉」『新版児童福祉入門』ミネルヴァ書房，1988年より引用。

III章 施設養護の目的と機能

第1節　施設養護の目的

1. 施設養護の目標

　児童福祉法第1条に児童福祉の理念について「すべて国民は，児童が心身ともに健やかに生まれ，且つ，育成されるよう努めなければならない。②すべて児童は，ひとしくその生活を保障され，愛護されなければならない」と謳い，日本の社会の全ての児童をひとりも漏れなく健全に育成をしていく最終目標を掲げている。これは児童が心身ともに健全な状態で出産する配慮から，社会人に成長するようにはかることにある。そして，児童福祉法第2条には「国及び地方公共団体は，児童の保護者とともに，児童を心身ともに健やかに育成する責任を負う」と児童福祉の目的である「児童を心身ともに健やかに育成する」ために，「国及び地方公共団体は，児童の保護者とともに」と，家庭と社会のそれぞれの緊密な協力をもって児童の福祉を担う責任を明確にしている。

▨ 施設養護の理念

　児童とは，生物的存在として他の動物と比較しても長期間にわたって大人による養育と保護をうけなければ，その生命さえ維持することができない。しかし，単に長期間にわたるばかりではなく，社会への適応に導き，社会の一員として自立させるという教育・指導が駆使されなければならない。いわゆる，社会的文化的存在としての児童である。そして，児童の養育の本質的な場所は家庭であり，児童は親が育てるものであるという自然の理法によっている。児童憲章および国連児童権利宣言においては，これらの思想を強調

している。児童憲章2「すべての児童は，家庭で，正しい愛情と知識と技術をもって育てられ，家庭に恵まれない児童には，これにかわる環境が与えられる」，国連の児童権利宣言第6条「児童は，その人格の完全な，かつ，調和した発展のため，愛情と理解とを必要とする。児童は，できるかぎり，その両親の愛情と責任の下で，また，いかなる場合においても，愛情と道徳的及び物質的保障とのある環境の下で育てられなければならない。幼児は，例外的な場合を除き，その母から引き離されてはならない。社会及び公の機関は，家庭のない児童及び適当な生活維持の方法のない児童に対して特別の養護を与える義務を有する」と，児童は家庭の両親の下で，愛情と知識と技術をもって育てられるべきであり，もしそれが失われている場合，あるいは不十分である場合には，それに代わる特別の養護を与えるべきであると規定されている。いわゆる本来の家庭における養育の代替機能として，社会的養護サービスを提供するということである。

日本においては，従来の伝統的な家族制度から，欧米型家族形態すなわち「核家族化」へ進行してきている。核家族は，小家族人間関係の人間生活の中で孤独感や疎外感をますます深刻化していき，本来の家庭の役割が次第に縮小化していった。それによって，家庭から社会の手に移行した児童養護の営みは，欠くことのできないものになってきている。家庭と社会の共同によってはじめて児童の養護が行えるといえる。児童養護の目標を達成するためには家庭養護と社会的養護（家庭的養護と施設養護）が相互補完的に機能してはじめて十分なものになるといえる。

以上，施設養護の目標について，家庭養護とのかかわりの中で，社会的養護としての施設養護について考察をしてきたが，つぎに児童福祉施設における施設養護の目標について考察をしたい。最初に児童福祉法の条文からみた目的についてみていく。

■ **児童福祉法と施設養護** 児童福祉法第7条に児童福祉施設については,「この法律で,児童福祉施設とは,助産施設,乳児院,母子生活支援施設,保育所,児童厚生施設,児童養護施設,知的障害児施設,知的障害児通園施設,盲ろうあ児施設,肢体不自由児施設,重症心身障害児施設,情緒障害児短期治療施設,児童自立支援施設及び児童家庭支援センターとする」と14種類をあげて,その目的については第36条から第44条の2に規定している。「助産施設は,保健上必要があるにもかかわらず,経済的理由により,入院助産を受けることができない妊産婦を入所させて,助産を受けさせることを目的とする施設とする」(第36条),「乳児院は,乳児を入院させて,これを養育することを目的とする施設とする」(第37条),母子生活支援施設は,配偶者のない女子又はこれに準ずる事情にある女子及びその者の監護すべき児童を入所させて,これらの者を保護するとともに,これらの者の自立の促進のためにその生活を支援することを目的とする施設とする」(第38条),「保育所は,日日保護者の委託を受けて,保育に欠けるその乳児又は幼児を保育することを目的とする施設とする」(第39条),「児童厚生施設は,児童遊園,児童館等児童に健全な遊びを与えて,その健康を増進し,又は情操をゆたかにすることを目的とする施設とする」(第40条),「児童養護施設は,乳児を除いて,保護者のない児童,虐待されている児童その他環境上養護を要する児童を入所させて,これを養護し,あわせて退所した者に対する相談その他の自立のための援助を行うことを目的とする施設とする」(第41条),「知的障害児施設は,知的障害のある児童を入所させて,これを保護し,又は治療するとともに,独立自活に必要な知識技能を与えることを目的とする施設とする」(第42条),「知的障害児通園施設は,知的障害のある児童を日々保護者の下から通わせて,これを保護するとともに,独立自活に必要な知識技能を与えることを目的とする施設とする」(第43条),「盲ろうあ児施設は,盲児(強度の弱視児を含む。)又

はろうあ児（強度の難聴児を含む。）を入所させて，これを保護するとともに，独立自活に必要な指導又は援助をすることを目的とする施設とする」（第43条の2），「肢体不自由児施設は，肢体不自由のある児童を治療するとともに，独立自活に必要な知識技能を与えることを目的とする施設とする」（第43条の3），「重症心身障害児施設は，重度の知的障害及び重度の肢体不自由が重複している児童を入所させて，これを保護するとともに，治療及び日常生活の指導をすることを目的とする施設とする」（第43条の4），「情緒障害児短期治療施設は，軽度の情緒障害を有する児童を，短期間，入所させ，又は保護者の下から通わせて，その情緒障害を治し，あわせて退所した者について相談その他の援助を行うことを目的とする施設とする」（第43条の5），「児童自立支援施設は，不良行為をなし，又はなすおそれのある児童及び家庭環境その他の環境上の理由により生活指導等を要する児童を入所させ，又は保護者の下から通わせて，個々の児童の状況に応じて必要な指導を行い，その自立を支援し，あわせて退所した者について相談その他の援助を行うことを目的とする施設とする」（第44条），「児童家庭支援センターは，地域の児童の福祉に関する各般の問題につき，児童に関する家庭その他からの相談のうち，専門的な知識及び技術を必要とするものに応じ，必要な助言を行うとともに，市町村の求めに応じ，技術的助言その他必要な援助を行うほか，第26条第1項第2号及び第27条第1項第2号の規定による指導を行い，あわせて児童相談所，児童福祉施設等との連絡調整その他厚生労働省令の定める援助を総合的に行うことを目的とする施設とする」（第44条の2）。

■ 今日的目的　以上児童福祉法に規定されている各種児童福祉施設による施設養護の目的について列挙しても分かるように，その施設養護の目的については，保護，養育，保育，健全育成，養護，療育，治療，教護，自立支援を内容にし多種多様である。これは，身体的監護的養護のみではなく，リハビ

リテーション，社会的自立への援助指導を積極的に行っていくことに重点が置かれている。また，その自立のためには，入所型施設養護という形態だけではなく，新しいニードの発生と共に診断技術の進歩もあり，より効果的な治療を図っていくための新しい形態として通所型施設養護も取り入れられ，分化分類され，ますます多岐にわたっていく傾向にある。つまり，入所型施設養護が圧倒的に中心であったときには，家庭の代替的機能を果たすことに終始していた施設であったが，通所型施設養護が登場してからは，前者に比べて児童の日常生活の大半は家庭においてなされ，一定の時間通所施設に通ってきて治療・教育を受けるという形をとり，施設養護の目標を拡大化しているといえる。

■ **基本的目標──人間性の回復**　施設養護の基本目標は，①児童の人間性の尊重，回復あるいは再形成，②児童の社会復帰・家庭復帰あるいは社会生活への積極的参加をあげることができる。施設に入所している児童の多くは，正常な人格の発達が阻害されているか，あるいは歪められるかして施設にたどり着いてくる。ある児童は家庭の問題からはじき出されたり，またそれから派生して，盗癖・家出等の反社会的問題行動や，寡黙・夜尿・不登校などの非社会的問題行動のために，家庭・学校・地域社会から社会的に疎外されはじき出されてくる。知的障害・盲・ろうあ・肢体不自由という障害をもっている児童の場合には，心身の条件から，そのままでは家庭生活・社会生活はできない。場合によっては拒否されることもある。家庭では親の虐待あるいは差別または過保護・過干渉，放任などが原因として考えられる。このような環境で養育されてきた児童は，環境適応の方法や行動様式，人間関係のとりかたについても，歪み・遅滞・異常の型を示しているのは当然のことである。このような人間性疎外，人間性剥奪化の中に置かれている，あるいは置かれ続けてきた児童に対して，人間性の尊重，回復あるいは再形成を図って

いく治療教育の過程が，施設養護で展開されることが第１の目標である。

▰ **基本的目標──家庭・社会復帰**　「施設養護過程を図式的に理解ないし説明することから，とかく，この家庭復帰・社会復帰を含めた社会参加を，施設養護過程の最終段階になって始められる養護処遇内容と受けとられることがあるが，健全な社会参加活動から逸脱し，または逸脱する虞のある要養護児童の再社会参加過程は，そのような児童に対する施設養護過程の最初の段階からすでにスタートすべきものであり，そのような観点から，施設養護の処遇内容が組み立てられ展開されなければならないことを指摘しておきたい」(1)といわれているように，社会復帰・家庭復帰は施設養護の終局段階ではじめて登場するものではなく，施設養護の開始段階から始められているのである。それに施設の児童処遇が結集されなければならないということである。施設養護の営みは自然的・無意図的・無意識的に行われるものではなく，意識的・意図的に行われる専門的援助技術であるといえる。

▰ **家庭調整**　児童は，２つの世界にまたがって生活をしている。つまり，現在の児童福祉施設における生活といま１つは過去の思い出深い生活である。とくに，児童の背後にいる親の存在に焦点をあて，家庭調整あるいは再調整をしていくことに関心をはらうべきである。ファミリー・ケースワーク・サービスを展開していくことである。入所段階より児童を入所にいたらせた親・家族について，また児童と家族とのかかわりについての診断を下し，処遇が進められなければならない。施設の担当職員は親や児童のワーカービリティについても見極め，処遇の展開を見通していくことも重要である。

　これらの施設養護の目標の実現は，「ジョン・ボールビーがその報告書の中で指摘しているように，その児童の問題情況がどのようなものであろうと，その児童の人間としての可能性に信頼をおいている保育士や指導員と呼ばれる児童養護の専門職員に，児童福祉施設という場において出会うことのでき

た児童たちは，はじめて人間として正しく愛されることを経験し，愛されることによって，愛されるに値する者になろうと希い求めるようになり，やがて愛されるだけでなく，主体的能動的に愛することにも喜びを見い出すに至るのである」(2)といえる。

2. 施設養護の種類

■ 施設養護の分類化

児童福祉施設は利用形態別に分けると，自宅から通所する通所施設と，自宅から離れてそこで居住し生活する入所施設がある。

社会福祉法の第2条では，第1種社会福祉事業と第2種社会福祉事業に分類している。社会福祉法での分類は明確にされていないが，成立当時は緊急性の高い入所施設が中心であったことから，第1種社会福祉事業はおおむね対象者の全生活を保障する入所施設にあたる。第2種社会福祉事業は居宅における保育所，児童厚生施設および助産施設と区分され，おおむね通所施設，相談事業を指している。前者は，公共性がとくに高く，人格の尊厳に重大な関係をもつことなどから，国・地方公共団体・社会福祉法人が経営することになっている。それに比べて後者は経営主体の創意と自由に任せても比較的に弊害のともなうおそれのない事業で，届出をすれば誰でも経営できるものとなっている。ただし，保育所については，都道府県への届出ではなく，許可制になっている。この区分では，通所・入所型を明確にしていない。それは，1948(昭和23)年児童福祉法実施当時は定められていた児童福祉施設は6施設であり，当時は入所施設中心であったが，現在では分化分類されながら14種類(実際には15種類)，また『国民の福祉の動向』財団法人厚生統計協会によると20種類を数え，ますます多岐にわたっている。1957(昭和32)年知的障害児通園施設が，1961(昭和36)年情緒障害児短期治療施設(入所・通所)が加

えられていく中で，対象児童の人格の影響を及ぼす重要さもあり，第1種社会事業福祉事業として入っているといえる。

それぞれの施設養護の種類と特徴について整理をする。具体的な児童福祉施設の特徴については，表1のようになる。

■ 通所型施設養護とは

通所施設は，児童の生活は家庭においてなされ，家庭から児童福祉施設に通って必要な養護・保育・教育・治療を受けさせるものである。

通所施設が増加していった背景に，障害児のための施設があったとみるべきであろう。「障害児施設が地域との関係を密着なものへと展開させたのは，1957年児童福祉法改正によって登場した精神薄弱児通園施設の位置付けからである。同施設は，市町をエリヤとして多く公立で設置されていった。このことは，従来の入所型施設に比して，狭いエリヤでの対応と，その設置箇所が市街地であるということ，更には自治体行政組織の一部門ということで，地域との関係は密着度を深めるものであった」(3)といままでの施設入所（収容）中心の施設養護から，住民参加による地域社会の責任において，対象者に必要なサービスを提供する通所施設が登場していった。知的障害児通園施設は当初は就学猶予免除児を対象にしていたが，障害児をもつ父母の会の運動もあり，1979（昭和54）年の養護学校義務制によりさらに学校教育との連携を深め，より重度・低年齢の幼児等を受け入れ，通所施設の機能を発揮していったといえる。通所施設の中で「施設の社会化」がもっとも遅れていると指摘されているのは，もっとも地域社会との密着度の高い保育所である。最近，保育所の機能についても見直されてきている。

■ 入所型施設養護とは

入所施設は，主として保護者がいない児童，あるいは保護者が養育できない状態にある児童，または問題や障害をもっていて，それを治療・教育・訓

表1　児童福祉施設の種類と特徴

形態別	問題別	施設の種類		種別	準拠法	施設の機能	施設数	入所定員	入所人員
通所型	健全育成	児童厚生施設	児童遊園	第2種	児童福祉法第40条	児童に健全な遊びを与え、児童を個別的又は集団的に指導して健康を増進し、情操を豊かにするとともに、事故による障害の防止をはかる。	4,153		
			児童館	第2種	児童福祉法第40条	児童に健全な遊びを与えて、その健康を増進し、又は情操を豊かにする。	4,334		
	児童の問題	知的障害児通園施設		第1種	児童福祉法第43条	知的障害のある児童を日日保護者のもとから通わせて、これを保護するとともに独立自活に必要な知識技能を与える。	229	8,468	7,608
		肢体不自由児施設		第1種	児童福祉法第43条の3	肢体不自由のある児童を治療するとともに、独立自活に必要な知識技能を与える。	67	6,146	3,511
		肢体不自由児通園施設		第1種	〃	肢体不自由のある児童を通所させて、独立自活に必要な知識技能を与える。	82	3,360	2,541
		情緒障害児短期治療施設		第1種	児童福祉法第43条の5	軽度の情緒障害を有する児童を短期間入所させ、又は保護者のもとから通わせて、その情緒をなおす。	17	825	683
		難聴幼児通園施設		第1種	〃	難聴幼児を親のもとから通所させ、残存能力の開発及び言語障害の除去に必要な指導訓練を与える。	27	895	735
	家上の環境問題	心身障害児通園事業				小規模通園、在宅の心身障害児に対して早期訓練を行う。	※192		3,840
入所型	健全育成	保育所		第2種	児童福祉法第39条	日日保護者の委託を受けて、保育に欠けるその乳児又は幼児を保育する。	22,332	1,914,787	1,811,465
		助産施設		第2種	児童福祉法第36条	保健上必要があるにもかかわらず経済的理由により入院助産を受けることができない妊産婦を入所させて助産を受けさせる。	539	4,383	
	児童の問題	知的障害児施設		第1種	児童福祉法第42条	知的障害のある児童を入所させて、これを保護するとともに独立自活に必要な知識技能を与える。	279	16,157	12,954
		自閉症児施設		第1種	〃	自閉症児に対する医療、心理指導及び生活指導を行う。	6	296	189

III章　施設養護の目的と機能

分類	施設名	種別	根拠法	目的	施設数	定員	現員
入所型（児童の問題）	盲児施設	第1種	児童福祉法第43条	盲児（強度の弱視児を含む）を入所させて、これを保護するとともに、独立自活に必要な指導又は援助をする。	14	494	180
	ろうあ児施設	第1種	児童福祉法第43条の2	ろうあ児（強度の難聴児を含む）を入所させるとともに、これを保護するとともに、独立自活に必要な指導又は援助を与える。	16	591	211
	肢体不自由児施設	第1種	児童福祉法第43条の3	肢体不自由のある児童を治療するとともに、独立自活に必要な知識技能を与える。	67	6,146	3,511
	肢体不自由児療護施設	第1種	〃	病院に収容することを要しない肢体不自由の児童であって、家庭における養育が困難なものを収容する。	7	410	271
	重症心身障害児施設	第1種	児童福祉法第43条の4	重度の知的障害及び重度の肢体不自由が重複している児童を入所させるとともに、これを保護するとともに、治療及び日常生活の指導をする。	88	8,789	8,579
	情緒障害児短期治療施設	第1種	児童福祉法第43条の5	軽度の情緒障害を有する児童を、短期間入所させ、又は保護者のもとから通わせて、その情緒を治す。	17	825	683
	児童自立支援施設	第1種	児童福祉法第44条	不良行為をなし、又はなすおそれのある児童及び家庭環境その他の環境上の理由により生活指導等を要する児童を入所させ、又は保護者の下から通わせて、個々の児童の状況に応じて指導を行い、その自立を支援する。	55	4,270	2,038
	国立療養所重症心身障害児委託病床			昭和41年より、国立療養所に専門病床が設けられ重度心身障害児の治療及び日常生活の指導をする。	※57	5,021	2,650
	国立療養所進行性筋委縮症児委託病床			昭和40年より国立療養所に専門病床が設けられ、進行性筋委縮症児の治療及び日常生活の指導をする。	※27	2,140	1,265
入所型（家庭の環境）	乳児院	第1種	児童福祉法第37条	乳児を入院させて、これを養育する。（保健上その他の理由により必要がある場合には、おおむね2歳未満の幼児を含む。）	114	3,682	2,797
	母子生活支援施設	第1種	児童福祉法第38条	配偶者のない女子又はこれに準ずる事情にある女子及びその者の監護すべき児童を入所させ、これらの者を保護するとともに、これらの者の自立の促進のためにその生活を支援する。	300	5,917	11,139
	児童養護施設	第1種	児童福祉法第41条	乳児を除いて、保護者のない児童、虐待されている児童その他環境上養護を要する児童を入所させて、これを養護し、あわせてその自立を支援する。	556	34,052	28,782

資料）「厚生白書」、「国民の福祉の動向」を参考にして作成
出所）厚生省「社会福祉施設調査」及び厚生省児童家庭局調べ（平成11年2月1日現在）（但し、※は旧資料にもとづく。

練する必要のある児童を，家庭より離れて一定期間，その対象児童の全生活について責任をもって養護する施設である。

　従来は，入所施設は収容施設と呼ばれていた。1950（昭和25）年ホスピタリズム論争が起こり，長期間にわたる閉鎖的な収容施設で育った児童は人格形成上多くの欠陥をもつとの指摘があり，収容施設の本質についての論議がなされ，恒常的母性的養護の重要性と地域社会に開かれた施設であることが強調された。1960（昭和35）年以降の高度経済成長期の激動する社会情勢の中から新しい社会問題が起こり，その対応を迫られてきている。社会福祉の対象の拡大，いわゆる一般児童も利用できるサービスへの転換，コミュニティ・ケア論，ノーマライゼーション思想の流入による地域福祉の強調などである。入所施設においては，これらの動向の中にあって，大きな変革をせざるを得なかったといえる。

■ 入所型施設養護の動向

　(1)　1985（昭和60）年に厚生省は収容施設のもっている「収容所」という暗いイメージを排除し，「収容施設」から「入所施設」に改めている。これについては，いままで多くの研究者より，用語について「収容」から「入園，入院」，「施設収容者」から「施設利用者」，「収容施設」から「居住施設」などという提案がなされていたが，定着化していなかった。

　(2)　障害児のための施設は，児童福祉法成立当時は知的障害児施設と療育施設の2施設であったのが，現在では12種類の施設に分化分類されてきている。これは施設の量的拡大と同時に質的充実が図られたということであろう。その一つの要因として，「施設の社会化」をあげることができる。入所施設に「通所施設」の併設をしている施設が多くなってきている。施設のもっている機能・設備（機器）・人材を施設入所児のためだけではなく，地域社会に開かれたものとして提供していくものである。

(3) 小規模化の傾向をあげることができる。児童養護施設においては，1950（昭和25）年以降のホスピタリズム論争による入所施設批判，さらには1970（昭和45）年代に入って障害者のためのコロニーにより量的拡大を図っていったが，後の「コロニー批判」によって，入所型施設批判へと連関していく。米国の脱施設化（ディ・インスティチューショナリズム）などの影響でますます拍車がかかっていった。東京都においては，1973（昭和48）年度より養育家庭制度を実施してきている。その実施機関として児童養護施設に養育家庭センターを併設し，施設と里親が協働して児童養護にあたっていくということで，現在の里親制度との連係を図っていく事業である。さらに，1982（昭和57）年度よりファミリー・グループ・ホームを試行し，1984（昭和59）年度より実施段階に入っている。地域社会の一般民家で，夫婦あるいは職員によって4～6名の養護児童を養育していく形態である。このファミリー・グループ・ホームは，施設分園型（グループ・ホーム）と里親型（ファミリー・ホーム）に分けて実践されている。このように，入所施設が自らその対象としている児童を地域社会に分散していく形態をとっている。

■「通所」と「入所」の関係

通所型養護と入所型養護の関係についてのべてみよう（60頁，図3参照）。「これは1人の児童の養育過程において，児童自身とその家庭状況に応じて最もふさわしいものが選ばれ，あるいは同時に行われるのであって，一つに固定されるものではない」[4]。これは，社会の変化，児童のニードの多様化に応えるべく，児童福祉施設の目的，種類，サービスの方法の専門分化が進み，閉鎖的・自己完結的な施設では通用しなくなってきている。それぞれの施設の役割・機能を十分に生かし，積極的に活用していくことが求められてきているといえる。それぞれの施設の相互協力により，児童の福祉を守っていくことに尽きるといえる。

入所型施設は,「歴史的には最も古くから現在に至るまで存在し,将来もさらに分化・変形・発展しながら存在し続けるであろう」(5)。児童養護施設は入所型施設として古くから存在し,基本型であり,今日の各種の施設は歴史的に分化分類をしていったものである。しかしこれからも次々に生まれてくる児童の新しいニードに対応して,新しい形態ができるわけではない。新しいニードを持っている児童をそ知らぬ顔で通り過ぎていくことはできない。境界線児ということで,拒否をしていくことがあってはならない。むしろ,積極的に受け入れ,他施設との協力を得ながら,新しい養護プログラムを開発していくか,施設養護に弾力性を持たせていくかということであろう。

第2節　施設養護の機能

1.　施設入所の意味

■ 施設養護における基本的特質

　施設入所では,児童が本来の家庭,親兄弟,親戚,学校,地域社会環境より離れて,一定期間全生活を人為的につくられた児童の生活の場である専門的な施設で,養護を基盤に,児童のニードに応じた治療・教育・訓練などが与えられる。

「施設入所」には,いままで「施設収容」という用語が使われてきた。まず最初に,施設収容についての意味を明らかにし,施設入所の意味を考えたい。「収容」という言葉からくるイメージは,「収容所」にあるような一般社会から強制的に「隔離する」「おしこめられる」という懲罰的社会防衛的性格のものである。そして,入所者の保護に重点があり,施設は孤立的な存在である。

英国救貧法にみられるように，対象者の処遇は劣等処遇の原則が貫かれていた。「持てる者が持たざる者に」「上から下へ」「与え，与えられる」という関係であった。以上のような，社会から隔離・収容される暗いイメージしかなかったものが，人権の尊重が叫ばれ，権利としての福祉が台頭するようになり，またコミュニティ・ケア論やノーマライゼーション思想の流入による地域福祉の高揚もあり，通所型施設養護の登場により入所施設も大きく転換せざるを得なくなったといえる。

　施設は，人為的につくられた集団の場である。施設には，施設養護の環境である建物・設備・専門職員配置などが準備されている。そして，それに見合う児童定員が決められている。入所児童は，さまざまな措置にいたる原因に違いがあって施設にやってくる。そこで，一定期間専門職員や他の入所児童と生活を共にしながら，養護・治療・教育・訓練が提供され，措置原因が解消することによって，家庭復帰・社会復帰が図られ，施設退所を迎える。退所後，新しい児童を迎えるというくり返しである。すなわち「①児童の生活の基盤を家庭から施設に移し，その全生活にわたって，家族と協力しながら，直接施設が責任をもって養護する。②児童は集団生活に参加し，児童相互に助け合い，励まし合って成長していく。③施設職員から，全生活にわたって専門的援助を受ける。④施設で生活することをとおして，家庭の問題を解決する。⑤問題や障害をもっているが故に閉ざされていたこれまでの生活から，自分自身を解放し，社会生活への参加の道を開く。⑥以上のことから，児童は人格形成を行い，発達を保障される」[6]のである。

■ 施設入所の機能

　施設入所の持っているプラスとマイナスの両面から積極的に，また通所施設との比較をしながらその機能について考察を進めたい。

　(1)　児童は施設入所にともない，いままで慣れ親しんだ家庭環境から，全

く未知の施設に,いわばある日突然に投げ込まれるのである。それは,通所施設とは違い,入所児童にとっては,分離傷痕・不安の苦い体験を持ち続け,親にとっては,子供を手放さなければならなくなった心理的葛藤としての罪障感を持ち,施設養護においてさまざまな波紋を投げかけてくる。このマイナスである「親子分離」の体験を,いかに施設養護で取り扱っていくかということが重要である。児童の問題の背後には,家庭環境からくる問題である場合が多く,望ましくない人的・物的・社会的環境から一定期間引き離すことによる,家庭復帰・社会復帰可能な環境の調整的機能を果たすことができる。

(2) 施設生活は,人為的な集団である。そこで,通所型施設養護ではみられない利点があるといえる。集団のもつ積極的な価値を利用できるかどうかということである。また,実の親子関係でみられるような自然発生的な愛情関係の形成は期待できないという,マイナス面がある。反面,意図的・計画的な日常生活の場においての専門職員による養護・治療・教育・訓練などによって,乳幼児期の不十分な母性的養護,母子分離などの不幸な体験をしてきた児童が持っているパーソナリティの歪みやさまざまな問題に対して,再調整・再形成・健全な人格の発達を図っていくことができる。

■ 施設養護における児童の特質

「20世紀は『児童の世紀』というあまりにも有名なエレン・ケイ女史の言葉によって表現されているように,児童の社会的養護としての児童福祉施設は,20世紀の進展につれて飛躍的な発展をみることとなった。第1には,児童の社会的養護としての収容施設養護のあり方が,あらゆる視点から,特に精神医学的視点から,徹底的に批判検討されて,たえず常にその改善工夫が要請され,また試みられてきているという面においてである」[7]。施設で育った児童

は一般家庭で育った児童にはみられない心身の発達障害や，それにともなう症候を呈しているという指摘，いわゆる，ホスピタリズム，インスティチューショナリズム，レジメンテーションなどと呼ばれている，数多くの研究が発表されているが，次の代表的な3人の諸説に注目したい。

(1) ロレッタ・ベンダーは「永久に損なわれた人格」と呼び，児童の健全な人格の発達には，同一人物（母）によって日々愛撫されるという温かい環境と，また他の人々との「やりとり」の人間関係，同一化過程の必要性を強調している。

(2) スピッツは，乳児期の施設生活の欠陥について，刺激の欠如と母親の成否をあげ，乳幼児期にうけた心理的損傷の重大さを指摘している。また，整った施設であっても家庭にまさるものを持ち得ないとのべている。

(3) ジョン・ボウルビーは国連保健機構（WHO）の依頼を受け，調査報告書「母性的養護と精神的健康」（日本語訳「乳幼児の精神衛生」）で，児童の人格形成の基礎的時期としての乳幼児期に，通常の一般家庭では常に一貫して変わらない母性的養護が差しのべられているのに対して，施設養護においては母性的養護の担い手として養護職員による，絶えざる中断・変更・交替によって一貫性・恒常性を常に欠き，施設児童の情緒的安定感・所属感を脅かしているとの指摘である。

■ 児童養護の場とは何か

適切な養護を欠いた愛情喪失児は，将来自分の子供を正しく育てることができない。そのために，自分の子供を再び施設に入所させてしまう。児童の福祉は，全ての家庭の崩壊防止に向けられるべきであることを強調している。米国ではこれらの施設養護批判の動きの中から，その代案として登場してきた里親家庭養護第一主義があるが，その後失敗をしている。「百年間論争といわれた収容施設養護第一主義か里親家庭養護第一主義かの争いは，実践のデ

ータを踏まえた調査結果の示す所によれば，施設養護批判として in-stitutionalization（施設癖）が指摘されるように，里親家庭養護にいてもfosterization（里親家庭癖）という批判的事実が検証され，又，里親家庭養護の失敗挫折のケースも，施設養護のそれと決して劣らない深刻な状況にあることが関係者の間で認識されるに至った。その結果，要養護児童に対する社会的養護としては，施設養護も里親養護も，共にその有効利用の仕方が改善工夫されるべき車の両輪的存在として共存協力すべきである，という結論に達した」(8)とのべられているように，理想的な児童養護の場はないといえる。また，あれかこれかではなく，児童のニードに合わせた社会的養護を選択できる専門家（ソーシャル・ワーカー）による調整機能をもつことが，必要であろう。収容施設の家庭化運動の指導者であるリーダー博士はつぎのようにのべている。

「現代における施設養護は次の5つの条件を備えるものでなければならない。すなわち，①できるだけ家庭的日常生活条件の場面設定の中で，子どもをして子どもらしい日常生活経験を豊かにさせる場所，②子どもの自由活発な創造的エネルギーの発散である変化に富んだ子どもたちの活動を，型にはめたような行動に抑圧する軍隊式工場式集団方式は極力避けなければならぬ，③しかし社会的養護の方法である収容施設養護や里親家庭養護によって，いかに第二の家庭たらんと努力しても，子ども本来の家庭や親にとって代わることはできないことをはっきり自覚しておかねばならない，④小舎制小集団化は望ましい方向であるけれども，単に住居様式のみによってホスピタリズム（hospitalism 施設癖）の問題は克服されるものではない。住居様式と同時に，職員特に児童の日常生活に直接たずさわる養護職員（保育士・指導員など）が，児童とどのような人間関係を築きあげていけるか，その資質・技量・基本的姿勢が一層大事である。⑤したがって収容施設養護の根本的課題は，与

えられた住居条件の枠組の中で,あるいは新しい方向である小集団小舎制の枠組の中で,職員が収容児童のニードの基本的なものがどこにあるかを真に理解把握し,そのニードを満たしてゆくために,物的生活空間その他の諸条件を利用しながら,いかなる職員児童間の人間関係を打ち出してこれにこたえていくかにあるといえよう(9)」。

▨ 施設養護の基本的課題

これらから,現代における施設養護の基本的課題についてまとめると,つぎのように要約ができるであろう。

① **児童の福祉を担う基本的な場所は,子供の家庭** それは,1909年の米国の児童福祉白亜館会議の「家庭は文明の最高の所産」という宣言で明らかにされ,家庭が養育の基本的な場であることを示している。児童福祉施設は,家庭生活の強化を図り,緊急やむを得ざる場合には施設養護を提供する。社会的養護の方法である入所施設養護や里親家庭養護によって,いかに第2の家庭たらんと努力しても,子供本来の家庭や親にとって代わることはできない,という指摘を肝に銘じておかなければならない。常に,予防的機能である家庭崩壊の防止に向かって,最大限の努力を払わなければならない。

ここに,オーストラリアにおける在宅福祉サービスを紹介してみよう。これは,ファミリー・サポート・サービスと呼ばれ,崩壊の危機に直面しているあるいは危険性のある家庭に対して,専門家・ボランティアなどによって働きかけられている。これらの活動は,施設入所を最小限にとどめるという役割を担っている。児童の福祉の発展とは,問題を持つ児童の減少を願い,現在の施設を必要としなくなるような積極的な働きかけであるといえよう。

② **家庭的養護である里親養育委託・養子縁組委託の推進** 岩崎浩三氏はパーマネンシー・プランニング(永続的計画)とは「児童の監護者の決定には親権よりも児童権が重視されるべきこと,実親であれ代替制であれ,心理的な

親との継続的な関係が重要であること。従って，要養護児童や養護中の児童には，できるだけ早く親の永続性を確保することが，児童にとっての最大の利益に合致する唯一の道である」と説明をし，親との継続的・一貫性のある関係を重視している。しかし，一方では児童にとっては生み親を知る権利があるとの考えがある。里親家庭癖という批判的事実が検証され，また，里親家庭養護の失敗挫折のケースも，施設養護のそれと決して劣らない深刻な状況にあることが関係者の間で認識されるにいたったとの報告からもうかがえるように，その危険性をいかに克服していくのかということが今後の大きな課題であろう。

　③　**在宅の児童に対する通所型施設養護の提供**　　確かに通所施設の種類は増えていったが，多様な通所施設が開発され，在宅の形での児童の福祉を図っていくことが重要である。一部の研究者からも指摘があるように，ファミリー・ヘルパー・プロジェクトや専門の家庭福祉機関の援助などである。

　④　**家庭・社会復帰の早期実現**　　施設入所にやむを得ず踏み切った場合においても，その入所期間を最小限度にとどめるように工夫し，家庭復帰・社会復帰を早期に実現できるように駆使しなければならない。単に，入所期間を早めるということではなく，児童の家庭環境，社会環境の調整や，社会資源の活用（通所型施設養護などの活用，民間のボランティアなど）を図り，その実現に向けるということである。

　⑤　**小集団処遇への工夫**　　入所施設の形態についても，ホスピタリズムでの指摘のように，小集団化・小舎制などに工夫改善を図っていくことに努める。ファミリー・グループ・ホームや自立援助ホームなどの方法が実践されているが，その役割機能を体系化し，その多様化弾力的運営化を図っていくこと。オーストラリアでは，大型の大舎制養護から，ファミリー・グループ・ホームへと転換を図り，要養護児童は減少をしている。在所期間の長い児童

については，里親養育などを進めているということであった。それが，ソーシャル・ワーカーの務めであるということである。さらには，ハーフウエイ・ハウス（中間施設）などのように，いかに社会復帰に向けていくのかということに，全精力を向けているというのである。そのためのサービスに創意工夫がはかられている。

⑥　職員の専門性向上　　最後には，専門養護職員（保育士・指導員など）が児童との，どのような人間関係を築いていけるか，その資質・技量・基本的な姿勢が問われている。児童のニードがどこにあるのかを十分に理解し，そのニードを満たしていくために全精力を図っていくことである。児童に対する愛に基盤を置いた専門性（主体性・倫理性・技能）をもった職員によるたゆまない努力による。

2.　問題別入所の意味

　欧米における施設養護の発達の歴史でも明らかなように，当初は一斉混合収容施設から，18～19世紀にかけて成人施設から児童保護施設として分離し，そして要保護児童のニードに応じて施設を分化し，そこにそれぞれの児童を適切に分類収容していくという分化分類収容がなされていった。児童に，非人間的な生活を強制させるという社会防衛的懲罰的な児童救済の段階である，児童の人間的な成長発達を無視した取り扱いからの転換であった。

■ 問題別分類への展開

　わが国における施設養護の近代化である問題別分化分類入所は，戦後に展開されたということができ，ますます多岐にわたってきている。児童福祉法に規定されている児童福祉施設は14種に分かれている。実際には15種であり，法外の施設を含めると22種になる。法的根拠にもとづく施設（少年院法・母子及び寡婦福祉法・母子保健法・身体障害者福祉法・知的障害者福祉法など）とのか

かわり合いをみてみると，さらに分化されている。

　少年院法は，法務省管轄の法であり，家庭裁判所から保護処分として送致を受けた児童の矯正教育を行う施設について規定している。児童福祉と母子福祉の関係は，母子福祉は児童の福祉を内在している関係にあるといえる。児童福祉と身体障害者福祉法・知的障害者福祉法との関係は，心身障害（者）福祉対策の一貫・継続性の中でとらえられている。心身障害児（者）とは，身体障害児（18歳未満），知的障害児（18歳未満），知的障害者（18歳以上）および身体障害と知的障害の重複したもの（全年齢）を総称する用語として使われていることからも理解できよう。

■ 分類入所の機能

　このように，児童の問題別入所が進められてきている。児童厚生施設以外の児童福祉施設への入所措置及び保育の実施は，福祉事務所・児童相談所に分担されている。福祉事務所は母子生活支援施設，助産施設，保育所の入所事務を取り扱い，児童相談所はその他の全ての児童福祉施設について取り扱っている。これらの機関では，児童の問題について，専門家による医学的・心理学的・社会学的診断がなされ，児童の施設入所・通所などの措置を決めていく。「このような児童の問題・障害の同程度の者を入所させることによって，児童自身の劣等感・被差別感，そこから生まれてくる自閉的傾向あるいは無差別的・攻撃的・破壊的傾向，こういった心理情緒的葛藤を，同質集団・同類意識の持つ相互支持作用の力により，よく良く生きるための積極的感情や人間関係へと変容させていくことが可能になる」[11]。施設養護は，問題別分化分類入所を行うことによって，児童は個々に持っている問題のために，家族・学校・地域社会から脱落しかけているか，してしまった状況が故に，児童の抱えている問題を解決するために施設にたどり着いてくる。施設養護では，歪められている児童のパーソナリティを，正常化し，回復し，さらに成長発

達を図っていくことに主眼がある。専門養護職員の援助とともに，同じ問題を持った児童同士の相互関係は重要である。「問題別分類収容によって施設養護の果たす機能は，次の3点にまとめて考えることができよう。①等質性による処遇効果の促進，②児童の人権の尊重による生活感情の安定，③社会のニードに対応していく適応弾力性の強化，がそれである」(12)といわれている。問題別分化分類入所によって，さらに施設養護機能は専門化が図られていくであろう。

■ 施設養護における統合

しかし，最近の社会福祉の動向でも考えられているように，一方では専門分化と同時に他方では統合化（インテグレーション）という課題があろう。コミュニティ・ケア論やノーマライゼーション思想の流入でいわれているように，障害者もそうでない者も，高齢者も若者も，全て人間として同じように，「当たりまえ」の生活ができる社会こそノーマルであるという考えによって，隔離収容を否定している。障害児の統合保育はその一例として考えることができよう。障害児と健常児との交流は，双方にとって重要である。また，一面では障害児の専門治療も重要である。これらを，総合的に施設養護を提供できる機関，ソーシャルワーカーが求められてくるのである。それぞれの施設養護で，自己完結的な機能を発揮することは困難である。児童福祉施設間の連携と児童の可能性を十分に引き出し発揮できるような援助機能を備えることができるように，専門性を高めていくことと，地域社会における社会資源の活用や整備を必要としているのではないだろうか。

注

(1) 大谷嘉朗・飯田進・豊福義彦『養護内容論――施設養護を問いなおす』ミネルヴァ書房，1976年，23頁。

(2) 徳永寅雄・木村武夫編『児童福祉概説』ミネルヴァ書房，1969年，136～137頁。

(3) 財団法人日本児童問題調査会『子どもと家庭　特集施設と地域社会との関係』第25巻第9号，1988年，13頁。

(4) 大谷嘉朗・吉沢英子監修『養護の理論と実際――養護内容を中心として』相川書房，1975年，31頁。

(5) 徳永寅雄・木村武夫編　前掲書，147頁。

(6) 大谷嘉朗・吉沢英子監修，前掲書，38頁。

(7) 徳永寅雄・木村武夫編，前掲書，129頁。

(8) R. Dinnage & M. L. K., *Residential Child Care――Fact and Fallacies,* Longmans, 1967.

(9) 徳永寅雄・木村武夫編，前掲書，131～132頁。

(10) 『季刊児童養護』第15巻第3号，1979年。

(11) 大谷嘉朗・豊福義彦・飯田進，前掲書，27頁。

(12) 同上。

IV章 児童福祉施設の運営

第1節　運営の実際

1.　施設運営の基本的理念

▰ 児童福祉のための施設運営

　何らかの理由で親等によって家庭で育てられない児童や，あるいは社会での自立した生活に困難をきたしているのに，自らの家庭や親族による世話を受けられない児童に対しては，親や家庭にかわって社会が保護し，養育しなければならない。入所型の児童福祉施設は，そのような児童を入所させ，一人ひとりの児童の正しい発達を保障することを第一義的な目的として設置されている。児童福祉法の第1条には，児童福祉の理念として，「すべて国民は，児童が心身ともに健やかに生まれ，且つ，育成されるよう努めなければならない。②すべて児童は，ひとしくその生活を保障され，愛護されなければならない」があげられている。すなわち，児童福祉施設は，憲法第25条に規定されている「生存権」の保障を基本としながら，このような理念にもとづいて設置されているのである。したがって，施設の運営に関してもこのような理念を基本に据えなければならない。

　これらを基本に据えた施設運営のあり方として，村岡末広は，「①生命が安全に守られ，より安らかな安定した環境として運営されること　②生活が豊かに保障され，健全であり，児童には発達保障が十分に行える環境として運営されること　③個人としての自由と集団，社会との関係が調整保障される環境として運営されること」の3点が確認されなければならないとしている。本来なら児童は自分の家庭で，親によってその正常な発達を保障されるべき

ところを，施設というある一定の目的のもとに，後から人為的につくられたもので保障しようとするのである。

家庭の親等による養育機能の補完，支援的側面に加えて，代替を主たる機能としている入所型施設は，どのような問題，障害を持とうとも，当該の児童の正常な発達を保障し，再び児童の家庭に帰す，あるいは自立的に生きていけるように援助することをその運営の基本におかなければならない。

それとともに，知的障害児（者）施設の長期滞在化傾向にみられるように家庭への復帰等が困難と思えるものに対しては，彼ら一人ひとりの人間らしく生きていく権利が，最大限保障されるような施設の生活でなければならない。このように施設運営の基本には，児童一人ひとりの人権が守られ，健全な発達と自立的な生活が保障されているかが常に確認されなければならない。しかしながらこの自明の理とも思われる施設養護の，あるいは施設運営の理念がすべての施設の実践に結びついているとは思えないのが今日までの実態である。

かつての施設養護の否定的な側面を取り上げたホスピタリズム論の提起はその典型的なものであるし，また現在でも，体罰の問題，高校あるいは大学等への進学の問題，中卒後に養護問題を発生させた時の受け皿の少なさ等の問題点がある。たとえば体罰について考えるとき，職員による体罰は児童同士の体罰を生み出しかねないし，施設が個々の児童にとって安全な，安定した場となっていく訳ではなく，それは時としてもっとも悲劇的状況すら招来しかねない。

■ 発達と施設運営

また，児童の健全な発達と自立を保障しようとするとき，その発達段階に応じた教育の保障が不可欠となる。しかしながら，たとえば児童養護施設児童の全日制高校への進学率は，1996（平成8）年3月で66.0％（中卒児2,137名

中1,410名)であり，また，東京都の児童自立支援施設における中卒時の全日制高校への進学率は，14.3％(105名中15名)である(東京都福祉局調べ)。1973(昭和48)年度より，児童養護施設児童の高校進学への制度的保障がなされて以来30年近く年たって95％を越す全国平均のようやく2/3になったという事実は，施設児童の進学の困難さをあらためて浮き彫りにしている。その理由として，施設入所前の不安定な生活から学習に取り組む準備ができていないこと，学力不足，学習のための施設環境の不備等が考えられるが，基本的には，施設生活の中で，児童がそのようなこと(学習すること，進学すること)に向かおうとする意欲が生まれてくるまでに様々な困難があると考えられることである。しかも重要なことは，このこと（取り組む姿勢の希薄化）が彼らが将来に向かって生きていく意欲とも無関係ではないということである。したがって，彼らの将来的な自立を考えるとき，この意欲をいかにして持たせるか，育てるかが重要なポイントとなってくる。

　そのもっとも基本となることは，個々の児童が個々に持っている欲求(ニーズ)が個別的に充足されることであろう。人は本来，飢餓，渇き，睡眠，休息，排泄等といった生理的水準での欲求と，愛情，参加，所属，承認，自由，独立等といった社会的な水準での欲求を持っている。生理的水準での欲求の充足はある程度だれでも共通の仕方で充足するが，社会的水準での欲求は，個々によってその充足の仕方は全く異なっている。施設という集団のなかで個別のニーズをいかにして充足させるか，これがなされたときに自発的な学習意欲，生きていく意欲等が起きてくる。普通自発的に何かを行うというようなことは，主として幼児の時から親子関係をとおして得られるものと考えられる。しかし施設に入所してくる児童は，どちらかといえば，自発性を育てにくい環境におかれたものが多いと考えられることから，いまいちど施設において自発性を引き出すべく考えなければならない。いわゆる児童一人ひ

とりの理解のうえにたって,「個」が育つような条件づくりである。

　さらに, 中学卒業後に養護問題が顕在化したとき, すなわち家庭での養育が困難になったとき, とくにその児童が高校等へいっていない場合など, 施設や里親による養護はきわめて難しく18歳未満の児童であり, 社会からの, 大人からのかかわりが必要な場合であっても, その受け皿の不十分さが問題である。

2. 措置委託と最低基準
■ 措置制度と負担

　児童養護施設は, 法律にもとづいて運営されており, 都道府県または市よりの措置に基づいて児童の養護にあたっており, その場合委託に伴う費用が支弁されている。それは, 児童福祉法第49条の2および第50条, 51条において,「最低基準を維持するために要する費用」として国および地方公共団体に支弁を義務づけ, 施設における児童の生活保障が公の責任であることを明らかにしている。措置委託費は大別して

(1) 事務費——主として人件費, 管理費

(2) 事業費——対象児童の生活諸費用

に分けられる。また, 国と地方自治体の負担の割合は, 1984 (昭和59) 年までは国が10分の8, 地方自治体が10分の2であったが, 1985 (昭和60) 年に10分の7対10分の3になり, さらに1986 (昭和61) 年度からは10分の5対10分の5と半分ずつになって現在にいたっている。

　この負担率割合の変化は, 行政改革にもとづく福祉見直し論の中で,「住民に身近な行政はできる限り住民に身近な団体で処理する」という国の方針に沿い, 多様なニーズにきめ細かく対応できるよう, 地方公共団体の自主性の尊重の観点から進められてきている。しかし国の負担率の削減は, 地力財政

の負担増となることから，各地方公共団体の財政によって大きく左右される。同じ養護を要する児童であっても，その対応の中身はそれぞれの地方によって違ってくる可能性がある。

　公けの責任による支弁の制度は，国民の生存権を保障する性格をもち，また民間社会福祉施設の経営の安定，基盤強化に果たしてきた功績は大きかった。しかしこの制度は，処遇の水準を一定に保つためには効果的であったが，他方その基準の設定が一律であるため民間施設の独自性，創意工夫性が発揮されにくい側面がある。しかも受け手である民間施設の側が措置委託費に安住してしまい，経営上の安定を最優先に考える施設は，行政指導に従って消極的に運営していく施設になり，積極的，自主的に民間の独自性を発揮するというようなことは見られなくなってきている。

　さらに，もともとこの措置委託費は，本来公が行うべき要保護児童に対するサービスを民間の施設に委ねる場合のサービスの対価であるが，問題はこのサービスの対価が正当なものか否かである。たとえば，虐待（＝典型）に見られるように現代の社会情勢を反映して児童福祉の対象，ニーズはますます複雑化，多様化し，施設における援助も高い専門性が要求されている。そのような専門性を発揮できる職員配置を可能にする費用であるのかどうか，積算基準の今日的見直しが要求される所以である。

3．児童福祉施設最低基準

■ 最低基準とは何か

　対象の児童が，施設で日常生活をおくっていくうえで必要とする設備要件が，児童福祉施設最低基準によって示されている。その第2条では目的として，

　「最低基準は，児童福祉施設に入所している者が，明るくて，衛生的な環

境において，素養があり，かつ，適切な訓練を受けた職員（児童福祉施設の長を含む）の指導により，心身ともに健やかにして，社会に適応するように育成されることを保障するものとする」

という条文をあげているが，各種児童福祉施設における児童の居室等の設備の基準，職員の資格および配置の基準等を示しているものである。具体的には，

(1) 設備及び構造に関する事項（居室面積等）
(2) 職員の資格要件，配置基準に関する事項（職種別職員配置，資格等）
(3) 施設の管理，処遇に関する規程，帳簿の整備に関する事項
(4) 非常災害対策に関する事項

等である。

■ 最低基準の問題点

問題点としてあげられるのは，まず第1に職員配置基準であるが，これに関しては節を改めて論じられるので，ここでは児童の居室に関して指摘する。この最低基準は1948（昭和23）年厚生省令として発令されたが，その当時，養護施設（現在の児童養護施設），教護院（現在の児童自立支援施設），知的障害児施設等の大部分の施設における児童一人当たりの居室の面積は$2.47m^2$であった。児童一人の個別的空間がたたみ2畳の3分の2という基準は，とくに児童養護施設における12歳以上の児童の在籍が43.8%[3]を示す今日的状況のなかではきわめて低いものであるといわざるをえない状況であったが，平成9年の改正で$3.3m^2$となった。しかしこれでもプライバシーの確保や，学習の問題等を考えると不十分である。

第2節　職員の人間性と専門性

1. 職員の資質と児童

■ 社会の流れについていけぬ施設

　児童福祉施設を取り巻く社会的な変化にはめまぐるしいものがある。戦後50年をふり返ってみても，敗戦後の混乱期の多数の戦災，引き揚げ孤児，ホスピタリズム論争，石炭から石油へのエネルギー革命のなかでの炭鉱の閉鎖にともなう多数の失業者，生活保護家庭の出現，その後の経済成長政策推進の中での産業構造の変化にともなう人口の都市集中化，過密過疎の問題，核家族化のいっそうの進展とその孤立化の進展は家族の早い時期における崩壊，すなわち幼児養護の増加の招来，そうかとおもえば一転して1980年代(昭和50年代後半)に入ってからの中学生以上の年長児童，あるいは問題傾向児童の増加さらには1990年代には被虐待児の増加等である。そしてこれらの変動，変化のなかでその時々の対応をせまられてきているのが施設であったが，その実践を背後において支える福祉の，施設実践の思想，哲学のなかでもっとも大きなものとして出現してきたのは，ノーマライゼーションの考え方である。

　それは，われわれの社会は，障害のある人もない人もいるのが普通であって，したがっていかなる障害があろうとも，人間として平等に社会の営みのなかに普通に参加すべきであるという考え方であり，現在の施設実践を含む社会福祉の要の考え方となっている。

　ところがこのようなめまぐるしい変化，あるいは新しい流れについていけない施設がないわけではない。石井哲夫のいう，「いわゆる専門性の低い施設」[4]

である。石井の指摘によれば，「教育と社会福祉は，共に文化的に高度であるべき事業であるのに，我が国における社会福祉の専門性は極めて低い。特にモデルともなるべき公立の施設は，競争的経営と，弾力的運営に欠けることから，専門性が向上しにくく，一方民間施設は専門性のとびぬけて高い施設と，低い施設とがみられ，措置制度のなかでは，経営面では差異が現れないが，運営内容，特に処遇面で差がみられるようになっている[(5)]」とし，「そのような大きな差の原因が施設における人の問題，即ち，リーダーシップをもっている施設長や，主な職員の見識によるものである[(6)]」としている。かつて，日本社会事業大学による全国の児童養護施設の中卒児童の進路調査の指摘に，「調査時点から過去３年間で高校，各種学校を含め80～100％進学させている施設が14.6％，逆に19.0％以下の進学率の施設が21.4％[(7)]」というものがあった。なぜ同じ職員配置で100％あるいはそれに近い進学率を示すところと，逆に20％以下を示すところが出てくるのか。児童福祉施設は，社会福祉施設の一領域であり，当然のこととしてその時々の社会の変動変化にともなう問題の解決，要求に応えていかなければならない。そしてそのような変化に対応できる柔軟性，弾力性を保ち，態勢を整えておかなければならないのに，旧態依然のままでは，社会の，時代のニーズに応えることができなくなってくる。いわゆる専門性が低いといわれるようになってくる。それでは施設の専門性とは何か。

▨ 問われる専門性――家庭にかわる機能

それは対象者，社会からのニーズに正しく応えていくことであり，施設が正しく応えるためには，施設で働く職員が正しく応えなければならない。したがって施設の専門性を考えることは，イコール施設長をはじめそこで働く職員の専門性を考えることであり，そのことを抜きにして考えることはできない。

施設の専門性を考えるとき，まず第1は家庭に代わる機能を果たしているか否かである。すなわち児童にとって，日常接触する職員との関係のなかで施設が情緒的な安定の場となっているかどうかである。家庭における親子の関係とは，根本的なところで異なる他人同士である職員と児童，児童と児童との関係をとおして，しかも集団の中で個々の児童の生理的，心理的，社会的な発達を保障しなければならない。いわゆる家庭で親が日々行っている子育ての営みを親に代わってしなければならないのである。本来児童が，人間として，社会的な存在として成長して行く過程は，家庭で親との日々の生活の営みをとおしてなされている。多くの家庭での児童を育てる営みは，専門的職員でもなんでもない父親，母親が子どもと共同生活をしながら，本能的に，経験的に，また伝統的に行っている。そしてこのような何気ない家庭の日常生活の営みこそ児童の成長にとってもっとも重要なものなのである。しかし，施設に入所するにいたった児童の多くは，このような親による家庭での日常生活に破綻をきたしたものたちである。したがって，まずはじめに，施設においてはこの日常生活そのものを児童と共に構築することになる。

　施設では職員が一人ひとりの児童との間の信頼関係に基礎をおきながら，集団としての日常生活をつくり上げていかなければならない。そしてこの日常生活を築くための個々の児童との信頼関係を構築することのできる最大の要素は，逆に日常生活を共有するところにあるともいえる。すなわち，一緒に食事をし，寝て，入浴し，買い物に行き，掃除をするといった日々の生活のくり返しの中で，児童ははじめて職員の人間性を感じとり，情緒的な関係がつくり上げられていく。家庭を離れ施設で生活しなければならない児童にとって，児童自身が嬉しいときに，また喜んでほしいと思っているときに自分と同じように喜び，また悲しいときには自分のことのように悲しみ，一方叱るときには真剣に叱るといった保育士，児童指導員との結びつきが，児童

をして施設生活を肯定的に受けとめさせるようになっていく。このように施設における人為的な人間関係を児童の成長過程の中に位置づけ，児童との間により良い情緒的関係（信頼関係）を築き上げていくことが，ひいては，施設退所後の家庭や社会での生活の中でより良い人間関係を築く一つの大きな源ともなり得るのである。施設養護における専門性の問われる局面の第1は正にこの点にあるといえる。

■ 問われる専門性——施設固有の機能

専門性を考えるときの第2の局面は，家庭では果たすことができない施設に期待されている固有の役割，機能は何かを考えることである。この点に関しては，秋山智久の家庭と社会福祉施設における機能の比較が示唆的である。秋山は，施設の固有の機能として，

(1) 専門的援助，治療の機能——対象児の社会的障害状況克服のための援助や，心身の障害への援助，治療，訓練を行う。専門性の強く問われる面。

(2) 研究の機能——施設児童の問題とは何か，また児童の問題解決のためにいかなる方法が有効か等を研究する。

(3) 人権保障の機能——施設児童の成長，発達の権利を制度的に保障する。

(4) ソーシャルアクションの機能——施設児童やその家族，あるいは地域社会の側にたって必要な改革，改善を行政，制度に求めていく行動を起こす。弱い存在の者の代弁者としての役割である。[8]

の4点をあげている。

これらの施設の固有の機能を高めていくことは，そのまま専門性の高まりへと結びついていく。施設には専門的なサービスを提供するための種々の専門職員，設備，システムがあり，そのため家庭ではできないことを意図的・組織的に行うことができる。たとえば，障害児の場合のように医学的な健康

管理，栄養管理の必要な児童にとっては施設は大いに役立つし，また施設の特質である人為的生活集団も，児童自立支援施設に入所する児童の場合のように集団のもつ規制力や生活規則が児童の問題行動の改善や，社会性の発達に役立つ。さらには種々のグループ活動の実施は，それに参加することによって個々の児童のニーズの充足に役立つが，これらは施設だからこそ提供できる機能であり，施設の専門性の問われる局面である。

2. 施設長，施設職員の専門性
■ 施設長の資格

　次に施設の専門性を高めるといった場合，それは一方で施設長および施設職員の専門性を高めるということと同義語であり，施設でかかわる人の面での質的向上が図られなければ，結果的にその施設は専門性が低くなる。ところが施設で働いている人自身が「専門性とは何か」と問われた場合一瞬考え込むことも希ではない。それは一つには施設における仕事は，直接児童の人間的な生活，成長の営みにかかわるということから由来する，きわめてかかわる側の人間的な側面，すなわち人間性が求められるからである。だから問われた方は，問われた一人ひとりによってその感じ方も異なり，当然専門性についても人によって違ってくるのである。しかし，この人間性こそが専門性を内から支えるもっとも大きな要素なのである。そしていま一つは，専門職としての確立をしていない点である。施設長の資格要件等をみても板山賢治らは現行施設長の資格要件について，厚生省令次官通知等を整理しているが，「肢体不自由児施設，重症心身障害児施設の医師，児童自立支援施設における，5年以上の経験あるいは厚生大臣の認めた者以外の児童福祉施設の長の資格は，児童福祉事業に2年以上従事した者や健全な心身を有し，児童福祉事業に熱意のある者で，できる限り児童福祉事業の理論および実務につ

いて訓練を受けた者（施設長資格認定講習を終了した者）等のいずれかに該当するもの」等となっており，要するに誰でもできるようになっている。また児童養護施設，知的障害児施設等の児童指導員の資格も，法律的には一応その範囲を定めているが，これとてもその仕事の中身の評価と直接結びついているかどうかは曖昧で，高等学校卒業後2年間児童福祉事業に従事した者だとか，小・中・高の教諭の免許をもち知事が適当と認めた者，3年以上児童福祉事業に従事したもので知事が適当と認めた者等となっていて，結局誰でもなれるようになっている。

■ 職員（保育士）の資格

一方保育士はどうかというと，保育士養成のカリキュラムは保育所保育士の養成が中心になっていて，施設で働く保育士のために十分な教育がなされないという実態があり，しかも短大卒業後すぐに施設で働く場合20歳そこそこであり，児童養護施設における近年の施設在籍児童の年長化（中学生，高校生），被虐待児童の増加の傾向のなかでは，非常に厳しい状態におかれている。保育士という資格は専門職として確立されていても，施設で働くとなると必ずしも十分な準備ができているとはいえない状況である。したがってこのように専門職制度が確立されていない状況の中では，とにかく施設に入ってから教育，訓練を受け研鑽を積んで専門性を高めていくしか方法がない。

■ 専門性と専門職

ところが，施設に入ってからの現任訓練が組織だって，継続的になされているかというと，これも十分でなく，各施設，各人の努力に負うところが大である。このような中で，1987（昭和62）年5月，社会福祉士及び介護福祉士法が成立し，公布された。これは施設職員に限定することなく，「社会福祉士の名称を用いて，専門的知識及び技術をもって，身体上若しくは精神上の障害があること又は環境上の理由により日常生活を営むのに支障がある者の福

祉に関する相談に応じ，助言，指導，その他の援助を行う」と，「介護福祉士の名称を用いて，専門的知識及び技術をもって，身体上又は精神上の障害があることにより日常生活を営むのに支障がある者につき入浴，排せつ，食事その他の介護を行い，並びにその者及びその介護者に対して介護に関する指導を行う」という名称独占の資格制度である。

この資格制度が児童福祉施設にどのような形で影響を与えていくかは，その推移を注意深く見守るしかないが，老人福祉施設や身体障害者更生援護施設等では，この2つの資格による機能が相補い合いながら，社会福祉士による「相談に応じ，助言，指導その他の援助を行い」は，施設長をはじめ指導的立場にある職員の専門性の方向へ，介護福祉士による「入浴，排せつ，食事その他の介護」は，直接処遇をするものの専門性の方向へと進んでいくものと思われる。いずれにしても，専門職制度にともなう資格，免許，待遇等の確立は一方でそれなりに職員自身の資質向上や専門性の向上を招来するものと思われる。

第3節　職員配置について

1. 職員配置と労働時間

児童福祉法にもとづく各種の児童福祉施設には，表1に見るように児童福祉施設最低基準により配置職員が決められている。また配置職員数では，1948（昭和23）年の最低基準制定以降の配置基準の変遷は，施設で働く職員の労働条件の改善と，そのことが施設で生活する児童の処遇の向上につながるとする，いわゆる良い処遇のためには，職員の労働条件その他が良い状態で

IV章　児童福祉施設の運営

表1　最低基準にみる配置職員（児童福祉施設）

施設種別＼職種名	医療法に定める員	医師	嘱託医	看護婦	理学療法士または作業療法士	児童指導員	児童自立支援専門員	心理指導員	少年指導員	児童の遊びを指導するもの	職業指導をする員	保育士	児童生活支援員	母子指導員	栄養士	調理員	その他
助産施設	○																第二種の場合専任又は嘱託の助産婦
乳児院		○		○											○	○	定員50人以上の場合薬剤師
母子生活支援施設			○						○					○		○	
保育所			○									○				○	
児童厚生施設										○							
児童養護施設			○			○					○	○			※	○	
知的障害児施設			○			○						○			※	○	
知的障害児通園施設			○			○						○			※	○	
盲ろう児施設			○			○						○			※	○	
肢体不自由児施設	○				○	○						○					
重症心身障害児施設	○				○			○				○					
情緒障害児短期治療施設		○	○									○			○	○	心理療法を担当する職員
児童自立支援施設			○				○				○		○		※	○	精神科の診療に相当の経験を有する医師又は嘱託医

注）　※印は41人以上を定員とする施設。

なければならないという2つの面で推移してきている。

とくに1970年代後半以降,世間一般の労働時間が急速に短縮化するなかで,長時間労働が当たり前であった児童福祉施設も例外ではなく,1980(昭和55)年には,それまで特例でもって社会福祉施設等に従事する職員に認められていた週54時間の労働時間が,特例の廃止により認められなくなり,段階的に週48時間,44時間そして現在の40時間へと推移してきている。このような情勢は,一方で職員数の増加を必然的にもたらし,直接処遇職員の配置基準の定数改善へと結びついてきた。

表2は,全国社会福祉協議会が作成した職員配置基準の変遷であるが,児童養護施設やかつての虚弱児施設においては,1948(昭和23)年当時の児童10人に対して保育士または児童指導員1人という基準が,16年後の1964(昭和39)年に9人に1人となり,さらに12年後の1976(昭和51)年から現行の3歳未満児2人に1人,3歳以上就学前の幼児4人に1人,就学後から18歳未満の児童6人に1人となって現在に至っている。

問題は,この職員配置で入所児童の養育に十分な配慮をしながら,労働基準法の勤務時間を守ることができるかということである。

2. 労働時間と児童

いうまでもなく施設における養護では,日々生活している児童一人ひとりの個別的なニーズが職員との関係の中で充足され,情緒的な安定が保たれていなければならないが,児童をしてこのような状態を維持しようとすると,いきおい職員の労働時間の超過を招き,その分は勤務時間以外のボランタリーなかかわりとして処理せざるを得ないのが実態である。とくに昭和50年代後半にはいり,児童養護施設入所児童の傾向は,中学生以上の年長児童の増加,また児童自身非社会的,反社会的な行動を呈している者さらには,平成

に入ってからは被虐待児の増加等があるが，このような児童に対する援助では，より個別的な治療的・教育的なかかわりが要求される。児童6人に保育士，児童指導員1人といった現在の基準の中で週40時間週休2日制といった近代的労務管理と，児童の側に立った施設養護とを両立させることは困難きわまりない。このような国基準の不十分さを補って，東京都等いくつかの地方自治体では自治体独自の負担で保育士・児童指導員を余分に配置するというようにしているが，それでも児童の福祉と，職員の福祉の両方を護っていくことは困難である。この点に関して1982（昭和57）年福井県の児童養護施設，日の出善隣館の施設長荻野芳昭の「44時間労働推進のために」が現在でも参考になると思われるので紹介する。

「44時間就労を実現するためには現行の最低基準（職員配置）を改定しなければならないであろう。昭和30年前後は保母，指導員は週休もない状態で，週70時間以上も勤務していた。現在は1日8時間，週48時間へ移行するよう行政指導をうけ，更に44時間制度へ志向していくとすれば，現行の6対1の職員配置では，児童の安全と心身発達の保障という養護施設の目的が果たされなくなろう。非常勤職員分であるとか，省力化対策費とかいう名目で，僅少の予算が組込まれても抜本的な対応のできないのが現行制度である。従って，44時間労働を義務づけられるならば，少なくとも次の二項の制度改善が必要であろう。
(1) 最低基準の改定——職員定数を現行の6・4・2より少なくとも4・2・1へ改善する。或は保母は4対1とし指導員を別枠で小規模施設でも3名配置できるように改善する。
(2) 定期昇給制度の確立——44時間勤務体制となれば職員の定着化が想定される。10年，15年の長期勤務を続ける職員処遇するには現行措置制度では極めて不安定である。施設長はじめ全職員が労働報酬について苦慮することなく，誠心誠意，児童処遇の向上に専念できるよう対策を講じなければならない」[10]。

さらに，1980年代以降ノーマライゼーションを背景として，できるかぎり小規模で，地域のなかの普通の一軒の家で生活するといったグループホームによる養護の形態が試みられてきた。そこでは5，6人の児童と，職員が（夫

表2　直接処遇職員の定数改善の変遷

	昭和23年(最低基準月による12月制定)	37年	38年4月	39年4月	41年4月	43年4月	44年4月
母子生活支援施設（世帯）	寮母 150：1 少年指 20：1						
保育所	2歳以上 30：1 3歳未 10：1	3未 9：1		8：1	7：1	3歳児 30：1→ 25：1 6：1	30：1→ 20：1（3歳児） 指定保 3：1（0歳児）
乳児院	3：1			→ 2.5：1			→
児童養護施設	10：1		年長児 10：1 年少10：1 3未5：1	9：1 9：1 5：1	→ 8：1 → 8：1 5：1	→ 7：1 5：1	→ 6：1
知的障害児施設	7：1			6：1	5：1		
盲児施設	7：1			6：1			
ろうあ児施設	10：1			6：1			
肢体不自由児施設	保・指・看 7：1						保育士1 施設に1人
児童自立支援施設	8：1			→ 7：1	42年	6月 6：1	
32年度発足知的障害児通園施設	—	32年10：1		7.5：1			
35年度発足知的障害者援護施設	—	35年7：1					
37年度発足情緒障害児短期治療施設	—	37年10：1		職業指導員（9：1）設定			

出所）　全国社会福祉協議会『月刊福祉臨時増刊号1983』121頁。

IV章 児童福祉施設の運営

45年4月	46年4月	47年4月	48年4月	49年	50年	51年4月	52年以降	特例措置
			指導員 40世帯未満 1人 40世帯以上 2人	寮母 21世帯以上 2人			56年度 少年指導員兼事務員 40：2 →20：2	20：1→ 15人1人
2：1						1.7：1	㊽20名以下1人増	
→3：1	→7.5：1 →5.5：1	→7：1 →5：1			80人以下 保母1名増	6：1 4：1 2：1		
					120名以下 保母1名増	4.3：1	㊼介助員 1施設 1名	
	幼5.5：1	幼5：1				5：1 （6歳上） 4：1 （幼児）		
	幼5.5：1	幼5：1				5：1 （〃） 4：1 （〃）		
	20：1					20：1 （乳）10：1		
						6：1	㊾5：1 ㊽41人以上1名増	
	6：1	5：1				7.5：1	㊾幼児 5：1→ 4：1	
						4.3：1		
	8：1	7：1	6：1			5：1		

婦の場合もあるし，夫婦ではない男女のペアによる場合もあり，ほかに1人ないし2人の交代職員がつく），一緒に生活をしている養護形態であるが，このような実践では適正な職員の労働時間の達成は，なおさら基準の改正をはからない限り不可能である。児童の側に立ち，児童の養護のための選択肢の一つとして注目に値する養護形態であるが，東京都，横浜市等の自治体による試みや，全国の民間施設のいくつかが先駆的に実施していた。[11]

　ただ，国は平成12年度より，6人程度の児童が地域の中の一軒家（マンション等を含む）で生活する地域小規模児童養護施設，いわゆるグループホーム形態によるものを創設することとし，職員として，常勤2名，必要に応じて非常勤職員をおくことができることとした。このような形態での養護の試みが，全国的規模である程度の数まで普及してくるまでには，相当程度の年限を要すると思われるが，これまでの大きな集団が基本であった我が国の児童養護施設のあり方からすると，変革の第一歩がスタートしたわけであり，今後に期待するもの大である。

第4節　養成と訓練

1. 研修の必要性

■ 社会福祉職の動向と専門性

　1987（昭和62）年の社会福祉士及び介護福祉士法の成立にともない，それまでの保育士資格に加えて，社会福祉施設で働く職員の一応の専門性を確立する基礎ができた。大学，短期大学における社会福祉学科，保育科等の卒業生の児童福祉施設への近年における就職の困難な状況をみるにつけ，かつての

IV章　児童福祉施設の運営

表3　保育士養成所卒業者の就職状況（3月卒業者）

就職先＼年度	昭和63（1988）年	平成5（1993）年	平成10（1998）年
保育所	11,331（31.9）	14,027（43.0）	14,082（42.3）
児童福祉施設	1,377（3.9）	1,186（3.6）	842（2.5）
児童事業	350（1.0）	523（1.6）	600（1.8）
知的障害児（者）施設	559（1.6）	532（1.6）	504（1.5）
身体障害児（者）施設	202（0.6）	160（0.5）	122（0.4）
老人福祉施設	748（2.1）	693（2.1）	733（2.2）
幼稚園	20,888（58.9）	7,261（22.3）	6,783（20.4）
その他		8,254（25.3）	9,609（28.9）
計（卒業者数）	35,455（100.0）	32,636（100.0）	33,275（100.0）

注）1）児童事業とは，児童福祉施設以外の児童福祉事業を行う施設（季節保育所，へき地保育所，自閉症児施設等）における事業をいう。
　　2）その他とは，官公署，会社，学校等に就職したもの及び進学又は結婚等により就職しない者。
資料）全国保育士養成所長会議資料，平成2年～平成12年より。

　人手不足で無資格者を採用するという時代は完全に解消してきている。たとえば表3にみるように，1998（平成10）年3月全国の保育士養成校の卒業生のうち社会福祉関係に進むのは約半数で，その中でも保育所以外の分野に就職するものは8.4％である。毎年約32,000人以上の保育士資格取得者のうち，その資格を生かして職に就くのは約半数の者である。このように量的には児童福祉施設現場のニーズに十分応えてきており，今後はその質を問われる時代，すなわち，より専門性の高い職員が各施設において要求される段階になってきている。施設現場は，一応の専門的教育を受けた多くの候補者の中から選択することができる時代になってきている。

　しかしながら一方では，近年の児童養護施設における中学・高校生のいわゆる年長児童の増加，あるいは反社会的，非社会的な問題を抱えた児童，被虐待児童の増加や，障害児施設における重度化，重複化の児童の増加傾向は，より高い資質をもった専門的職員を必要としてきており，専門的教育を終えた人材のいっそうの質的向上を要求する段階にいたっている。ノーマライゼーションを背景として，すぐ施設入所ではなくできるだけ地域におけるケア

をという現在の潮流は，施設入所にいたる児童の処遇のより高い困難性を招来するという結果になってきている。複雑な問題をかかえた家族の中から施設入所となってくる状況は，当の児童のみならず家族への治療的接近も同時に要求される。また施設現場における労働時間短縮化のなかで，短い時間，交代勤務の中で対象児との間に専門的な援助関係を築きあげなければならない。

■ 職員の訓練・研修

このような現代的状況の中で施設における機能を高め，専門性を高めていくためには，何よりも施設長をはじめとする，かかわる職員の質的・専門的向上のための訓練，いわゆる現任訓練・研修が必然的に要請されてくる。職員の訓練・研修にはいろいろな種類，形態があるが，一般的には施設外研修と施設内研修に分けることができる。施設の外で行われる訓練・研修は，各地方自治体，社会福祉協議会，民間の研究機関等によって行われている。これらの研修には，大きく分けて，新任の職員（採用されてからおおむね1年から2年未満）に対するもの，施設長を補佐し，新任の職員，実習生，ボランティア等の指導を担当する職員，いわゆる上級職員に対するもの，あるいはその中間の職員に対するもの等がある。またこのような主として経験年数や，専門的資質の度合いによるものとは別に，精神医学的・心理学的側面の理解を助けるもの，反社会的・非社会的問題行動児への理解と処遇に関するもの，虐待を受けた子どもの理解と援助に関する研修等，領域・問題別の研修会等も行われている。この施設外研修では，その期間は研修のみに集中できるし，また他の施設の職員と交流ができ，それぞれの施設の実情を聞くことによって，自らの実践を見直す良い機会となる。

一方施設内研修は，施設長による講義や指導，外部のスペシャリストの講義や指導，あるいは職員同士による事例研究等さまざまな訓練・研修の形が

ある。そのうちとくに，新任の職員に対しては，児童福祉施設で働く職業人として備えるべき対象者観，施設養護観の育成のため，またその施設の処遇理念や目標に合致すべく職員として成長してもらうためにもきわめて大事なものである。この施設内研修については，各施設においてそれぞれ創意工夫しながら行われているが，施設の理想とする有能な職員として成長していくためには，新しい職員から経験の豊富な職員にいたるまで，すべての職員に対する施設長の指導・訓練が必要とされてくる。いわゆる施設長によるスーパービジョンである。

2．スーパービジョン

■ スーパービジョンの意味と意義

スーパービジョンとは，社会福祉の機関や施設において豊富な知識と経験をもつ専門家が，その施設や機関の機能と運営目的にそって，職員，実習性，ボランティアがより良い援助を行うことができるよう指導・監督する活動である。すなわち施設職員が施設長等の指導者から指導・助言を受けて自らの専門家としての資質を高めていこうとするもので，施設で働くものにとって必要不可欠なものである。

今日増加しているといわれる複雑で多様な問題をもつ施設入所児童の援助にあたるとき，職員は児童との関係のもちかた，援助の方法等の面でしばしば困難に直面する。今日の施設養護にあたる職員の多くは，保育士養成校や社会福祉系の大学で基礎的な学習をした後施設に入ってくるし，また入った後にも各種の研修・訓練をとおして自己研鑽を積んでいる。しかしそれでも実際の児童の援助過程で，児童との関係をうまくつくることができず悩んだり，施設の提供できるサービスと，児童の欲求充足をはかるために必要とされる援助の狭間で悩んだりすることはしばしばである。そのようなときにそ

の解決をはかるために，あるいは処遇が自分の恣意や独善で行われることがないようにするために，スーパーバイザー（スーパービジョンを行う人）から助言を受け，あるいは支持してもらうことをとおして，自らを見直し，自己洞察をし，一方で新たに勇気づけられ，児童とのかかわりに前向きに取り組むことができるようになるのである。

■ スーパーバイザー

このように施設において施設長（あるいはその代行者）の職員に対するスーパービジョンは欠くことのできないものであるが，その実行にあたっては，スーパービジョンを行う人（施設長）と受ける人（職員）との信頼関係が基礎となるので，児童の養護における豊富な経験を持ち，深い知識，高度な技術があり，正しい児童観を持っている人によってなされなければならない。したがってスーパーバイザー自身，指導監督のための研鑽を積まなければならないのは当然のことである。また各施設の必要に応じて精神医学，臨床心理学等の専門家からスーパービジョンを受けることも有効である。

■ スーパービジョンの方法

スーパービジョンの実施の方法としては，ひとつには個人的に1対1で行う方法である。これは密度の濃い指導，助言を行うことができる一方で，スーパーバイザー自身の児童観，倫理観の影響を受けやすいということがある。いまひとつの方法は，スーパーバイザーも含めてグループを構成し，そのなかでスーパービジョンが行われるという方法である。職員同士がディスカッションをとおして，互いに学習し，受容し，支持し，批判し，さらにはスーパーバイザーからの指導・助言を受けて自らのかかわり方を見直し，自己洞察を進めていくのである。

3. 今後にむけて

■ 「研修」の重み

　施設は，とくに入所型の施設は児童の全生活を保障し，一人ひとりの児童の正常な成長を守っていかなければならない。施設という集団のなかで，親子関係とは本質的なところで異なる児童と職員との人間関係をとおして社会的な存在として育っていくのであり，ここに親に代わって子供を育てる役割を担う職員の責任の重さがある。したがって職員は施設の職員になった時点から常にそのことの重み，すなわち一人ひとりの子供が育っていくことにかかわるということ，の重みをきちんと受けとめていなければならないし，またこの原点を見据えながら専門の職員として自己を高めていかなければならない。施設の職員としてその資質を高め，専門性を向上させていくためには，日々の子供とのかかわりを大事にするとともに，一方で常に学ぶ，勉強するという姿勢を保っていなければならない。

■ 「研修」の整備

　このようなことから施設外，施設内を問わず研修に参加する，研修を受ける，自分で学ぶことという姿勢と，またそのような機会を個々の職員に提供しうるように施設の態勢が，人員の面でも，予算の面でも整っていなければならない。

　これまでの各種の研修・訓練がその内容を吟味され，体系化され，いわゆる質，量とも十分かといえば，必ずしもそうではなく，一時的に集中的に，小間切れの知識や技術を詰め込む傾向や，また職員の数に比して研修の回数が十分でなく，一度参加すると以後何年も待たなければならないというようなことがあったことも事実であった。今後，研修が制度化され，これらの研修に系統だてて参加できるよう，ある程度長期間にわたる海外研修，国内研修への参加も含めて，行政側，施設側一体となった取り組みが必要とされる。

第5節　施設長の資質

1. 基本的要件

　児童福祉施設の長の資格要件を考えるとき，本章第2節「職員の人間性と専門性」でみたように，「児童福祉事業に2年以上従事した者である」という要件があるかと思えば，一方で1978（昭和53）年より施設長資格認定講習を終了した者をもって，「健全な心身を有し，児童福祉事業に熱意のある者で，できる限り児童福祉事業の理論および実務について訓練を受けた者」と認めるといったように，はっきりと規定されているわけでなく，いわば誰にでもできるようになっている。しかし施設長の地位，役割，機能はきわめて重要であり，高い資質と専門性が要求されるものなのである。

　児童福祉法制定以来50年有余，入所してくる児童たちの問題・質等は，社会，時代の変化とともに大きく変わってきている。児童福祉施設の施設長はこのような変動，変化する社会の中から生まれてくる児童の問題の解決のために社会的な立場のひとつの資源としての施設の最高責任者として存在している。このような変化は当然，施設における支援や職員の労働条件にもあらわれ，近年では施設に新しく入ってくる職員はそれぞれ専門の教育を受けている。施設長自身が高い見識あるいは，正しい児童観，施設養護観をもち，人間の成長と発達に関する正しい知識，理解，また子供との関係を構築するうえでの技術等の面で高度な専門性を備えていなければ，専門性を高めていくべき職員の養成訓練等とうていできない。社会福祉や教育の分野というのはその援助の内容において経験が大きな要素となるのは事実であるが，一方

で単なる経験主義のみでは現在の施設養護を全うすることができなくなっていることは衆知の事実でもある。施設長自身勉強し，研修に参加し，自己を高めていくべく努力をしなければならないし，その姿勢を貫くことが施設長としての最低の要件のひとつであろう。

2. 施設長の資質要件と役割

施設長の資質要件として，飯田進は，以下の4点をあげている。すなわち，人間的条件，運営管理能力，計画性，指導性である。[12]

■ 人間的条件

いうまでもなく施設はある一定の目的のもとに，そのサービスを必要とする児童が集まり，一定規模の集団を構成するところの目的的な，そして人為的な集団であり，その条件の中で入所している児童の全生活を保障し，発達を保障しなければならない。いわゆる個々の児童の正常な成長，発達を家庭に，親に代わってしているのである。したがってそこには親に代わる職員，施設長の人間が存在し，その存在のあり方そのもの，すなわち人間性がきわめて強く問われてくる。

飯田によれば，施設長は，誰からも愛され，信頼され，尊敬される人物であること，社会的不公正に対する強い正義感の持ち主であることが要請され，また，人間に対する深い愛を根底にしたうえでの，物事の洞察力や決断力，実行力，あるいは誠実な説得力が必要とされるとしている。さらに福祉の仕事をとおして自己の名誉や地位や代償を求めるべきではなく，あえて施設長が代償を求めるとするならば，それは児童や職員の無限の成長を見ることであるとしている。そして施設長が施設長としての自らの資質を高めるべく人間的成長への努力のエネルギーの失せてきたとき，自ら身を引く勇気ある決断をすべきであるともいっている。

■ 運営管理能力

　施設が一つの組織としての本来の目的を達成することができるために，職員，人材の開発と管理，援助（処遇）業務の円滑な運営と管理，建物・設備の整備と財務の管理をする能力が必要とされる。施設自体が入所している一人ひとりの子どもにとって，情緒的な安定をもたらし，その年齢に応じた発達が保障される場となるために，いわゆる日常の処遇が充実するためには，これらの3つの領域にわたっての運営管理が，施設長によって適切になされなければならない。

　① 職員，人材の開発と管理　　職員の採用とその後における指導訓練はとくに施設長が神経を使う点であろう。施設処遇を高める要素の第1が職員の質にあることを考えるとき，施設のあるいは施設長の理念，目標に合致しうる人材の採用はきわめて重要なものであり，その決定を誤ると，施設長を含めた施設で働く職員間の人間関係に混乱をもたらし，児童に大きな影響を与えることになる。子どもの側に立った，子どもが生き生きとしている施設の実践となるためには，そこで働く職員が生き生きとしていなければならない。したがって職員の管理を考えるとき，いかにしてこの施設が一人ひとりの職員にとって働きがいのある，生きがいのある職場となっているかである。そのためには個々の職員の能力を最大限に活かし，できる限り仕事とそれにともなう責任を委譲していくとともに，可能な限り施設運営のすべてにわたって参加し，意見をいえるような状態を保つことであろう。

　② 援助（処遇）業務の運営管理　　また援助（処遇）業務の運営管理は，入所している児童の個別的なニーズができる限り個別的に充足されるよう配慮していくことである。施設には，施設本来のもつ長短両面にわたる特性がある。問題は従来から指摘されている施設の否定的な面での性格，すなわち「集団としての生活を維持していくために管理主義的にならざるをえない」，「規則

がつくられ自由が制限されがちである」「プライバシーが侵害される」「自主・自活の範囲がせまくなる」「処遇が画一的で柔軟性に乏しい」等が児童の正常な発達を阻害しているのではないかという点である。しかも対象である児童の側からはこのような否定的な性格を変えるということは不可能であり、ここに保育士・指導員等の専門家による積極的介入としての援助が必要とされる。いいかえれば、これらの否定的な性格を十分に理解したうえでの職員による意識的なかかわりがないと欲求は充足されず、さまざまな問題、たとえばかつてのホスピタリズム等と指摘されるような問題があらわれてくるのである。そしてこのような意図的なかかわりを職員ができるような状態に保つのが施設長に与えられた役割である。

　しかも施設長には入所児童の親権の代行をする権限が与えられている。児童福祉法第47条において、児童福祉施設の長は、入所中の児童で親権を行う者または未成年後見人のないものに対し、親権を行う者または未成年後見人があるにいたるまでの間親権を行う、また、入所中の児童で親権を行う者または未成年後見人のあるものについても、監護、教育および懲戒に関し、その児童の福祉のため必要な措置を取ることができる、となっていることからもこの処遇の面での十分な配慮が施設長によってなされなければならない。

　③ **建物・設備の整備と財務管理**　　次に建物・設備の問題を考える基本は、子供の発達に応じた条件を整えるとともに、施設長である自分自身が、また職員である自分自身が、ここで、この施設で快適な生活をするとしたらどうすればいいのかを考えることであろう。自分がきれいな風呂に入りたいと思えばそれは児童もそうであるし、自分が暖房が欲しいと思えば児童もそうであるし、自分がプライベートな空間（個室等）が欲しいと思うなら児童もそうである。

　財務の管理では、今日の民間施設運営に要する費用の大部分は、措置にか

かわる費用として公費によって賄われてきているが，このことは施設の財政的基盤の確立のうえできわめて重要なことであり，民間施設の安定的存続の維持に寄与してきている。したがって公費による施設運営の実態を考えるなら，その執行は常に明朗にされていなければならないし，その費用が国民一人ひとりの納める税金であることを認識し，納税者の納得する費用の使い方，すなわち援助でなければならない。施設長に課せられている大きな役割，責任の一つにこの費用の適切な執行・管理がある。そこで財務管理の要件として，村岡末広は以下の3点をあげている。

(1) 経理が適切に遂行され，各費目が処遇方針や目標にそって適切であるかどうか。

(2) 経理が常に公開され，各職員が執行に努力しているかどうか。

(3) 職務分担にしたがって予算執行をする職員が経費の性格，内容をよく知っているかどうか。[13]

④ **その他の管理** その他の管理能力として要請されるものとしては，対外的な面である。施設が地域社会に根づき，地域社会の中の社会的資源の一つとなるよう施設長は努力しなければならない。児童の自立を目指しながら，かつてややもすると児童の生活が施設の中だけで完結しがちであったことの反省を踏まえ，できるだけ社会の中の一員として位置づけようとしているのが現代である。この隣接地域社会へのかかわりのほか，地域社会に存在する学校をはじめ多くの社会的資源との関係や，行政，児童相談所等の社会福祉の専門的機関との関係，あるいは児童の家庭に関する働きかけ等，施設を代表する役割を果たさなければならない。

■ 計 画 性

施設養護の内容の短期的，長期的計画の立案を職員と共にすることにはじまって，施設の将来目指すべき方向を示していかなければならない。先にも

みたように，児童の問題は社会の変動，変化に強く影響される。児童養護施設における昭和40年代の幼児養護全盛の時代から，近年の中・高生の増加，被虐待児の増加といったように，施設はその時代その時代のニーズに応えなければならない。このように変化するニーズに対応するためにも，施設長は将来を見据えた長期的な計画を立てるべく努力しなければならない。

■ 指導性

施設養護の効果を高める最大の要素は良き施設職員による児童へのかかわりであり，そして良き施設職員となるための要素の一つは，施設長による職員への良き指導・訓練である。真に一人ひとりの児童を大切にする，一人ひとりの児童の側に立つといった，施設長の児童観，施設養護観を基底にした施設養護の実践に対する理念と方針が職員との間の信頼関係をもたらし，職員の中にそのような心を芽生えさせ，さらには一人ひとりの職員がその能力に応じて力を発揮し，責任を持つことができるようになってくる。

以上みてきたように児童福祉施設の施設長は，「援助（処遇）の責任者」として，入所児童の生活と人権を守り，またそのために施設機能の充実や，関連諸機関，地域社会との連携をはかるという立場と，「施設の管理責任者」として，施設管理機能の確立，職員の指導監督，施設の財務管理を行う立場の二面性をもっていると考えられる。

第6節　職員の資質

社会福祉に興味をもち将来そのような分野で働きたいという思いが社会福祉系の大学を，また子供が好きだから将来子供を相手にする職に就きたいか

ら保育科をというように，それぞれの学ぶべき道を選んだ学生が，学校で基礎的なことを学び，また実習等の体験学習をとおしてそのような思い，あるいは動機が，「絶対に児童福祉施設で，保育所で働くんだ」という確信に発展させてきた段階で，果たして自分はそのような仕事に就いて大丈夫だろうか，無理なのではないか，自分には向いていないのではないか等という思いにかられることが少なくない。ここでは児童福祉施設の職員として，どのような人であることが望ましいのか，いいかえれば施設の職員としての資質と思われることについて考えてみる。

1. 人間性

　福祉の仕事を志すものにとって，まず要求されるのは人間に対する深い，温かい愛情である。児童福祉施設の職員として児童の育っていく過程にかかわるとき，一人ひとりの児童を真から愛しい，可愛いと思う，そのような思いがなければならない。このような思いが根底にあることによって，一人ひとりの児童の立場に立つことができ，一人ひとりの児童の痛みを知ることができる。乳児院，児童養護施設や知的障害児施設のように児童のすべての生活が施設で営まれている場合，児童にとってもっとも重要な人は職員である。通常子供は，親子関係の中で親から愛されていることを感じて情緒的に安定し，成長していく。親は子供の痛みをわがことのように苦しみ，また喜びをわがことのように喜ぶ。そして子は親のそのような姿を見て自分が愛されていることを確信していく。施設入所にいたった児童に対して，親子関係とは本質的なところで異なる職員と児童との関係の中で，児童の喜び，痛み，苦しみを共有し，共に感ずることができるようになったとき，児童をして施設生活を肯定的に受けとめさせていくようになるのであろう。この一人ひとりのあるがままの姿で児童を受け入れ，共に感ずることができるようになるた

めには，その根底に人に対する深い，温かい心がなければならない。

2. 人間関係（協調性）

　児童との信頼関係を築くことについては再三のべてきたように，施設処遇の根幹をなすものであり，信頼関係のできていない中での施設での生活ということになると，その児童にとって施設での生活は何であるのかが全職員のなかで厳しく問われなければならない。とくに，施設入所にいたる前の家庭での両親の葛藤のなかでまた虐待を受ける中で，小さな心を痛めてきている児童に対して，施設職員との関係をとおして，他人が信頼できる存在であるという人間関係の基本のあり方を育てていかなければならない。この信頼関係いかにして構築するかについては，本章の第2節「職員の人間性と専門性」を参照していただければと思う。

　次に施設養護を展開するうえで重要なことは，職員同士の人間関係である。施設長と職員，職員同士の関係がうまくいっていないところで児童にとって温かい生活，一貫した処遇は期待すべくもない。職員同士がいがみあっている環境の中で，どのようにして子供たちに他人を，人間を信頼する心を育てることができるであろうか。現代の施設養護は多数の職員がそれぞれの使命，役割をおびて当たっている。いわゆるチームで養護にあたっているのである。したがって処遇の効果を高めるためには，施設長をふくむ全職員の間でチームワークが取れていなければならない。このチームワークがとれるためには，①施設，施設長の理念を基底にした，施設職員全員に浸透している一貫した援助（処遇）方針があることである。施設職員も十人十色でそれぞれが固有のパーソナリティ，固有の価値観を有している。互いに意見が違ったり，悩んだりしたとき，常に原点にもどらなければならない。だからこそ施設処遇を貫く基本的な理念，処遇方針が一人ひとりの職員のなかに根づいていること

が必要とされるのである。②各職種および職員間に信頼関係が成り立っていること，③各職種および職員間に職務の内容とその分担が確立されていること，等が必要である。

3. 自己覚知

　施設職員として専門性を高めていくための一つの条件は，職員自身の自己覚知，自己洞察の度合いであろう。職員のなかでも，ある人は話すことが上手であるとか，自分は初対面ではなかなかうち解けられないとか，話すことが苦手であるとかというようにさまざまである。そこで肝心なことは，そのような自分を冷静にみつめる目である。ひとはそれぞれ自分を客観視することによってまた成長していく。施設職員に要求されることのひとつは，この自分自身を客観的にみていくよう常に努力することである。もちろん自分自身で自分のことを客観的に見ていくというようなことは簡単なことではなく，施設長(その代行者)，主任保育士，指導員等によるスーパービジョンをとおして進めていくということになる。

4. 学ぶ姿勢

　社会福祉系の大学や保育士養成校への入学が動機となり，そこでの学びが確信に発展し，その後施設現場に入ってくる。しかし施設の職員として児童の養育に携わることの重みを実感するのは，直接児童に接してからであろう。子供が施設で育つこと，生活をすることの意味を総合的にとらえ，その子供の側にたった施設処遇を考えていくためには，常に学ぶ姿勢がなければならない。施設職員としてその資質を向上させ，専門性を高めていくためには，日々の子供とのかかわりを大事にするとともに，一方で直接，間接に関係のある理論，技術を学び続けなければならない。そしてこのような理論と実践

の学びのなかから一人ひとりの職員のなかにかかわることの本質，いうならば，正しい施設養護観，児童観，はては福祉の心，福祉の哲学といったものが育ってくるのではなかろうか。

5. 日常生活上の技術

　施設での生活は家庭の生活の代替であることから，職員には当然のこととして大人として，男性として，女性としての役割，機能を果たすことが要求されてくる。とくに施設入所にいたる児童の中には，基本的な日常生活習慣が身についていないものが少なくない。規則正しい生活を保ち，清潔にする習慣をつけさせ，集団での生活を送る上でのルールを学ばせる等といったことの実践のなかで，職員自身がそのようなことがきちんとできるようになっていなければならない。自分が不潔にしていて児童に清潔にするようにとどうしていえるのか。

6. 心身の健康

　このことはすべての職場においていえることであるが，身体的にどこか具合が悪いと精神的に影響を受け，そのことは児童との関係にも影響してくる。職員の側が不安定で，その状態が児童に反映するようでは何のための処遇かということになる。児童の育つ営みに直接かかわるというきわめて責任の重い職場であり，一方では何人もの同僚と一緒に働かなければならないことからくるさまざまな人間関係のなかで，精神的にも，肉体的にも疲労が蓄積することもしばしばである。したがって職員の資質として求められる大きな条件の中に自分自身で自分の心身の健康を維持する力を備えている人という条項を入れることができる。職員が心身ともに健康で明るく，元気に子供たちに接することができよう，心身の健康保持に腐心しなければならない。

以上望ましい職員像，職員の資質といったことについて，普段から感じていたことを簡単にまとめてみた。最後に飯田進が職員の資質を論述した際の最後にのべていることを紹介してこの節を終えることにする。

　「……子どもが好きで好きでたまらず，いたずらや問題行動で職員を散々悩ませ困らせる子どもほど可愛くならなければ一人前とは言えない。職員の指導に従わず勝手なことをする子どもに対し，憎たらしく感じたり，この子どもさえ居なければと感じる間はその子どもに対し真の養護はなされていない。児童の示す反応をとやかく指摘する前に，職員は，まず自分自身の仕事に対する心構えや児童に対する接し方・態度について厳しく見直してみる必要がある。子どもは職員の，いまの状態を敏感に感じとり対応するものであり，それだけに影響力の大きさの恐しさを知っていなければならない」(14)。

第7節　勤務条件

1.　労働基準法と施設養護

■ 労基法の改正

　1988（昭和63）年4月より，労働基準法の改正により週40時間労働の実現にむけた新しい労働時間法制がスタートした。すなわちそれまでの1週の法定労働時間を48時間から40時間に改正したものである。しかし，ただちに40時間制を適用するのではなく，当面46時間，続いて44時間と段階的に短縮し，1990年代前半のできるだけ早い時期に実現することを目標としていた。労働基準法は，原則としてすべての事業に適用されるもので社会福祉施設に対しても例外ではないのである。このような労働時間短縮という大きな時代の流れが施設養護の現場にも大きく影響を与えている。

　ここで常にでてくる意見は，労働基準法の改正，労働時間の短縮を一方で

良しとしながら，もう一方で施設は児童の生活の場であり，施設の使命は児童を家庭に代わって育てることであるから労働基準法云々等いっていたら本当の子育てなどできないとか，現行の児童福祉施設最低基準による職員配置のもとでは入所児童の福祉を守りながら，労働基準法を遵守することは到底不可能であり，児童養護施設等にはなじみにくいという主張等である。

■ 職業の場，生活の場

児童福祉施設，とくに入所型の施設は，児童の全生活の場であり，一人ひとりの児童はそこで成長発達していく。児童の側から見れば，家庭に代わって自分を育ててくれる場であり，職員は親に代わって自分のことにかかわってくれる存在である。したがって児童の側からいえば自分が必要とするときいつでも，必要な時間かかわってくれる，そばにいてくれる，そんな職員でいてほしいと思うのは当然のことである。ところが職員の方は，養護を職業としている。施設で働いて報酬を得，自分の生活を支えている。いわゆる施設での子育て，かかわりのプロフェッショナルなのである。当然のこととして決まった時間働き，休みをとり，給料を得ている。このような児童にとってのパーソナルな生活の場となっていることと，職員にとって職場となっていることの関係は施設に本来的に内在する一種の矛盾なのである。したがって職員の勤務の形態，時間の長短のやりくり等は，すべてこの本来的に内在する矛盾の解決に向けてかかわる側からの意識的な働きかけの結果なのである。ようするに，入所している児童の情緒的な安定を図り正常な発達の保障を施設という目的的人為的集団のなかで，児童の養護を行うことを仕事（職業）としている，児童とは他人である専門家によってなされる営みがいかに効果的になされるべきかということの追究・努力の結果なのである。

2. 児童福祉施設の対応

■ 労働条件改善の方策

　このような時間短縮の社会的な流れの中で児童福祉施設側の対応は，児童の福祉を守りながら，いかにして職員の労働条件の向上をはかるかで苦慮しており，その対策は各施設の個別的な対応に委ねられているのが今日的な実態である。

　ところで，前述の労働基準法改正に先だち，1980（昭和55）年より社会福祉施設等に認められていた1日9時間，週54時間まで労働させることができるという特例が廃止され，週48時間を遵守しなければならなくなっていたが，その当時も児童の処遇と時間短縮でさまざまな意見が報告されている。たとえば，荻野芳昭の「44時間労働推進のために」（本章第3節「職員配置について」の項で紹介）や，東京の調布学園の渡邊茂雄らである。渡邊は，一般労働界の時間短縮の流れのなかで，社会福祉施設の，とくに児童福祉施設の分野では，"たてまえ"としては職員の労働条件の改善が主張されても，"ほんね"の部分では，「児童中心主義」等の主張というなかで，その積極性は必ずしも確立していないとしている。また職員の労働時間の短縮は，一方で児童処遇の充実向上をともなうのでなければならないが，渡邊は，「児童養護の仕事量は，単純な結論を出すことは困難であろうが，

　(1)　職員配置の適正化（現状からは相当の増員が必要である）

　(2)　職員の資質向上とチームワークの確立

　(3)　勤務内容の質的改善

を前提としてでなければ労働時間短縮は不可能であることはまちがいない」[15]としている。さらにこのことはその時点より15年まえの1965（昭和40）年，週休も確立していない当時の実働平均10時間22分という時代に書かれた故後藤正紀の施設職員の労働時間短縮の対処法にふれた論文，「児童処遇レベルをい

よいよ高めながら職員の労働時間を短くするためには，
- (1) 職員の質を高めること。
- (2) 職員の増員と仕事の分化。
- (3) 職員のチームワークによる機能的働きの促進。
- (4) 建物，設備の工夫による処遇効果向上」(16)

を紹介し，その15年間で施設職員の労働条件は飛躍的に良くなっているものの，「後藤氏のいうところのものは，今日なおそのままあてはまるところが，養護施設の課題であろう」(17)とのべているが，このことは35年たった2000年の今日でもそのままあてはまる課題である。

このようにみてくると，週40時間労働が一般的ななかで，施設職員の時間短縮を含めた労働条件の改善と児童の処遇の質的向上の維持存続の問題は，児童福祉施設の抱えている長年の課題であり，今にいたるもこの問題に関する定見はないようである。ある施設では，労働基準法どおりにしていたのでは本当の子育てはできないという姿勢を貫いているし，またある施設は，労働基準法を遵守するなかで養護効果を高めるべく努力している。しかもこれらのどの施設の中にも，児童の福祉と，職員の福祉を追求する姿，すなわち児童にとって良い処遇となるためには，職員が良い状態で働けなければならないとする姿勢が貫かれている。現行の児童福祉施設最低基準による職員配置の絶対的な低さ（少なさ）の状況の中では，とくに近年における1組の夫婦または男女のカップルの専門職員による，地域社会の中の1軒家で5，6人の児童の養護を保障するグループホームの試みが見られる中で，労働時間短縮等の問題は，施設運営にあたるものの最大の悩みのひとつである。

▨ 欧米の事情

参考までに週40時間労働が浸透している欧米各国の施設職員の労働時間についてみると，資生堂社会福祉事業団の『社会的養護の今後のあり方に関す

る研究[18]』(1986年)のなかでいくつか報告されている。たとえば，アメリカの場合，ミネソタ州の夫婦型グループホームでは24時間住み込み労働，コロラド州の職員交代型のグループセンターでは，1日8時間週40時間労働であり，スタッフは週5日働き，残り2日を補助員が交代する。イギリスでは，施設によってバラつきがあるが週44時間から39時間。西ドイツでは，養護施設週40時間，施設分園型の子供の家（養護施設の分園で，保育士が6名前後の児童と24時間，寝食をともにし，その養護にあたっているもの）では，とくに労働時間を定めていない。この点に関しては一部労働組合から労働基準法違反だという声があるのに対して，「子どもたちの健全育成のためには，一般的労働者とは，違った立場にあるので，新しい法律をつくるべきである。（中略）子どもと法律と，どちらが大切ですか」という相談所長の発言を報告している。オーストラリアの場合，小舎制の児童養護職員は1日8時間週5日勤務，グループホームのマザーは24時間勤務で集中的に長期休暇をとるシステム，また複数の職員の勤務しているグループホームでは，4日間を24時間勤務し，3日間休暇をとるような勤務をしている例もある。

　また1994年のスウェーデンのある施設の場合，6名の子どもが入所している施設（日本でいうグループホーム）で，施設長の他，10人の直接処遇職員が配置されており，毎日2名が宿直（夜の睡眠時間は1週38.25時間労働の中には含まれない）に入るが，極端な場合，週3日間拘束され4日間休む場合もある[19]。

注

(1) 仲村優一・松井二郎編『講座社会福祉 4　社会福祉実践の基礎』有斐閣，1981年，105頁。

(2) 『第51回全国養護施設長研究協議会資料』1997年，289頁。

(3) 『第54回全国養護施設長研究協議会資料』2000年，156頁。

(4) 伊部英男・石井哲夫編著『明日の福祉2 これからの福祉施設運営』中央法規出版，1987年，338頁。

(5) 同上，338～339頁。

(6) 同上。

(7) 『第39回全国養護施設長研究協議会資料』1985年，332頁。

(8) 全国社会福祉協議会編『社会福祉施設運営管理論』全国社会福祉協議会，1980年，46～47頁。全社協養護施設協議会『児童養護』第11巻第4号，1981年，5頁。

(9) 板山賢治・高沢武司編『実践的施設運営論』東京書籍，1986年，31頁。

(10) 全社協養護施設協議会『児童養護』第13巻第1号，1982年，3頁。6・4・2とは，児童6人，4人あるいは2人に対し，保母・指導員が1人という意味。

(11) 『社会的養護の今後のあり方に関する研究』資生堂社会福祉事業財団，1986年，2頁。

(12) 大谷嘉朗・豊福義彦・飯田進『養護内容論』ミネルヴァ書房，1976年，173～177頁。

(13) 仲村・松井編，前掲書，137頁。

(14) 大谷・豊福・飯田，前掲書，186頁。

(15) 全社協養護施設協議会『児童養護』第11巻第4号，1981年，3頁。

(16) 同上。

(17) 同上。

(18) 『社会的養護の今後のあり方に関する研究』資生堂社会福祉事業財団，1986年，75～167頁。

(19) 大嶋恭二編著『児童福祉ニーズの把握・充足の視点』多賀出版，1997年，33頁。

Ⅴ章 児童福祉施設各論

第1節　児童養護施設

1. 目　的

　児童養護施設は，児童福祉法第41条に，「児童養護施設は，乳児を除いて，保護者のない児童，虐待されている児童その他環境上養護を要する児童を入所させて，これを養護し，あわせて退所した者に対する相談その他の自立のための援助を行うことを目的とする施設とする」と規定されている。厚生省児童局の養護施設運営要領によると，「元来児童の成長発達にもっともよい環境は家庭であり」，「両親のいとなむ家庭で温かい愛情にまもられて健全に育てられることが自然であり，最上の幸福であるが，現実には保護者のない児童または保護者に監護されることが不適当であると認める児童も多数存在している。したがってこのような環境的に不遇な児童にたいしては，児童憲章第2条に示されたように，よい家庭にかわる条件をもつ環境が，国，地方公共団体の責任のもとに，地域社会の協力を得て与えられなければならない」児童養護施設は，家庭環境を与えることを第一義とすべきであり，「児童が日常起居の間に社会の健全な一員となるよう，また将来独立の生計を営むことができるよう，生活指導および職業指導を行わなければならない。このために，かれらの性能に応じ将来独立自活できる基礎を十分につちかう必要があり，これに関連する福祉機関を十分に活用し，これが目的達成に努めなければならない」としている。1998（平成10）年法改正により，養護とあわせて自立支援が目的として明示された。

2. 原　因

　児童養護施設は乳児を除いて満2歳から18歳に達するまでの者を対象として，児童自身の精神的，身体的事由によるよりも，むしろ適切な家庭的環境に恵まれない児童を入所させることになっているが，具体的には次の3つである。

(1) 保護者のない児童である。保護者とは親権を行う者，後見人その他の者で，児童を現に監護する者をいうとされている。父母の死亡，父母生死不明，遺棄，父母海外在住，父母の長期にわたる精神または身体に障害を有する児童である。片親であってもこれらと同じ事情にある場合である。

(2) 保護者はいるが虐待されている児童，その他環境上養護を要する児童である。保護者がその児童を虐待し，著しくその監護を怠り，その他保護者に監護させることが児童の福祉を害する場合である。児童福祉法第34条に掲げる行為が行われている児童である。その他，保護者の無知，無関心，放任のために環境上養護を要する児童である。

(3) 性格，行為に問題を持っている児童である。本来は児童自立支援施設に行くべき非行児，触法，ぐ犯，金品持ち出し，家出，不登校児，怠学，孤立，自閉的な情緒障害児，知恵遅れ（ボーダーライン児），夜尿児などの問題を持っている児童である。

　1960（昭和35）年頃より対象児童の質的変化ということがいわれてきている。厚生省児童家庭局の養護児童実態調査の施設への入所理由の推移をみても明らかなように，養護問題は年々複雑，多様，深刻化しているといえる。その特徴は，①児童の年齢構成の変化，幼児あるいは高齢児の増加である。厚生省が毎年実施している「社会福祉施設調査」によると，幼児については，1962（昭和37）年17％，1965（昭和40）年20.7％，1970（昭和45）年31.8％を占

め，増加傾向にあったが，1970（昭和45）年10月1日29.1％，1980（昭和55）年24.3％，1986（昭和61）年20.9％と減少傾向にある。高齢児については，1975（昭和50）年10月1日25.3％，1980（昭和55）年27.4％，1986（昭和61）年35.6％と増加傾向にある。②問題児の増加である。厚生省要養護施設児童等実態調査によると，問題なしという児童は減少し，非社会的，反社会的問題を持っている児童の入所が増加している。そして，高齢児に問題を持っている児童が増加している。これは，家庭の親のさまざまな問題が児童に反映しているといえる。③保護者のいる児童の増加である。入所措置の理由で，父母の死亡が激減して，父母の離別や行方不明，就労のためが増えている。保護者の状況については，保護者なしは1952（昭和27）年26.5％，1961（昭和36）年12.7％，1968（昭和43）年10.5％と激減している。児童の施設入所にかかわる諸要因で，父母ともに共通して高率のものは離別，行方不明，養育意志・養育能力なしの3つである。この他に，父側の要因として多くみられるのは就労，貧困であるのに対して，母側では病気，未婚出産，貧困，死亡，就労とその要因は多種にわたる。むしろ保護者はいるが養育条件に欠ける家庭崩壊などの理由で入所措置が行われる。

3. 歴　史

わが国における児童の救済保護は，伝説的であるが，聖徳太子が593年に四天王寺に悲田院を設け孤児を収容したことに始まるといえる。その後，文献に見られる最初のものとしては，730（天平2）年光明皇后により，悲田院での孤児・棄児の収容などにみられる，皇室による慈恵的なものであった。平安時代には仏教独自の立場から行われる慈善も出ており，和気広虫（法均尼）は，飢饉による棄児83人を養子として育てたなどの救済が行われていた。江戸末期には堕胎，間引き，棄児に対する問題が多く，ここから近代児童保護

が始まったといえる。

　明治時代にはこれらの問題に対する取り締まりと保護が開始された。1871（明治4）年に「棄児養育米給与法」，1874（明治7）年には恤救規則ができた。堕胎や間引きの防止のために，孤児院・育児院が設立された。松方正義による1869（明治2）年の日田養育館をはじめ，カトリックでは横浜慈仁堂，浦上養育院，神戸女子教育院，プロテスタントでは石井十次による岡山孤児院，暁星園，博愛社，神戸孤児院などができた。

　戦後においては，従来の孤児院・育児院は新しく養護施設として生まれ変わり，「児童保護から児童福祉へ」という思想の転換がみられた。戦後対策として，続出した戦災孤児，浮浪児の緊急保護を行っていった。悲惨な戦争の終結により，国民の生活は窮乏し，それに精神的な虚脱も加わり，社会の秩序は乱れた。戦災で両親を失った孤児，引き揚げ孤児，戦没軍人の孤児などがあった。物資が不足し，不安な社会環境の中で，街頭や港に浮浪し，物乞いをしたり，金品を窃取するという不良行為を行っていたいわゆる浮浪児が多くなり，その応急措置に追われていた。彼らは施設に収容保護をされても，浮浪癖から施設を出て，再び浮浪するという状態なので「浮浪児狩り」が行われた。1947（昭和22）年に児童福祉法が制定され，1951（昭和26）年には児童憲章が制定される。この法により児童福祉施策の基盤が築かれた。1950（昭和25）年4月当時東京都石神井学園長堀文次が雑誌社会事業に「養護理論確立への試み，ホスピタリズムズ」と題する論文を寄稿するや多くの反響が起こり，ホスピタリズム論争が起こった。1952～53（昭和27～28）年にかけて，厚生省による共同研究「ホスピタリズム研究」が発表された。その実態と予防，治療，対策についてをテーマにし問題の究明に努めた。そこでは，里親制度の確立と小舎制度を採用することを提案しているが，米国の里親第一主義にも反省が出ていたこともあり，施設・里親にはそれぞれの機能があるという

ことが確認されてきている。ホスピタリズムを克服する対策についても，提案がなされてきた。第1に施設の家庭化と家庭的処遇論である。この期の家庭的処遇論は家庭に近い形態にこだわっていて，様式と機能を明確にしていなかったといえる。第2に，それに対して積極的養護理論は，質と機能に主眼を置き理論を展開していった。そして，後に集団主義養護理論として展開される。「しかし大方の養護施設は活発化して来た養護理論の展開にもその閉鎖的視点で大した関心も持たず，また関心は持っていても経済的窮乏や施設従事者の質の低さ等種々な制約のため，現状維持か併用かを論ずるに止まった。一部民間施設の実験的な試みとしてのコテージ・システムや家庭養護寮への志向がなされた以外は家庭的生活様式を各施設の制約の範囲内で大部屋式を小部屋式に改造したり，保母の担任制をしいたりするに止まったのである」(1)。

1960(昭和35)年以降は入所児童の質的変化がいわれ，処遇技術論についてもさかんに論議される。児童養護施設の役割は，単に衣食住を基本とした家庭に代わる施設から進んで，人間関係の歪みからくる人格形成の歪みや欠如を調整し形成および再形成していくところの教育治療であり，子供の家庭的環境にも働きかけ，家庭復帰，社会復帰のための社会的調整治療も同時に行なわなければならないとし，家庭復帰準備のためのファミリー・ケースワーク・サービスも一部の施設で実践されてきている。昭和50年代においては，コミュニティ・ケア論，ノーマライゼーション思想の流入で，「施設の社会化」の実践が試みられた。また，里親制度，養育家庭制度，ショート・ステイ・ホーム制度，ファミリー・グループ・ホーム，自立援助ホームなど多様化する児童のニードに応える養護のメニューが用意されてきている。1985（昭和60）年以降は児童の減少傾向にあり，施設機能強化が叫ばれてきている。

1998（平成10）年，児童養護施設に名称を変更し虚弱児施設が統合された。

施設の目的は養護に加えて，自立支援が明示された。さらには，心理職の配置が認められ，小規模児童養護施設として，6名の施設が誕生し，新しい取り組みが始まろうとしている。

4．内　容

　1986（昭和61）年12月1日現在，施設数538カ所（公立69，民間469），入所定員34,940人（公立4,998人，民間29,942人）で，そのうち85％は民間が占めている。終戦直後に養護施設はその必要性により増加し，1947（昭和22）年6月に306カ所から1952（昭和27）年には500カ所になり，それ以降は急激な増加はない。施設の形態は，小舎制（コテージ・システム）・大舎制（ドメトリイ・システム）の養護形態がとられているが，ホスピタリズム論争以降は，大舎制においても担任制の採用や集団の小規模化が図られた（児童福祉施設最低基準においては，1室の定員はこれを15人以下とすると規定されている）。

　施設に要求される処遇の基本は，家庭代替的機能を果たすことである。乳幼児期・児童期における人格形成および再形成を行う場である施設の養護は，母性的養護が駆使されなければならない。とくに，現代において家庭における正常な母子関係を築くことのできなかった児童の増加により，施設の役割機能については多くの課題がある。単なる家庭に代わって行う家庭代替的機能のみではなく，治療教育的機能も果たしていくことが要請されている。いわゆる，複眼的機能を果たしていかなければならない。

　児童養護施設における具体的な処遇技術については，①日常生活処遇，②ケースワーク処遇，③グループワーク処遇，④地域社会との連携である。児童福祉施設最低基準の第42条に「児童養護施設には，児童指導員（児童養護施設において，児童の生活指導を行う者をいう。以下同じ。），嘱託医，保育士，栄養士及び調理員を置かなければならない」としており，児童の処遇については，

保育士・児童指導員が担っている。しかし，ケースワーク，グループワークの高度の専門的な機能を果たすことには多くの困難があり，保育士・児童指導員等がその機能を果たしているといえる。ケースワークについては，最近の児童のおかれている状況では，親の存在を無視することはできない。親や家族に対する調整をするファミリー・ケースワークを行うことが必要である。日常生活処遇についても母性的養護を担う保育士のみではなく，高年齢児・問題児童の増加により父性的な役割を担う児童指導員との連携も重要になってきている。衣食住をはじめ基本的な生活習慣やしつけなども重要である。とくに，食生活については，栄養士・調理員・保育士等のチームワークによって支えられている。日常生活においても，児童は受動的な日常生活から，能動的な日常生活が行えるように，保育士・児童指導員等は条件整備をしていく責務がある。

施設は閉鎖的になりがちであるために，地域社会との交流や「施設の社会化」を目指した養護が展開されている。児童養護施設のみではなく，家庭的養護としての里親（東京都においては養育里親），ファミリー・グループ・ホーム（里親型・施設型），自立援助ホームなど多様なメニューが用意されている。児童養護施設のみで自己完結的役割を担っているということではなく，それぞれの役割があるということが考えられなければならないし，それぞれの限界を認識して実践していくことが望まれている。児童養護施設での在所期間についても，長期化しないように努めなければならない。家庭復帰・社会復帰のできる児童にはその援助がなされることが望まれている。

児童養護施設は最後の砦として，どんな問題児童でも受け入れていく場である。そのためには，専門性の高い施設にならなければならない。そして，児童養護施設での生活を終えて家庭復帰・社会復帰をしていく児童に対しては，施設養護の過程で十分な処遇効果をあげることができなかった場合にお

いてアフター・ケアを行う必要がある。現実には，今まで養護した児童養護施設で実施しているが，指導上多くの困難がある。中卒後の児童については，アフター・ケア・ホームや自立援助ホームなどで社会復帰を促進する場を利用する方法もある。

児童にとっては，社会に出た時にその施設での処遇の真価があらわれるといっても過言ではないであろう。とくに，施設職員は退所児童の効果測定により真剣にその処遇評価を行い，児童処遇のあり方について再検討していくことが必要であろう。最近の養護児童の減少にともない，定員の削減がなされてきている児童養護施設においては，その機能強化が図られ，質の高い養護が展開されなければならない。

第2節　知的障害児施設

1. 目　的

現在わが国の知的障害児施設は全国で278施設(1999年)を数えるが，これらの施設の存立の目的は，児童福祉法第42条に規定されているように，「知的障害のある児童を入所させて，これを保護し，又は治療するとともに，独立自活に必要な知識技能を与えることを目的とする」ことにある。すなわち家庭で養育を受けられない知的発達の遅滞した児童(mental retarded child)に対して，施設養護を通して彼らの自立に向けた治療教育を行うことに本来の目的がある。

これらの施設で遂行される養護機能について，財団法人日本知的障害者愛護協会は施設養護の目的を達成するために，その機能を次のようにのべている。[2]

(1) 知的障害者の基本的人権を守り、その発達を保障すること。
(2) 保護者に代わり、入所者を適切に保護するとともに、家庭的雰囲気の中で情緒の安定をはかること。
(3) 治療教育的配慮により行動障害や諸機能の障害の軽減をはかり、心身の健全な発達と保持につとめること。
(4) 日常生活動作の自立と基本的生活習慣の確立をはかり、身辺処理能力の助長をはかること。
(5) 社会的生活能力の向上をはかるとともに、集団参加および社会参加の促進をはかること。
(6) 学習活動への興味を喚起し、日常生活または社会生活あるいは職業生活を営む上に必要な知的能力の養成に努めること。
(7) 職業指導、作業指導、または職場実習などにより職業生活に必要な知識、技能、態度などの習得をはかること。
(8) 授産に当たっては、入所者の工賃について適切な算定基準を設け、個人別の適正な配分を期するとともに、作業種目の開拓、受注の促進に努め、入所者が意欲的に授産活動に参加できるように努めなければならない。

これらの諸機能は、それぞれ一つひとつが別々に機能するのではなく、施設養護の実践過程で総合的かつ統合的に行われる対象児(者)の社会的自立への基本的生活援助である。

2. 原　因

知的障害児の障害原因については、その発生時の状況からいろいろな原因が考えられる。まず、I.C.D 分類(The International Classitication of Diseses)による医学的原因は、次の図のように先天性のものと、後天性のものの2つ

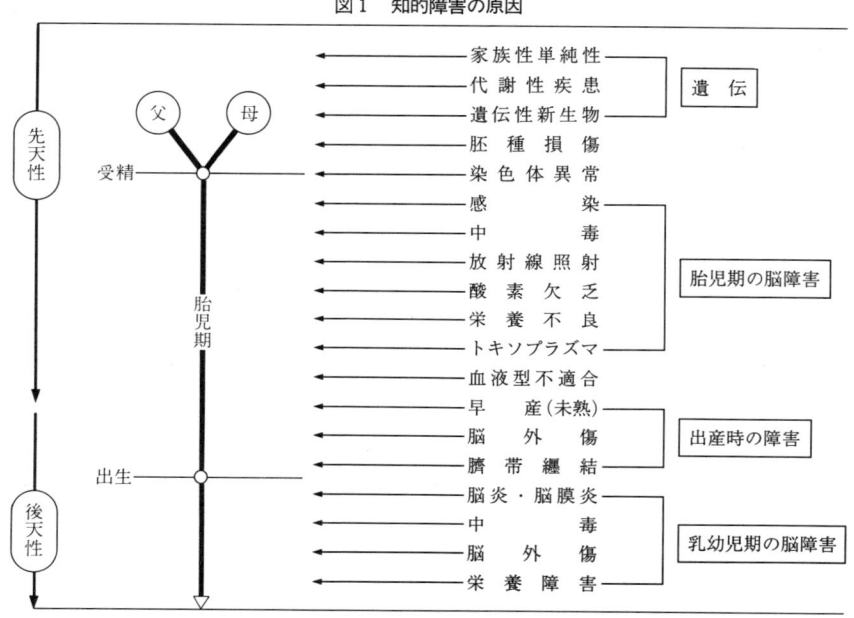

図1　知的障害の原因

分類	時期	原因	区分
先天性	受精（父・母）	家族性単純性／代謝性疾患／遺伝性新生物	遺伝
		胚種損傷／染色体異常	
	胎児期	感染／中毒／放射線照射／酸素欠乏／栄養不良／トキソプラズマ	胎児期の脳障害
		血液型不適合	
後天性	出生	早産（未熟）／脳外傷／臍帯纏結	出産時の障害
		脳炎・脳膜炎／中毒／脳外傷／栄養障害	乳幼児期の脳障害

出所：大谷嘉朗他『新版 施設養護の理論と実際』ミネルヴァ書房，1981年

があげられる。先天性のものとしては，家族性単純性などの遺伝によるもの，受精時における胚種損傷，染色体異常，さらに胎児期の感染などによる脳障害などである。また後天性のものとしては，早産などの出産時の障害ならびに乳幼児期の脳炎・脳膜炎などである。

次に，知的障害者の特性について，1975年厚生省児童家庭局は，知的障害は「心身の発達期（おおむね18歳まで）にあらわれ，生活上の適応障害を伴っている知的機能の障害を示す状態にあるもの」と定義している。すなわち知的障害は知的に発達能力（知能）が低いだけでなく，社会生活上の適応障害をあわせもっている特性があるということである。

さらに，知的障害の障害程度については，通常心理学的な判定にもとづきIQ（intelligence quotient）によって，次のように分類されている。

①最重度——重度の知的障害の上，他の重度の障害を合併している。②重度——IQ25以下の知的障害，ただしIQ35以下でその他身体的，精神的障害を合併している場合も重度として扱う。③中度——IQ25〜50程度の知的障害。④軽度——IQ50〜75程度の知的障害。⑤境界線——IQ75〜85程度の知的障害。

3. 歴 史

わが国において知的障害者の社会的救済施策がとられるようになったのは，1874（明治7）年制定された「恤救規則」によってである。また施設としては，1879（明治22）年に東京府養育院に精神病室が開設され，3年後に東京癲狂院（現松沢病院）として独立し，救貧院における精神障害者の分離処遇が始められた。

次に民間の知的障害児施設として創設されたのは，1891（明治24）年石井亮一が濃尾大地震による被災児（女子）の救済を目的とした「孤女学院」（後の瀧乃川学園）であった。その後，1909（明治42）年脇田良吉による「白川学園」，1911（明治44）年川田貞次郎による「日本心育園」（1916年閉鎖），1916（大正5）年岩崎佐一による「桃花塾」，さらに1919（大正8）年米国より帰国した川田によって「藤倉学園」などが民間の知的障害児施設として相次いで開設された。

これら民間施設の設立の背景には，当時の学校教育における成績不良児の顕在化と，感化救済事業に関連する非行児童対策が貧窮な公的救済施策だけに頼れなかったことによる要因が大きかった。一方医学，心理学，教育学などの人文科学の発達によって，知的障害に関する研究も進歩し，とくに欧米に留学帰国した内村鑑三，石井亮一，川田貞次郎などの先達者によって，障害児に対する教育や治療の処遇方法が紹介され，先駆的実践が展開された。

1920〜30年代に入ると，少年法1922（大正11）年，救護法1929（昭和4）年，児童虐待防止法1933（昭和8）年などの児童保護に関する公的施策が一応整備されたものの，知的障害児に対する公的援助はほとんどないに等しかった。そのために，その対策として1934（昭和9）年には「日本知的障害者愛護協会」が設立され，知的障害児保護法制定の強い要望が関係者から出された。しかし戦時体制の推進は，逆に「国民優生法」1940（昭和15）年の制定にまでいたった。

　第2次世界大戦後，1947（昭和22）年に児童福祉法が制定されたことによって，知的障害児施設は初めて児童福祉法体系の中に位置づけられ，公的責任による障害児の権利と福祉と教育の保障が明確化された。厚生省は「知的障害児施設運営要領」（1953年）を作成し，その指導指針を生活指導，学習指導，および職業指導の3本立てとすることを明らかにした。また年齢超過児については20歳まで引きつづき施設在籍が認められた。

　その後，1957（昭和32）年には，知的障害児通園施設が設立認可されて，一般家庭の就学猶予児や就学免除児が地域社会で自立訓練を受けられるようになった。また一方，対象児童の障害の重度・重複化にともない，1958（昭和33）年国立秩父学園が開設された。次いで，1964（昭和39）年からは各施設に重度知的障害児棟の設置ができるようになり重度児加算（費用・職員増）も制度化された。さらに3年後の1967（昭和42）年には，最重度重複障害児童のために，重症心身障害児施設が開設されるようになった。

　1970年代に入ると，「心身障害者対策基本法」（1970年）の制定にともない，障害者問題に対応する教育・福祉・医療・労働に関する総合的施策が明らかにされた。また，「知的障害者の通勤寮設置運営要綱」（1971年），「知的障害者ホームの設置運営について」（1979年）通知，ならびに，「養護学校教育の義務制実施」（1979年），「自閉症児施設の位置づけ」（1980年）など，知的障害児（者）

の障害の多様化,高齢化に対応して各様の施策がとられている。

4. 内　容

　知的障害児施設における入所児童に対する処遇の基本は,主に次の4点にある。まず第1に日常生活援助,第2に個別援助,第3に集団援助,第4に社会参加への援助である。これらの処遇は個々別々に独立した処遇内容をもちながら,かつまた連携しあっている。なかでも日常生活援助は施設生活の自立を援助する基盤として重要な意義がある。

　対象児童が就学期にある場合は,児童は養護学校,特殊学校などにおいても生活訓練や基礎的学習能力の指導を受けることから,施設内処遇のポイントは,むしろ温かい家庭的雰囲気の中での人間関係の修得,ならびに基本的生活習慣の確立に向けた生活指導の実践にあるといってよい。すなわち,児童の日常生活における衣食住の基本的生活習慣の形成をはじめ,健康,遊び,余暇,家庭学習,地域社会への参加といった,児童にとって施設生活が人格形成の基盤となるような日常生活援助である。そのためには,施設職員(保育士,児童指導員)は児童一人ひとりの生活欲求や発達課題ならびに障害程度を受容・洞察する。また職員は児童と共に生活しながら豊かな人間関係を築き,その過程で築かれる信頼関係を通して,児童自らが生活課題の克服や発達障害を軽減させるようにするとともに,児童のパーソナリティの進展をはかる。これがすなわち施設の日常生活における治療教育である。

　第2に,施設児童の家族との連携は,施設処遇の内容を高める重要な柱である。施設児童の早期家庭復帰は児童の人間性回復には欠かせない。そのために施設児童とその家族に対するソーシャルワークの実践は,児童の施設入所とともに始められ,児童や家族が抱える諸問題に対して的確な診断がなされ,問題解決への援助が家族の参加を得て展開されなければならない。

第3に，施設生活は対象児童の集団生活を基盤に展開されることから，家庭的雰囲気のなかで，児童の自発的・主体的参加を主とした各種のグループ活動が展開される。この小集団活動により彼らは社会性を培い，社会参加を容易にしていくのである。

　最後に社会参加への援助は，とくに高齢児の職業的自立のために各自の能力に応じた作業訓練や職業指導を受けることによって，社会的自立を促進し社会参加をいっそう容易ならしめる。

第3節　肢体不自由児施設

1．目　的

　児童福祉法第43条の3に，「肢体不自由児施設は，肢体不自由のある児童を治療するとともに，独立自活に必要な知識技能を与えることを目的とする施設とする」とある。この規定にもとづいた施設は，現在では肢体不自由児施設（入所・通所），肢体不自由児通園施設（通所），肢体不自由児療護施設（入所）がある。肢体不自由児通園施設は，肢体不自由のある児童を通所によって治療するとともに，独立自活に必要な知識技能を与える施設である。肢体不自由児療護施設は，病院に入院することを要しない肢体不自由のある児童であって，家庭における養育が困難な者を入所させる施設とされている。児童福祉施設最低基準第68条～71条には，肢体不自由児施設の設備の基準，職員，入所した児童に対する健康診断，生活指導等について記されている。そして，児童福祉法にもとづく施設であると同時に医療法にもとづく病院であるとしている。肢体不自由児施設は，脳性麻痺（C・P），ポリオ，先天異常骨関節，

結核および外傷その他による上肢，下肢または体幹の機能に障害がある18歳未満の児童に対し，通所または入所という形態をとり，治療と同時に独立自活に必要な知識技能を与える施設といえる。

2. 原因

　肢体不自由児とは，上肢，下肢または体幹の機能に永続的に障害を有する者である。1988（昭和63）年2月，厚生省が実施した身体障害者実態調査によれば，全国の18歳未満の身体障害児数は92,500人（人口1,000人比3.0人）と推計され，前回調査1970（昭和45）年10月実施の93,800人（人口1,000人比3.1人）に比べ，1.4％の減少である。これらの身体障害児を種類別にみると，肢体不自由児が53,300人（57.6％）を占めもっとも多い。そして，前回調査より7.3％の減少である。原因別にみると疾病（79.5％），事故（8.1％），不明（12.4％）になっている。疾病においては，とくに出産時の損傷が多い。また，事故にあっては，交通事故その他の事故も減少傾向にある。原因を疾病別にみると，脳性麻痺（26,100），脊髄性小児麻痺（800），脊髄損傷（2,700），脳血管障害（1,900），骨関節疾患（2,700），リウマチ性疾患（800），心臓疾患（400），その他（14,400），不明（3,500）である。この中で，脳性麻痺は一番多く，肢体不自由児の48.9％を占めている。増加状況をみると，脳血管障害，脊髄損傷，リウマチ性疾患の増加は著しい。一方，進行性筋萎縮疾患，脊髄性小児麻痺は減少が著しい。

3. 歴史

　わが国における肢体不自由児問題の起源は，古事記にみられる"ひるこ"の伝説にさかのぼることができる。その後の10数世紀は天災や不運によって生まれた肢体不自由児の対応は，その時代の為政者による慈恵や，宗教的慈

善という形態で行われてきたと思われるが，江戸時代までは見るべき記録もない。

　1874（明治7）年の恤救規則や，1929（昭和4）年の救護法の制定で，救貧対策の一環としての肢体不自由者対策が考えられていた。それは，一部の人に限られていた。これらの中で，肢体不自由児教育の先駆的な活動の萌芽は，1921（大正10）年わが国はじめての肢体不自由児のための教育と医療を行う肢体不自由児施設柏学園が，柏倉松蔵（日本体育学校を卒業し，体育教師になったが，学童の中に肢体不自由児がいたことからしだいに肢体不自由児に愛情・関心を持つようになり，東京帝国大学教授田代義徳の教えを受け開設する）によって創立され，1963（昭和38）年閉園するまで続けられる。しかし，柏学園は学校教育法による認可を受けたものではなかったので，正式な意味においての発足とはいえないが，肢体不自由児療育の萌芽とみるべきであろう。

　肢体不自由児施設の歴史は，戦後の児童福祉法の制定以降とみるべきであるが，その基盤を築いたといわれる高木憲次博士（1888～1963）の業績は大きい。高木は東京帝国大学医学科卒業後，整形外科教室に入り，1924（大正13）年田代義徳の後を継ぎ教授となった。医局員時代から，東京の下町にある小学校生徒の中に肢体不自由のために不就学になっている児童が多いことを知り，しだいに肢体不自由児の医療と同時に教育のできる場の必要を痛感するようになった。1925（大正14）年肢節不完全福利会を設立する。1932（昭和7）年日本で最初の肢体不自由児学校「光明学園」を開設し，1934（昭和9）年肢体不自由者療護協会の設立をする。1937（昭和12）年日華事変による傷痍軍人の援護の必要もあったことから，政・財界の有力者の協力を得て，1942（昭和17）年財団法人整肢療護園を開園する。高木は，成長期であり治癒の可能性のある肢体不自由児の育成を治療，教育，職能の三位一体であるという主張のもとで展開していった。「療育」という言葉は，治療と教育の造語として高木

によって名づけられた。それは，本人は「公然たれ」，親は「隠すなかれ」，周囲の人々は「好意の無関心」ということを念頭においていた。そして，西欧先進国から学び，巡回診療相談，近代的リハビリテーション理論の導入，社会啓蒙運動の展開をしていった。大正から昭和にかけて肢体不自由児に対する社会的援護の必要性を早期に唱え，熱情を注いだ実践は，戦後の児童福祉法の制定につながれていった。高木は，これらの業績から肢体不自由児の父と呼ばれている。

　戦後，日本国憲法の制定，1947(昭和22)年に児童福祉法が制定され，当時は肢体不自由児施設は「療育施設」として規定されている。後の改正で，療育施設は盲ろうあ児施設・虚弱児施設・肢体不自由児施設に分化していく。肢体不自由児（者）に対する福祉対策は，18歳未満の児童は児童福祉法により，18歳以上の成人は1949(昭和24)年成立の身体障害者福祉法によって，施策がはかられている。「昭和31年，公立の肢体不自由児養護学校が大阪と愛知に設立され，この頃から，各地で肢体不自由児を持つ親たちが『親の会』を作り，養護学校設置の運動を始めていたが，昭和36年に全国組織として全国肢体不自由児父母の会を結成した」[3]。親の会は，この頃不足していた養護学校と施設設置に全力をあげていた。1963(昭和38)年に肢体不自由児施設に外来通園部門が設置されるようになり，1969(昭和44)年8月，児童福祉施設最低基準の一部改正にともない，通園専門の肢体不自由児通園施設が制度化された。これは，主として療育効果がより期待できる就学前児童を対象にしている。1949(昭和24)年の学校教育法によれば，「養護学校を設置しなければならない」としながらも，期日は明示されず，親の会は長い運動を展開していった。1979(昭和54)年養護学校の義務制の実現がなされた。障害児の入学義務が課せられたために，入学をめぐるトラブルが生じ，親を無視した養護学校強制入学の動きが各地で起こり，現在も続いている。その理由は親たちの

ニーズの変化により，普通学級で一緒の教育を受ける統合教育（インテグレーション）の要望が高まってきたことにある。同年，従来の肢体不自由児養護施設が，肢体不自由児療護施設と改称された。これらの肢体不自由児問題の背景には，小児麻痺の大量発生，決定的な医学的治療の対応策を欠く脳性麻痺の発生，さらには科学の急速な進歩と社会生活の複雑化にともなう各種の事故の発生があげられる。とくに，現在における肢体不自由児に対する対策は次の4つに分けられる。発生予防，早期発見・早期療育，児童福祉施設への通所・入所，補装具等の交付である。児童福祉施設は医療体系の病院の性格を基礎に教育的機能を合わせて持ち，成人施設は職業リハビリテーションを主目標において機能している。

4. 内　容

肢体不自由児施設の処遇を考える際，「障害」と「療育」と「リハビリテーション」の概念を明らかにしなければならない。はじめに障害については，1981年に国際連合総会の決議によって提唱された「国際障害者年」で有名なスローガン「完全参加と平等」をあげていた。そこにおいて，WHO（世界保健機関）が障害についての定義で3つの異なる障害があるということを明らかにしている。それは，① impairment（心身の特定部位の損傷の状態―肢体不自由），② disability（その損傷にもとづいて能力不全―歩けない），③ handicap（能力不全の結果ひき起こされる社会的不利を示す概念）である。療育は，前述したように治療と教育の造語としてつくられ，身体的・心理的・教育的・社会的・職業的ニーズに対応できる指導援助が必要であり，それが統合され，有機的になされなければならない。リハビリテーションとは，「更生」（障害を克服し，職業を得て，社会経済活動に参与すること）や「社会復帰」などと訳されることがあるが，人間たるにふさわしい尊厳と生活権を回復するという積極

的・幅広いという意味を含めているために，リハビリテーションそのままで用いている。肢体不自由児にとっての諸訓練は成人に達し，社会参加をするための基礎的前訓練である。リハビリテーションの理念を踏まえ，その人が社会生活をするためのもっている人間としての生きる力の可能性を，医学的・教育的・職業的・心理的・社会的等種々の面から，その人なりに最大限に発揮せしめるよう援助することに主眼が置かれなければならない。

　それには，図2の体系図が考えられる。ここでは，最初に身体上の諸機能の回復をし，次に生活適応訓練をする。その次には職業訓練を行う。そして社会復帰に向けての準備を行う。このように，肢体不自由児の処遇の基本は，その人が社会に出て自立し，その人自身の持っている力を最大限発揮できるようになることが，最終目標（ゴール）である。そのためには適時，中間目標（サブ・ゴール）を定め，それに向かっていく中で，達成されていくように心掛けられなければならない。当初の障害の回復目標は，①損傷または欠損部位

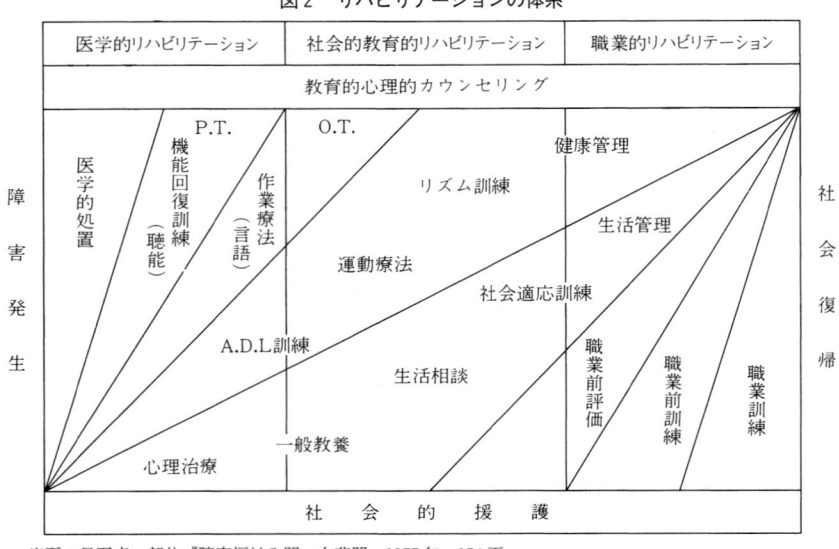

図2　リハビリテーションの体系

医学的リハビリテーション	社会的教育的リハビリテーション	職業的リハビリテーション
教育的心理的カウンセリング		

障害発生　　医学的処置／機能回復訓練（聴能）／P.T.／作業療法（言語）／O.T.／リズム訓練／運動療法／A.D.L訓練／生活相談／心理治療／一般教養／健康管理／生活管理／社会適応訓練／職業前評価／職業前訓練／職業訓練　　社会復帰

社　会　的　援　護

出所：星野貞一郎他『障害福祉入門』有斐閣，1977年，154頁。

の回復，②残存する代替機能の活用，③潜在能力の開発である。訓練過程において，障害の程度により5段階の更生訓練目標を策定している。それは，①現状復帰が直ちに可能なもの，②再訓練すれば可能なもの，③再訓練後もある程度の援護を必要とするもの，④日常生活動作が改善され自助動作可能となるもの，⑤常時介護を要するものである。

　教育的生活訓練については，次の3つに大別されている。まず，第1に対物生活のあり方をあげている。環境の清潔，改善，組み立て構成する，創造する，保守する，等の訓練がある。第2に対人生活のあり方であるコミュニケーションの方法，選択の仕方，分類の仕方，調整の仕方，統合の仕方等を日々の集団生活の中で訓練する。第3に対自己訓練の方法である。自己意志によって立ち歩く訓練，リズムによる情操訓練，運動による体力訓練，静止による持続性訓練，耐久力訓練がある。前述したように肢体不自由児施設は，医療法にもとづく病院であると同時に，児童福祉施設である。職員は，医療法に規定する病院として必要な職員のほか，児童指導員，保育士および理学療法士または作業療法士を置かなければならないと規定されている。1988(昭和63)年4月1日現在，全国73施設（児童定員8,799人）で，一般病棟（5,818）重度病棟（1,448），母子病棟（435），通園部門（1,098）にわかれている。肢体不自由児とその家族は，児童の障害の軽減を強く希望している。その多大な期待を「医療」にかけている。早期発見・早期療育を行うことによって，その機能を回復できるものがある。保健所による乳幼児の健康診査などにより早期発見をはかり，短期間の治療によって軽減除去がはかられる場合には，児童福祉法による育成医療制度が適用できる。家庭，施設，学校，医療機関との協働の問題は重要である。

第4節　乳　児　院

1．目　的

　乳児院とは，児童福祉法第37条によって，「乳児を入院させて，これを養育し，あわせて退院した者について相談その他の援助を行うことを目的とする」施設として定められている。児童福祉の理念である「心身ともに健やかに生まれ，かつ育成され，ひとしくその生活を保障され，愛護されなければならない」状態に欠ける乳児を養護する施設である。とくに，乳児を対象とするので，診察室や医療器具の設置，医師の配備，乳児の養育にあたる職員総数の3分の1以上の看護婦の配置等が児童福祉施設最低基準で定められ，医学的配慮がもとめられている。原則として満1歳までが入院の対象であるが，1998(平成10)年，「保健上その他の理由により特に必要のある場合には，おおむね2歳未満の幼児を含む」と法改正された。

　1998(平成10)年現在，114施設，定員3,614，在所児童数2,706人。

2．原　因

　全国社会福祉協議会乳児福祉協議会（以下「全乳協」という）の資料によって，1948（昭和23）年度の全国乳児院の入所児総数1,082名中，孤児・棄児が420名（39％）を占めていたことからもうかがえるように，第2次世界大戦以後の昭和20年代から30年代にかけて入所した児童の措置理由は，戦災孤児，引き揚げ孤児，棄児，あるいは親の貧困や病気などで，養育を全面的に代替しなければならないものがほとんどであった。しかし，昭和40年代高度経済

成長以後の社会的変動によって，工業化，都市化された社会，核家族化世帯の増加，不安定な経済的環境などにとりまかれた生活状況を反映した今日，乳児院入所児の措置理由は，複雑，多様化した様相を呈している。

全乳協「昭和60年度全国乳児院収容状況実態調査」によれば，入所児総数3,121名のうち，孤児・棄児5％，母死亡2.6％で，1955（昭和30）年度のそれぞれ10.3％と14.7％から比べると激減している。これに対して，ノイローゼ・精神病10.4％，次の子供の出産9％，その他の疾病17.8％などといった母の疾病による理由が昭和30年度の31.8％から46.5％へと高比率を示している。また，母家出8.8％，離婚7.5％，母未婚13％の合計29.3％は昭和30年度13.5％の2.2倍にもなっている。さらに，養育能力欠如・養育拒否・虐待による理由5.1％，あるいは，いわゆるサラ金などの借金，貧困による理由3.8％がめだちはじめた。一方で，母の出張・研修，冠婚葬祭，家族の疾病のための付添などの理由5.7％による一時的な緊急入所もふくめて，1カ月未満の入所児が全体の23％を占め，短期的な養育援助の必要性がもとめられている状況である。

「転換期における児童福祉施設の役割に関する調査研究報告書」（1987年11月，全社協）は，今日における乳児の入所理由について，①核家族化や地域社会の崩壊の状況下で，家族の脆弱化が進行していること，②そうした家族環境にさらに作用するストレス要因（精神病，ノイローゼ，疾病）が増大していること，③未婚の母という現代的問題が増加しつつあることに起因すると指摘している。

さらに，最近の動向の中で，親の社会的あるいは医学的理由による入所だけでなく，脳性麻痺，精神発達遅滞，未熟児性発達障害，先天性心疾患，ぜん息，視聴覚障害，慢性湿疹等さまざまな発達障害をもった乳児の入所がふえている状況に留意する必要がある。

3．歴史

　わが国における乳児院の起源をたどると，9世紀の光明皇后（701〜760）による悲田院での孤児・棄児の収容教育，あるいは，清和天皇（850〜880）の稚児のための施薬院での収容養育あたりにいたるといわれている。その他に，乳幼児の救育活動に熱心にかかわったものとして，鎌倉末期の仏教的慈善家・忍性（1217〜1303）が棄児に乳養をさせ，その他非人救済や病者の療養等を行うため桑谷療病所を設立したこと，また16世紀半ばにキリスト教慈善思想にもとづいて，ポルトガルの商人ルイス・アルメイダ（1525〜1583）が，その当時さかんに行われていた堕胎，間引を防止するために，豊後府内に育児院を創設して貧困不遇な産児を教育したことなどがあげられる。いずれにしても，今日の乳児院的な体裁が整うのは明治時代以降のことである。

　1891（明治24）年，貧困家庭の乳幼児を救療するために開設された婦人共立育児会が，わが国におけるはじめての乳児院と考えられ，1905（明治38）年には仙台基督教育児院，1923（大正12）年に賛育会乳児院，1924（大正13）年に赤羽乳児院が篤志家の努力によって次々と開設された。そして，乳児院が法的に認められ近代化にむけて歩み始めるのは，戦後の1947（昭和22）年児童福祉法制定以後であった。

　1947（昭和22）年に認可された乳児院は12カ所であった。その後，戦災孤児・棄児に対応する新設の乳児院，あるいは，乳児も扱っていた養護施設の一部を分家的に独立させた乳児院などが法的認可をうけ，1952（昭和27）年には128カ所に激増した。全乳協30年史は昭和20年代を，乳児院最低基準は施行されたものの危機的な食糧事情や保育者不足の中で乳幼児の栄養失調症，感染症の多発，高死亡率で悩まされ，「生命と安全の確保に追われた時代」であったと回顧している。一方では，それぞれの乳児院が孤軍奮闘するだけでなく，全国的な連帯活動にむけて1951（昭和26）年に全国乳児院協会が設立された。

この協会は，1955（昭和30）年9月に組織を発展的解消し，全国社会福祉協議会の種別協議会（乳児部会）として全国統一活動を進めることになり，昭和30年代は全国乳児院の組織的活動強化という幕開けの時代となった。また，養育内容において医学的管理も整ってきたおかげで，重点が身体面から徐々に精神衛生を重視する保育へ移行した年代でもあった。それを裏づけることとして，最低基準ではまだ心理専門職は認められていなかったが，東京都が都立八王子乳児院と都立母子保健院の両院に1960（昭和35）年，心理指導員を配置したことであった。1965（昭和40）年2月，全乳協は機関誌『乳児保育』を創刊するなど研究調査や研修活動もさかんとなり，昭和40年代には建物整備や職員増などの改善も進み，保育内容も向上した。しかし，反面では措置児の減少による定員充足率の低下がはじまり，乳児院運営に深刻な支障をおよぼした年代でもあった。1967（昭和42）年，国から全児童福祉施設に定員開差是正通知がだされ，1968（昭和43）年に厚生省母子衛生課長は乳児院への措置基準の見直しを求めたほどで，1975（昭和50）年には全国平均値が74.7％と低迷した。1978（昭和53）年，厚生省児童家庭局長による乳児院の空床利用をした保育所の補完的役割に関する検討発言，または，1981（昭和56）年4月「ベビーホテル問題に対応するための乳児院活用等について」の厚生省児童家庭局長通知（330号通知）などにみられるように，社会の流れや時代の必然性をうけて，今日，乳児院は広く地域需要に対応する保育機能へと転換をはかっている。

4．内　容

　私たちの先祖がはぐくんできた生活の知恵として「三つ子の魂百まで」ということわざが古くからあるが，これは幼い時の性質というものが死ぬまで変わらないことのたとえである。人間が情緒豊かな自立できる社会人に成長

するのに乳幼児期の育て方がいかに大切であるかということは，科学的にも児童精神医学者ジョン・ボウルビィ（イギリス）の「母性的養育の喪失」の研究をはじめ，多くの識者が指摘している。とくに，乳児期は，単にすべての発達の最初の段階として重要であるととらえるだけでなく，その後の幼少期や青年期，あるいは成人期に生ずる問題に対応しなければならないときにも必ずこの乳児期の成育歴にさかのぼって検討が必要とされる重要な時期なのである。したがって，各種の児童福祉施設の中でも，とりわけ乳児院における乳児養護の責任は重いものであることを認識する必要がある。

　乳児の処遇は，授乳，離乳食事，おむつ交換，排せつ，入浴，日光浴，遊具遊び，歩行，睡眠，衣服の着脱など多くの身体的な介助を日常生活において行うことが原点である。授乳のときの保育士の抱擁感触のぬくもりと，やさしい言葉かけや眼差しが，身体面での栄養摂取の充足だけでなく，母性的養育者である保育士とのスキンシップを通して，乳児が潜在的に求めている依存を許し，愛情欲求を充足させていくのである。このように，あらゆる保育士の介助は，乳児の身体的成長発達を保障するとともに，情緒的な安定と精神的な成長発達のために重要な役割を果たすものであることを肝に銘じなければならない。

　さらに，乳児院の生活は集団処遇を基盤にしなければならないが，できるだけ乳児一人ひとりの異なる身体的発達ならびに精神発達に占める意味を考慮して，個別処遇を重視した養育実践と，それぞれの月齢差を意識した弾力的な対応を行う処遇が大切である。このことを基本にして，限られた条件の中で可能なかぎり乳児が特定の保育士と一貫した結びつきを得られるよう理想である1対1の関係を保障することは困難であっても小規模グループ化を配慮するなど，保育士と感情の同一化ができ，保育士への模倣が促進されるよう努め，乳児自身の自発的な好奇心を拡大させて社会化あるいは幼少年

期への自立に導けるよう援助することが乳児院における処遇の課題である。

　ところで，欧米先進諸国では今日，乳児院は閉鎖の方向にあり，要養護乳児は原則としてすべて乳児専門の里親に委託されている実情である。わが国とは，風土，文化，家族制度，国民性などで相違する面も多いかもしれないが，乳児の成長発達にとって鉄則である1対1の個別的養育が容易に保障される里親の開拓をいろいろな角度から工夫して積極的に行い，乳児院等が里親研修に力をそそいで里親を子育てのエキスパートとして位置づけ，乳児養護の一翼を担っていってもらうなど，わが国においても乳児の里親養護に着目を始め，改善策を見出すことは急務である。

第5節　重症心身障害児施設

1. 目　的

　重症心身障害児施設は，1967（昭和42）年8月1日の児童福祉法の一部改正にともない，児童福祉法第43条の4に規定された。すなわち「重度の知的障害及び重度の肢体不自由が重複している児童を入所させて，これを保護するとともに，治療及び日常生活の指導をすることを目的とする」となっている。

　通常「重度の知的障害」とは，知能指数（IQ）がおおむね35以下で，日常生活において常時の介護を必要とする程度の児童であり，「重度の肢体不自由」とは，身体障害者福祉法施行規則に定める身体障害等級表の1級または2級に相当する程度のものとされている（表1）。重症心身障害児施設はこのような児童を対象として入所させることになっているが，一方の障害が重度で，他方の障害が重度でない場合は，厳密にいうと重症心身障害児施設の対象と

表1　身体障害者障害程度等級表（肢体不自由）

級別		1 級	2 級
上　　　肢		①両上肢の機能を全廃したもの ②両上肢を手関節以上で欠くもの	①両上肢の機能の著しい障害 ②両上肢のすべての指を欠くもの ③一上肢を上腕の2分の1以上で欠くもの ④一上肢の機能を全廃したもの
下　　　肢		①両下肢の機能を全廃したもの ②両下肢を大腿の2分の1以上で欠くもの	①両下肢の機能の著しい障害 ②両下肢を下腿の2分の1以上で欠くもの
体　　　幹		体幹の機能障害により坐っていることができないもの	①体幹の機能障害により坐位又は起立位を保つことが困難なもの ②体幹の機能障害により立ち上がることが困難なもの
乳幼児期以前の非進行性の脳病変による運動機能障害	上肢機能	不随意運動・失調等により上肢を使用する日常生活動作がほとんど不可能なもの	不随意運動・失調等により上肢を使用する日常生活動作が極度に制限されるもの
	移動機能	不随意運動・失調等により歩行が不可能なもの	不随意運動・失調等により歩行が極度に制限されるもの

資料）　身体障害者福祉法施行規則第5条別表第5号

　ならないのであるが，制度発足1967（昭和42）年までの重症心身障害児施設への入所児童の実態等から，法の施行直後の厚生省の通達（1967年8月24日発児101）において，「……従来の通達によって，現に施設に入所している児童又は入所対象とされていた児童であって，重症心身障害児と同様の保護等を必要とする者については，引き続き当該重症心身障害児施設に在所させ，又は入所させる措置を講じてさしつかえない……」とし，このような児童を入所させてかまわないことになった。

　この通達は現在なお有効であることから，知的障害児施設重度棟や肢体不自由児施設重度病棟と相補い合いながら，重症心身障害児施設はこれ等の児童を入所させ今日にいたっている。したがって重症心身障害児施設への入所児童の実態は，重度の障害が重複しているもの，およびその周辺の児童ということができる。

図3　分類図（大島一良）

IQ	走れる	歩ける	歩行障害	座れる	寝たきり
80–70	21	22	23	24	25
70–50	20	13	14	15	16
50–35	19	12	7	8	9
35–20	18	11	6	3	4
20–0	17	10	5	2	1

資料）　秋津療育園の資料より。

　このことをより具体的に理解するために役立つものとして「大島一良」の分類があげられる（図3）。この分類図は横に移動の状態，縦に知能の水準をIQで示しているものである。この図のうち，1・2・3・4の範囲に入るものが，児童福祉法の定義による重症心身障害児であり，また5・6・7・8・9はその周辺にあって，「①絶えず医療管理のもとに置くべきもの，②障害の状態が進行的と思われるもの，③合併症のあるもの」のどれかひとつでも該当する場合は，周辺児として重症心身障害児施設に入所させてきているのである。

　このような児童を入所させてきている重症心身障害児施設は，彼らの保護と治療および日常生活の指導を行うことを目的としているが，医学的治療を目的の一つとしていることから，児童福祉法に規定される児童福祉施設とともに，医療法に規定される病院としての性格をあわせもっている。児童福祉施設最低基準をみると，第72条では「重症心身障害児施設の設備の基準は，医療法に規定する病院として必要な設備のほか，観察室，訓練室，看護師詰所及び浴室を設けることとする」，第73条の第1項には「重症心身障害児施設には，医療法に規定する病院として必要な職員のほか，児童指導員，保育士，心理指導を担当する職員及び理学療法士又は作業療法士を置かなければならない」，同第2項では「重症心身障害児施設の長及び医師は，内科，精神科，

医療法施行令（昭和23年政令326号）第3条の2第1項第1号ハ及びニ(2)の規定により精神と組み合わせた名称を診療科名とする診療科，小児科，外科，整形外科又はリハビリテーション科の診療に相当の経験を有する医師でなければならない」となっていて，児童福祉施設と病院の2つの性格を併せもっていることが特徴的である。

また重度の知的障害と，重度の肢体不自由が重複している18歳以上の者でも，引き続いて在所し，あるいは入所させることができるとして（児童福祉法第63条の3），事実上年齢制限ははずされている。このような重症心身障害児施設を中心とした重症心身障害児施策の特徴をまとめると以下のとおりである。

(1) 重症心身障害児施設は，肢体不自由児施設と同じく，児童福祉施設であると同時に医療法に定められた病院となっている。したがって職員配置，運営の経費もそれぞれ医療法に定められたものと，児童福祉法，児童福祉施設最低基準の規定によるものとの2本立になっていること。

(2) 重症心身障害児を厚生労働大臣の指定する国立療養所に入所させ，重症心身障害児施設と同様の委託ができるようになっていること。

(3) 重症心身障害児（者）が一体となり，施設への入所は全て児童福祉の処遇として行われる。すなわち年齢に関係なく施設入所は児童相談所によって決定されること。

2．原　因

重症心身障害児は，さまざまな原因によって，人間として生まれ成長するきわめて早い時期に，大脳の発達に障害が生じ，知的発達が永続的に遅滞し，運動障害，言語障害，精神障害，虚弱等の障害をあわせもっている。

その発生率や原因についてみると，「まず発生率では1967（昭和42）年の岡

山大学の浜本英次による調査の1000人につき0.99人がある。またその原因と発生の原因となる時期については，周生期（出産期の周辺の時期）異常……分娩異常，新生児期の異常等——が56.6%ともっとも多く，ついで出生前期……染色体異常，感染中毒，代謝異常等——20.5%，出生期以後……後天的な病気・事故等——19.4%[4]」であり，その後の研究も，大体同様の傾向を示しているといえよう。

3. 歴　史

　重症心身障害児というのはわが国独特の概念で，欧米諸国では知的障害児（者）の一部としてその対応がはかられてきている。わが国の場合，児童福祉法施行以来重度の知的障害児でありながら肢体も不自由で，常時医学的治療の必要な児童は，治療・訓練をした後，早期の社会復帰を目的としていた知的障害児施設や肢体不自由児施設では受け入れられず，児童福祉施設等の対象外とされ放置されていた。

　しかしこれらのもっとも障害の重い，しかも重複して障害をもっているものに対する社会的対応がないことの矛盾に対して，社会的対応，いわゆる制度的な対応がなされることを願っての民間の先駆者による献身的な努力・実践があった。その代表的なものとされているのが，小林提樹である。戦後すぐより日赤産院の小児科部長であった小林は，昭和20年代より重症心身障害児の療育を小児科病棟の中で開始していたが，30年代に入って小林の訴え等を契機として重症心身障害児の問題が社会的に顕在化する形となり，社会福祉の分野で対応すべき課題として各種の論議が起こってきた。

　1958（昭和33）年には，全国社会福祉協議会の中に「重症心身障害児対策委員会」が設置され，全国的な規模で組織的に取り組むことになり，また障害が重くかつ重複し，医療的処置も必要なこれらの児童をはじめて「重症心身

障害児」と呼ぶようになった。翌1959（昭和34）年には，草野熊吉が自宅を開放して「秋津療育園」を，続いて1961（昭和36）年には，小林提樹を園長とする「島田療育園」が発足した。

当時は制度上は重症心身障害児施設は存在していなかったので，医療機関として発足している。しかし厚生省（現厚生労働省）は，この島田療育園に対して，施設処遇のあり方に対する研究として補助金を出した。その後1963（昭和38）年厚生省（現厚生労働省）の「重症心身障害児療育実施要綱」の通達（発児149）で，重症心身障害児の施設療育を国の行う事業として位置づけ，島田療育園と大津市のびわこ学園が，重症心身障害児施設として指定された。

1966（昭和41）年からは，国立の療養所においても重症心身障害児療育用の病棟が設けられ，さらに1967（昭和42）年8月には，児童福祉法の一部改正により，児童福祉施設の一つとして，重症心身障害児施設が加えられ，制度の中で本格的に重症心身障害児の福祉が推進されるようになった。以来重症心身障害児施設ならびに国立療養所重症児病棟は飛躍的に整備され，1998（平成10）年10月現在で，公立・民間立の重症心身障害児施設88カ所（8,791床），国立療養所重症児病棟80棟（8,080床）が確保されるにいたっている。

4．内　容

重症心身障害児処遇の基本的視点として，まず第1は，重症心身障害児そのものの存在を認め，そして彼らの変化し成長する可能性のあることを信ずることである。逆にいえば，この変化し成長する可能性を信じないとするなら何をもって施設での処遇実践があるのか，重症心身障害児にかかわることのまず第1の視点はこの対象者観である。

重症心身障害児はさまざまな面，発達段階，体力，抵抗力，環境への適応等どの面をみても大きなハンディキャップを負っている。しかしながら彼ら

一人ひとりは精一杯生きている。したがって処遇の第2の視点とは，彼らが自分の人生をいきいきと生きていくことができるよう援助することである。重症心身障害児施設における具体的な処遇目標として，江草安彦らは次の4点をあげている。

(1) 生命の維持，健康の増進を目ざした医療，看護を中心とした努力。
(2) 障害の克服をめざした医療・訓練・保育・生活教育。
(3) 成長期にある児童の場合には発達の促進，その後は老化の防止を目ざした保育，生活教育，教育。
(4) 生きがいを高めるために生活者としてその全生活への配慮を行う。[5]

重症心身障害児にとって医療も訓練も教育もみな重要であると同時に，それは職員による全面的な介助によってなされるのも少なくないのが現実である。重症心身障害児施設における児童対職員（保育士，看護婦，児童指導員等）の割合が，1974（昭和49）年以降ほぼ1対1になっているのも当然で，この配置基準でも十分とはいえないのが実態である。しかもそこには，障害をもっているものも，もたざるもの，世話をするもの，されるものといった縦型の人間関係でなく，同じ人間同士であるという対等の人間関係のうえで，共に生きている存在として，共感関係を築きあげるところに，処遇の，かかわりの基本がある。

最後に，今後の課題としてあげられることは，まず第1に，施設入所児・者の在籍期間の長期化および高年齢化への対応である。重症心身障害児施設が制度のなかに位置づけられるにいたった昭和40年代前半までの状況では，施設に入って十分な医療や介護を受けたとしても，大部分は十代半ばで死亡すると思われていた。しかし医学の進歩，施設の設備，条件等の整備のなかで，入所児・者の生存年数が高まり，そのことは一方で施設の狭隘化を招来し，真に一人ひとりの個別的なニーズの充足を援助することが制限されてき

ている。第2として，現在の，医療的ケアを除けば，看護婦・保育士の職務にかなりの重複がみられる。さらに1987（昭和62）年に成立した介護福祉士の資格をもつ職員が働いているが，各専門職種間の役割・機能の明確化が要求されてくる点が考えられる。

第6節　盲ろうあ児施設

A.　盲児施設
1.　目　的

　盲児施設については，児童福祉法第43条の2において，「盲ろうあ児施設は，盲児（強度の弱視児を含む。）又はろうあ児（強度の難聴児を含む。）を入所させて，これを保護するとともに，独立自活に必要な指導又は援助をすることを目的とする施設とする」と規定されている。施設に入所することのできる児童は，盲児のみでなく強度の弱視の児童であるが，その範囲は，学校教育法の盲学校入学の基準と同程度と考えられている。すなわち，学校教育法施行令第22条の3に，「1．両眼の視力が0.1未満のもの，2．両眼の視力が0.1以上0.3未満のもの又は視力以外の視機能障害が高度のもののうち，点字による教育を必要とするもの又は将来点字による教育を必要とすることとなると認められるもの」となっている。

　盲児施設にはおおむねこのような視覚障害をもった児童が入所して来るが，その入所の理由をみると，一つには児童の家庭に問題があって適切な養護がなされない，あるいは期待できない場合，いわゆる養護性が高い場合と，いま一つは，施設における専門的な訓練，処遇の必要性が高い場合である。盲

表2　盲児施設数および入所状況の推移

年度	1965 (昭和40)	1975 (昭和50)	1980 (昭和55)	1985 (昭和60)	1990 (平成2)	1995 (平成7)	1998 (平成10)
施　設　数	32	33	29	28	21	19	14
入 所 定 員	1,778	1,747	1,725	1,599	1,047	657	424
在 籍 人 員	1,582	1,225	980	690	365	239	176
充　足　率	89.0	70.1	56.3	43.2	34.9	36.4	41.5

資料：厚生統計協会『国民の福祉の動向』各年版より。

表3　身体障害児の障害種類別数と構成割合の年次推移　　（単位：人，％）

	実　　数						構　成　割　合					
	総数	視覚障害	聴覚障害	肢体不自由	内部障害	重複障害（再掲）	総数	視覚障害	聴覚障害	肢体不自由	内部障害	重複障害（再掲）
1965	116,600	14,400	26,000	76,200	—	41,100	100	12.3	22.2	65.4	—	35.2
1970	93,800	7,000	23,700	57,500	5,600	12,600	100	7.5	25.3	61.3	6.0	13.4
1987	92,500	5,800	13,600	53,300	19,800	6,600	100	6.3	14.7	57.6	21.4	7.1
1991	81,000	3,900	11,200	48,500	17,500	6,300	100	4.8	13.8	59.9	1.6	7.8

資料：厚生省『身体障害児実態調査』

児施設入所児童の歴史的な推移をみたのが表2であるが，これをみると1965（昭和40）年では入所定員数1,778人，在籍人員1,582人，充足率89.0％を示しているのに，充足率でみると，1975（昭和50）年で70.1％，1985（昭和60）年43.2％となり，1998（平成10）年では，入所定員424人に対して，在籍数176人，充足率41.5％となっていて，在籍児童，充足率とも減少化の傾向が著しい。このことは，近年における医学の進歩に加えて，施策として進められてきた乳幼児健診をはじめとする各種健康診査による障害の予防，早期発見，早期療育システムの整備等による，視覚障害そのものの発生率の低下とも密接に結びついている（表3）。

　このような視覚障害児，施設入所児童の減少化の傾向のなかで，一方では，視覚障害に加えて，知的障害，聴覚障害等のさまざまな障害をあわせもつ，いわゆる重複障害児童が増加しており，現代の盲児施設は，対象児童の障害の重度化，多様化，重複化に直面している。

2. 歴 史

わが国における盲児教育のはじまりは，1878（明治11）年の京都盲啞院にあるといわれている。また，盲児施設は，アメリカ人宣教師ドレーパーによって1889（明治22）年創設された盲人施設「横浜基督教訓盲院」（現在の横浜訓盲院の前身）に，大正時代に入り貧困家庭の盲児を入所させたのが最初である。その後みるべき発展もないまま戦後の児童福祉法の施行時には，全国に3カ所の盲ろうあ児の施設を数えるのみであった。しかし戦後の混乱期のなか，要養護性の高い盲児の増加にともない，1949（昭和24）年厚生省が「盲ろう学校寄宿舎を児童福祉法の療育施設として切り換えることについて」という通達を出したことから，盲ろう学校寄宿舎から盲ろうあ児施設に切り換えるものが多く，急増をみるにいたった。その後は，さきにもみたように（表3）昭和40年代前半を一つの区切りとして，それ以降施設そのものの増減よりも施設入所児童の急激な減少化，障害の重度化，重複化傾向があらわれるなかで今日にいたっている。

3. 内 容

盲児はその視覚障害の故に，自らの行動を制限し，狭い世界に閉じこもりがちになったり，自発的に行動するというよりもどちらかといえば依存的であったり，新しいことに不安を感じたりしがちであるなどといわれる。しかしながら，障害があるなしにかかわらず人間誰しもが持っている基本的欲求，すなわち個々の児童の発達課題に即した生理的水準に加えて，心理的，社会的水準での欲求（ニーズ）――愛情，参加，成就，独立，自由，承認等の欲求――は共通である。したがって盲児に対する処遇の基本的な視点は，これらのニーズを個別的に充足させていくよう援助するところにある。

具体的には，個々の児童の障害の種類，程度に合わせて日常生活面，感覚

面，歩行・運動面，社会的自立面等において指導，訓練，援助を行う。すなわち日常生活面では，身辺処理を含めた基本的生活習慣の確立，集団生活・活動を通して自発性の涵養と他人と協調する精神の醸成，障害を持たない児童との交流を通して豊かな人間関係を学習する機会の提供，遊びやスポーツをとおして健康の増進をはかることなどである。

感覚面では，視覚障害を補うために，聴覚や触覚，嗅覚を発達させるよう適切な刺激を与える。歩行・運動面の訓練は，社会生活上きわめて重要な位置を占める。行動半径の拡大は何にもまして大きな社会的な経験となる。また「白杖」に加えて，「『ソニック・ガイド』という歩行補助具[6]」を使用する者もでてきていると報告されている。また社会での自立のための訓練は，日常生活面，感覚面での指導・訓練に加えて，調理・買い物・移動からはじまって，公共機関の利用，電気製品等各種文化機器の取り扱いなどといった，施設における生活の成果のすべてということになる。さらに加えて彼らの施設退所後の社会的自立に直接結びつく職業訓練が重要となってくる。

視覚障害者の職業としては，伝統的に，そして現在でも多いのは，あんま・マッサージ・指圧・はり・灸等であるが，近年における非障害者の進出で厳しい状況に追い込まれているといわれている。さらに問題は，現在の施設入所児童の重度・重複化の増加である。社会的に障害者の受け入れ状況の態勢の未熟なわが国にあって，これらの重度・重複障害児の生涯にわたるケアをいかにして確立するかが，大きな課題として出現している。

B. ろうあ児施設

1. 目 的

ろうあ児施設についても，児童福祉法第43条の2において，「盲ろうあ児施設は，盲児（強度の弱視児を含む。）又はろうあ児（強度の難聴児を含む。）を入

所させて，これを保護するとともに，独立自活に必要な指導又は援助をすることを目的とする施設とする」と規定されている。施設入所にいたる聴覚・言語の障害の程度は，盲児施設入所児童の障害の程度と同じく，学校教育法施行令による「ろう学校」入学の基準に準拠していると考えて良いと思われる。すなわち，「1．両耳の聴力レベルが100デシベル以上のもの，2．両耳の聴力レベルが100デシベル未満60デシベル以上のもののうち，補聴器の使用によっても通常の話声を解することが不可能又は著しく困難な程度のもの」である。現在の施設入所対象児童は，これらのろうあ児（強度の難聴児を含む）のうち家庭における養育に困難をきたしている，いわゆる養護性の高い児童である。

　ろうあ児施設への入所状況をみたのが表4である。1965（昭和40）年と1998（平成10）年を比べると，施設数は半分弱に，入所定員は5分の1に，在籍人員では，12分の1にそれぞれ大幅に減じている。このことはとりもなおさず，ろうあ児施設への社会的なニーズの変化を如実にあらわしている。昭和40年代前半までのろうあ児施設は，貧困家庭のろうあ児童の教育におおいに貢献してきたが，高度経済成長を達成したわが国の個々の家庭の経済力は，障害のある児童を自らの家庭から通学させることを可能にした。さらには1975（昭和50）年には難聴幼児通園施設の制度化をみるにいたり，聴覚障害を理由に家庭から離れて施設に入所する，あるいはさせる必要のある児童はま

表4　ろうあ児施設数および入所状況の推移

年　　　度	1965 (昭和40)	1975 (昭和50)	1980 (昭和55)	1985 (昭和60)	1990 (平成2)	1995 (平成7)	1998 (平成10)
施　設　数	38	34	29	24	18	17	16
入 所 定 員	2977	2484	2064	1663	1029	643	571
在 籍 人 員	2617	1417	835	466	293	262	215
充　足　率	87.9	64.9	40.5	28.0	28.5	40.7	37.7

　資料）　『国民の福祉の動向』厚生統計協会，各年版より。

すます減ってきた。しかもろうあ児施設は，対象児童の学校教育を保障することを設立の目的にしていた。このことは，多くの施設が，ろう学校に隣接していることからも明らかであるが，そのことは一方で，ろう学校の寮とろうあ児施設の役割，機能等の明確な区分が対象児やその家族に理解されにくいことなどにも帰結している。また厚生省による「身体障害者実態調査」（表3）からも明らかなように聴覚・言語障害児の数が1965(昭和40)年から1991(平成3)年で，半分以下に減っていることとも連動しているのも確かである。

しかしそれでも1965年の聴覚・言語障害児数26,000人に対して施設入所児童数は約10％の2,617人であったのが，1987年では13,600人に対して，施設入所児童数は366人，2.7％となっており，その減り方が大幅である。このような減少化傾向のなかで，近年における施設入所児童の実態は，肢体不自由，知的障害等との重複障害児の増加がみられるようになり，また質的にも障害が重度化，複雑化の傾向を示すにいたっている。今後のろうあ児施設の動向を考えるとき，入所児童の減少化の傾向は今後も続くと思われるが，一方で重度・重複障害の児童の施設に対するニーズがあらわれてきている。これらの重度・重複障害児童へのかかわりこそ，今後のろうあ児施設に期待される専門的領域であるかもしれない。

2. 歴 史

わが国におけるろうあ児教育は，盲児教育と同じ1878(明治11)年の京都盲啞院が最初である。またろうあ児施設は，1933(昭和8)年高柳暉による「東京ろうあ技芸学園」が最初である。しかしその後の発展にみるべきものもなく，戦後の児童福祉法制定当時，3カ所の盲ろうあ児施設をみるのみであった。児童福祉法施行当時は，盲児施設と同じく療育施設として規定されており，その数も微々たるものであったが，1949(昭和24)年の厚生省の通達で，

ろう学校の寄宿舎を施設に切り替えるよう指導が行われた結果，寄宿舎の多くが児童福祉施設に転換した。それ以降今日までの推移については，先に見たとおりである。

3. 内容

　施設における処遇の基本的視点は，盲児施設でのべたことと同じであるが，一般に障害児童をかかえる親はどうしても本人に対して過保護になりやすく，そのことが児童の社会性の発達を遅れやすくしている傾向がある。したがって施設における処遇の第1は，日常生活をとおした基本的生活習慣の確立と，社会性の発達をはかるための援助である。

　次に他者とのコミュニケーションをはかるための助けとなるために，障害そのものを軽減・除去するための訓練・指導である。すなわち聴能訓練，発語訓練，手話訓練といわれるものである。聴能訓練は，わずかでも聴力が残っている場合，それを利用して聴く力，言語を獲得する力を養うものであるが，近年高性能の補聴器がでてきているので，かなり強度の難聴児でも音の弁別は可能である。

　日常生活や遊びの中で楽器，ラジオ，テレビ，自動車，人の話し声，水の流れる音，等できる限りの音を聴かせ興味を抱かせるように援助する。そしてその効果を大ならしめるには，できる限り早期からの教育，指導が大切である。また社会的に自立していくための指導，援助として，可能な限り高等教育（高校，大学等）を受けさせることとともに，個々の児童の適性に応じた職業訓練も重要である。

第7節　情緒障害児短期治療施設

1. 目　的

　情緒障害児への対応として，児童福祉法第43条の5に「情緒障害児短期治療施設は，軽度の情緒障害を有する児童を，短期間，入所させ，又は保護者の下から通わせて，その情緒障害を治すことを目的とする施設とする」と規定している。情緒障害の主要因が心因性のものであり，とくに家庭内における親子関係など対人関係上のもつれや学校における対人関係や集団行動上の不適応などによる複雑困難な問題を短期間に解決・援助するために，情緒障害児童が入所もしくは通所する児童福祉施設なのである。そして，施設養護職員との受容的な人間関係による日常生活援助ならびに，プレイ・セラピー，カウンセリングなどの心理学的方法や精神医学などの専門的方法で，個々のもつニーズを援助治療するという児童の福祉サービスの必要から，1961(昭和36)年6月19日に児童福祉法が一部改正（第21次改正）され，児童福祉施設の一つである情緒障害児短期治療施設（以下情短施設という）として設置されたものである。

2. 原　因

　わが国において情緒障害の発現がいつの頃なのか明確な解答は得難い。しかし，いくつかの発生要因として受けとめられる事象について触れてみたい。
　第2次世界大戦に敗北したわが国は，従来の社会関係や制度が大きく変革されることになり，その中でも家族制度の変革は家庭内の人間関係や生活の

仕組みに大きな影響を及ぼすことになった。その中心的なものは核家族化の傾向であろう。さらに，昭和30年代後半頃より進展してきた高度経済成長にともなう産業構造の変化が急速に進み，工業化が起き，人口の移動が始まり，地方から都市への集中というような都市化現象により，人口の過密・過疎の両極端な地域を生みだした。このような急激な社会的経済的変化は，ますます核家族化を拡大させると同時に，その変化に適応困難な人たちをつくりだすことになる。その結果，家庭機能が混乱し弱体化して，養育機能の低下をきたし家族問題を引き起こすことになる。

核家族の構成人員も，一家族の平均子供数は戦前の5人から1.8人に減少する少子化の傾向がみられ，人口問題として将来に問題を投げかけている。少子化は母子未分離を固着化させ，過保護から過干渉・支配という構図を生み出し子供のストレスの要因をつくりだしているのである。

経済の高度成長期以降，国民の生活水準は向上し物質的経済的に恵まれた状態となり，国民の約90％が中流意識を持っているといわれている。しかし，このような経済力の向上は父親のみの収入によるものではなく，母親の稼働と合わせた収入によるものであり，両親共稼ぎによる鍵っ子の問題は無視できない。経済的なゆとりと少子化は，子供の高等教育を可能とするようになり，親たちの教育過熱や学歴主義による進学競争の結果，そこから脱落していく一群の子供たちを輩出することになるのである。

女性の高学歴化や就労の増加にともない，離婚や別居が増加している。有子夫婦の離婚の問題は，離婚にいたるまでの家庭内葛藤による子供への影響が大きい。わが国においては，離婚数が増加している割には再婚数が増加せず，いわゆる単親家族による養育問題が多発し，とくに父子家庭による養育問題が深刻となっている。また，父親の出稼ぎや単身赴任による父親不在の問題は，乳幼児期や思春期における人格形成上の影響を生じ，とくに男児に

とっては健全な精神発達や自立が阻害されやすいといわれている。いわゆる両親が共に生活していても，すでに家庭は崩壊しており潜在的崩壊家庭が増加しているのである。

核家族は，理想的な家族の姿であるといわれながら，家族の絆(きずな)がいったん切れたらたちまち崩壊するもろさを示したのである。

上述したように，戦後の家族制度の崩壊や経済成長の影響という社会的経済的変化による複雑な原因がからみあって，物質的には一見豊かで幸福そうな生活をしていても，児童は成長発達上，人格形成上多くの負因を強く受けているのである。その結果，子供によっては児童期から思春期にかけて，情緒発達障害や行動上の問題，対人関係のもつれによる家庭内暴力，校内暴力，対人恐怖，緘黙，不登校，いじめ，拒食，自閉症，肥満，自殺，家出・暴行・暴走行為・薬物依存など，非行行為である反社会的および非社会的な行為を日常的・慢性的にくり返しているのである。

このような児童福祉上のさまざまな問題が発生し，少年非行対策として情短施設設置の運びとなったのである。設立経過の中で，「第2教護施設」として位置づけられた経緯もあったようである。

1967（昭和42）年12月，中央児童福祉審議会の意見具申がなされた。情緒障害児とは学校・近隣地域・家庭で人間関係のゆがみによって，とくに家庭内の親子関係の障害（親の拒否的態度，冷淡，放任，過保護，過干渉など）により，正常な感情生活に支障をきたし社会適応が困難になった児童をいい，反社会的問題行動・非社会的問題行動・神経性習癖を有する児童であると3区分に分類している。しかし，心理学や精神医学の領域からの明確な概念規定はいまだ示されていないようである。

3. 歴　史

　情短施設は児童福祉施設の中で唯一「治療」という名称のある施設であり，治療を目的とした設備や運営が考えられている。職員の配置も医師，セラピスト（心理療法担当者）の専門家が配置されている。発足当時は処遇内容や情緒障害の概念も明確でなく，試行錯誤のスタートだったようである。

　1962（昭和37）年4月に岡山県立津島児童学院，同年9月に静岡県立吉原林間学園，同年11月に大阪市立児童院の3ヵ所の情短施設が開設された。

　昭和30年代には，1963（昭和38）年に京都市立青葉寮が設立された。

　1967（昭和42）年12月に中央児童福祉審議会が「児童福祉に関する当面の推進策について」意見具申をし，情短施設の運営の改善について指摘した。施設の整備・拡充の必要性や入所対象児童の明確化，入所定員50名のうち15名程度を通所部門の定員とするのが適当であり，さらに，職員の配置基準の改善として児童指導員および保育士の定数を，児童9人につき1人を6人につき1人とすることが必要であると指摘した。定数はその後改善され，現在では児童5人につき1人となっている。この意見具申を受けて，1972（昭和47）年に大阪市立児童院で通所部門が併設され通所治療がスタートした。現在は6ヵ所の情短施設が通所部門を併設している。

　1967（昭和42）年に長野県立諏訪湖健康学園が，1970（昭和45）年に愛知県立ならわ学園，1972（昭和47）年に山口県立みほり学園，1973（昭和48）年に名古屋市立くすのき学園，1975（昭和50）年に兵庫県立清水ヶ丘学園，広島市立愛育園，社会福祉法人としてははじめての小松島子どもの家（仙台市），1979（昭和54）年にそれぞれ開設され，現在では全国に17ヵ所の施設が設置されている（1998（平成10）年10月1日現在）。

　一方，情緒障害児の人数は，1969（昭和44）年に厚生省が実施した全国家庭児童調査によると全国に約18万6000人が推計され，18歳未満の児童人口の出

現率は0.6％であるといわれている。さらに，1967（昭和42）年に文部省が実施した調査によると，学齢児童生徒の出現率は0.43％と推計している。

当初，少年非行への対応としてスタートし軽度の情緒障害児の短期治療を目的としたが，実際には不登校を中心とする非社会的問題行動児童が多く，在所期間も1年以上のものが増加している。

1974（昭和49）年頃から年長児童の割合が増加しはじめ，同時に処遇困難児童も増加してきている。

1980（昭和55）年，資生堂社会福祉事業財団の委託研究による「情短施設の心理療法・生活指導等実際」が発行され，処遇内容などが研究された。さらに，1986（昭和61年）年3月には「年長情緒障害児に対する治療方法等に関する研究」が，1984（昭和59）年9月に中央児童福祉審議会の答申を受けて，年長情緒障害児の研究を発表した。

1988（昭和63）年現在の施設数13ヵ所で，定員600人。1986（昭和61）年現在の施設数11ヵ所，定員数550人で入所児童の割合は小学生と中学生以上が6対4となっている。問題行動別では非社会的問題が過半数，反社会的問題が約40％，神経性習癖およびその他が10％前後で，不登校がもっとも多い。在所期間は1年未満が約40％，1年以上が60％となっていて，その内の40％が1年半以上をこえているといわれ，年長化・在所期間長期化の傾向がみられている。

1998（平成10）年現在，17施設，定員825，在籍児童数673人。

4．内　容

対象児童の障害要因が心因性であるため，家庭や学校における人間関係の修復を意図して，個別的・集団的な心理療法や作業療法などの専門的治療が用いられている。心理的な治療効果を高めるため，治療部門と入所部門にわ

かれ協同的に治療を進めている。入所部門では，児童指導員や保育士などとの受容的・信頼的な日常生活環境を設定し，家族・友人・学校教師との人間関係上の問題や性格・行動偏倚を，職員との受容的な人間関係をとおして修復するねらいがある。日常生活における基本は，指示や命令的言動・叱責・否定的態度をとらず，自発的・自律的態度を尊重し児童の興味・関心を重視しながら，感情の表出とリラクゼーションをはかる。あるがままの受容をとおして，児童の生活態度や行動を自ら変革する援助をするのである。

　心理セラピストによる治療は遊戯療法，集団心理療法，サイコドラマ，ロールプレイなどが用いられ，日常生活における情緒的安定と自我の確立を促す援助がなされる。さらに親との関係調整の必要性から，定期的な相談活動がカウンセリングをとおして，親の養育態度の変容をはかり，親子関係の修復調整により家庭復帰を促進するのである。

第8節　児童自立支援施設

（従来の「教護院」は法改正により「児童自立支援施設」と改称されました。以下，本文中の「教護院」は「児童自立支援施設」と読み替えて下さい。）

1．目　的

　児童自立支援施設は，児童福祉法第44条に「不良行為をなし，又はなすおそれのある児童及び家庭環境その他の環境上の理由により生活指導等を要する児童を入所させ，又は保護者の下から通わせて，個々の児童の状況に応じて必要な指導を行い，その自立を支援し，あわせて退所した者について相談その他の援助を行う」ことと目的が規定されている。さらに，教護院の目的が『教護院運営要領』で説明されているので参照すれば次のとおりである。

　「教護院は，児童の不良行為が社会に迷惑を及ぼしたから，その不良行為

を隔離して，それによって社会の治安を保とうという点にその直接の目的があるわけではない。教護院は実際問題としてそのような役割も果しているが，それはあくまで児童の福祉を保障するという根本精神にのっとり，一般社会で監護よろしきをえなかった非行児童に対し，教護という特殊の監護を親に代わって行うところであり，そのため児童にまず適切な環境を与え教護職員が児童と日常の生活を共にし，これにより彼らの性行を指導改善し，もってその児童が生まれながらもっている人間としての心身の完全な成育を遂げるべき権利を保障するという点に，その本来の目的が存在するのである。この意味において教護院は刑事政策の一環として存在する少年刑務所や少年院と異なっている」。

すなわち，教護院の目的の特徴は，非行をおかした児童とはいえ，児童福祉法の理念にそって児童の成長発達をあくまで保障することであり，集団生活を通して，家庭的教育，学校教育を親に代わって行い，さまざまな指導方法によって児童のもつ非行の原因を究明のうえ除去し，家庭復帰あるいは社会復帰させることにあるといえよう。

2. 原　因

要教護児童は，『教護院運営要領』によれば，①不良行為をなすおそれのある心身の状態およびそのような環境条件にある者，②不良行為をはじめて行った者，③くり返し不良行為をなしたが，まだそれが習癖となってはいない者，④不良行為がすでに習癖となっている者，⑤不良行為が病的性格に起因している者などに分類されている。そして，1984（昭和59）年度全国教護院長会議資料によると，1985年1月1日現在，全国教護院入所児総数3,015名の不良行為の程度と比率を順位別にみると次のとおりである。

(1) くり返し不良行為をなしたが，まだそれが習癖となってはいない者──

——56.6%
(2) 不良行為がすでに習癖となっている者——34.7%
(3) 不良行為をはじめて行った者——3.4%
(4) 不良行為が病的性格に起因している者——3.0%
(5) 不良行為をなすおそれのある心身の状態およびそのような環境条件にある者——2.3%

さらに，具体的な措置理由と比率を同資料によってあげてみると，窃盗（自動車窃盗をのぞく）が39.8％ともっとも多く，次いで浮浪が14.4％，性的悪戯8.0％，怠学7.0％，傷害・恐喝・暴力6.2％，乱暴・反抗・悪戯6.0％，登校拒否3.6％，自動車窃盗2.9％，自家金品持出2.4％，弄火・放火1.3％などで，児童の不良行為が多種多様にわたっていることがわかる。

3. 歴 史

明治はじめの急激な政治的・社会的変動や，産業化，富国強兵策などによって都会へ人口が集中し，スラム街の発生，児童の低賃金で過酷な労働などが多くの貧しい児童や非行児童を生みだし，社会的問題として関心を高めた。

明治初期における非行児童の処遇は，1872（明治5）年にはじめて設けられた法制の監獄則にもとづいて，監獄の中に懲治場を設け収容し，治安対策上の刑罰主義的なものであった。

しかし，懲治場における非行児童の刑罰懲治に効果がみられないことから，非行児童に対し懲罰主義から教育的処遇を濃くする感化教育の思想がめばえはじめ，1880（明治13）年に小崎弘道が書いた論文「懲矯院を設けざるをべからざるの議」が契機となり，その影響をうけた加藤九郎，坂部寔などが懲矯院（後に感化院と呼称）設立を計画し，1881（明治14）年はじめて感化教育の用語を使用した。そして，わが国最初の感化院として，大阪の池上雪枝が1884（明

治17)年に池上感化院を設立し，翌年には，高瀬真卿が東京に私立予備感化院を設立，さらに，渡米留学をして感化教育の理論と実際を学んで帰国した留岡幸助が，1899(明治32)年東京に家庭学校を設立し，この感化事業の指導的役割を果たすことになった。そうして，ついに1900(明治33)年，感化法の制定がなされ，この制定までに民間の篤志家，慈善家，宗教家などにより，全国10ヵ所に感化院が設立されていた。

感化法の制定で，感化事業は法的体系化の中で行われるようになり，1907(明治40)年の刑法改正では，14歳未満児童の行為は罰せられなくなり，これに付随して感化法も，①懲治処分を受ける少年は感化院に収容する，②設立および維持については国庫が補助する，③親権者および後見人から入院を出願した児童についても，地方長官の認定によって収容できる，④府県会の決議を要しなくなった，⑤国立感化院を設置するなどの改正が行われ，非行児童はほとんどが感化院での処遇対象となった。そのために，感化院は全国的に設置される動向となり，1910(明治43)年には感化院の数は，公立25ヵ所，民間立21ヵ所に増えたのである。

そして，1919(大正8)年に，国立感化院武蔵野学院が設立され，非行児童の中でもとくに指導困難な児童を感化するだけにとどまることなく，感化事業における調査研究や職員の養成機関としての役割を担ったことは，感化院の枠組にとどまらず後の児童福祉施設全般に児童処遇や研究視点・方法などにおいてよい影響を及ぼすことになった。

さらに，1922(大正11)年に少年法が制定されるとともに感化法も改正され，年齢14歳以上が少年法，14歳未満が感化法によって対応されることになった。

昭和はじめの世界的経済不況の中で，増加する非行児童の対策や感化事業の充実をはかろうと，感化事業関係者が中心となって感化法改正運動が始め

られた。その結果，1933（昭和8）年に少年教護法が制定され，少年教護委員の任命による不良化の未然防止や保護観察の制度，科学的診断を行うための少年鑑別機関などが設置され，感化院の呼称も少年教護院に改められた。

第2次世界大戦後の1947（昭和22）年に制定された児童福祉法の全児童を対象にした基本精神によって，教護院は児童福祉施設の一つとして50施設が再出発し，1998（平成10）年10月1日現在，国立2カ所，公立53カ所，民間立2カ所の計57施設となっている。

4. 内 容

教護院の児童のほとんどは，入所前の親や友人，学校教師など身近な人間関係をつくることができずに非行に走り，そして結果的に，触法行為や不良行為を起こしたために，まわりの人から受けいれられなくなり，人間不信や憎悪感，情緒不安を抱き，必要以上の劣等意識を強くもってしまうため，社会的適応を難しくしている。したがって，教護院におけるこれらの児童の処遇は，直接的に非行の根をとりのぞくといった強制方法は避け，児童の日常生活全般のなかで，生活指導，学科指導，職業指導の3つの指導を中心的に行って，不安定感の解消や非行性の矯正と社会適応が可能となることをめざすのが基本である。

教護院で児童に直接処遇に当たる職員としての児童自立支援専門員・児童生活支援員には児童と接する中で予断や偏見を避け，できるだけ児童をあるがままに受容し，児童の方から信頼をよせてくることができるような温かで気持ちのよい人間関係をつくる姿勢・態度がまず求められる。このように大人への信頼関係を深めさせて，健全な雰囲気をもった日常生活の中で，職員や自覚をもちはじめている他児童との生活経験学習をとおし，失った自信を回復させながら，心身の健全な規則正しい生活に対する興味を児童自身に自

覚させるよう導き，基本的生活習慣や生活技術を自然に受けいれ習得していくことが，児童の存在価値を高め，社会性の涵養，非行性の除去につながる。

　また，児童が楽しみや変化のある生活を展開できるため，あるいは集団相互の影響作用による効果をはかるための生活指導の一環として，集団指導がある。たとえば，寮舎活動，学級活動，自治会活動，クラブ活動など，その他レクリエーションや余暇指導まで含んだ集団活動をとおして，安定した集団に方向づけしていく指導であり，安定集団の児童は日常生活上でも落ち着いてくる場合が多く，さまざまに工夫・配慮された集団指導が必要である。

　教護院では，入所児童の特性から一般の学校に児童を通学させることが不適当とされ，学校教育法の立場として教護院入所児童は，義務教育をうける義務を猶予または免除されたものとしてみなしているので，教護院内において学習指導要領に準じた相応の学科指導を行わなければならない。しかし，児童は小・中学校に準ずる教科を修めることで，教護院長はその修了の事実を証する証明書を発行することができ，それは学校長が授与する卒業証書，修了証書などと同等の効力を有している。したがって，教護院での児童の学習活動は義務教育の一環として院内教育が行われているのであるが，児童のほとんどが学力の遅滞，学習に対する興味・関心の低さをもっており，これらの要因でまた劣等意識を強め，非行に走る場合も多いことから，工夫をこらして児童一人ひとりの教護目的にそった基礎学力と学習意欲の向上にできるだけ力を注ぎ，非行性の矯正を優先させる教育的視点が重要である。さらに，院内教育のもう一方の職業指導は，児童に特定の職業的技能を与えるというものではなく，勤労教育ともいうべきものであり，院内あるいは院外での種々の作業をとおして働くことに興味をもたせ，進んで作業場面に参加させ，入所前の怠惰で浪費生活に染まっていた児童に，自らの手で生産すること，自らの手で収穫することの喜びを体験させ，児童の能力の相応によって

自信の回復をはかる効果を見出せるのである。

第9節　その他の児童福祉施設

1. 助産施設

　児童福祉法第36条に，「助産施設は，保健上必要があるにもかかわらず，経済的理由により，入院助産を受けることができない妊産婦を入所させて，助産を受けさせることを目的とする施設とする」と規定されている。助産施設が児童福祉施設の一つとして含まれているのは，妊産婦に対し無事に出産できることを保障することによって，その子供の福祉をはかるためとされている。

　ここで保健上必要があるということは，妊婦の身体の状態だけではなく，環境が妊産婦と新生児の保健上適切でない場合を含む。児童福祉施設最低基準第15条～第18条では助産施設については，医療法の病院である第1種助産施設と医療法の助産所である第2種助産施設の2種類がある。したがって，第1種施設には病院としての職員が，第2種施設には助産所としての職員が配置されているために，他の児童福祉施設と異なった性格を持っている。異常分娩などの場合には第1種施設に入所することになっている。

　一般妊産婦は誰でも入所するのではなく，経済的な困難があることが条件になっている。夫はいても生活能力がないとか，男性と死別，離別し，あるいは男性が無責任であるとかで，その産婦は出産した子を扶養する能力がないような例も多くなる。その結果は，出産した子を乳児院に送るとか里子に委託しなければならないケースも出てくる。

2. 保育所

児童福祉法第39条に,「保育所は,日日保護者の委託を受けて,保育に欠けるその乳児又は幼児を保育することを目的とする施設とする。②保育所は,前項の規定にかかわらず,特に必要があるときは,日日保護者の委託を受けて,保育に欠けるその他の児童を保育することができる」と規定されている。社会福祉法において第2種社会福祉事業として規定された,一般児童の健全育成のための施設である。

これは児童の日常生活の基盤は本来の家庭に置き,そこでの親自身の養育・育児によって成長発達がはかられるが,保育に欠ける乳児またはその他の児童を保護者から委託を受け,家庭から毎日あるいは定期的に継続して通いながら保育する通所型児童福祉施設である。家庭における養育・育児の欠けた部分を担うという点から,補完的な役割を果たしているといえる。「保育に欠ける」というのは,「保育の実施に関する条例準則」1998(平成10)年児童家庭局長通知によると,①居宅外労働,②居宅内労働,③母親の出産等,④疾病等,⑤疾病の看病等,⑥家庭の災害,⑦特例による場合,となっている。児童の保護者のいずれもが①～⑤に該当するかどうかということが,保育所入所の条件である。

わが国においてはじめて幼児に対する教育・保育が実施されたのは,1876(明治9)年設立の東京女子師範学校付属幼稚園であった。その後,1879(明治12)年の通達「公立幼稚園の保育法認可及び開申方」ではじめて「保育」という用語が使われた。保育所は,1890(明治23)年赤沢鍾美夫妻が私塾新潟静修学校を開設し,それに付設して託児所を開いたのがはじまりである。以来,保育所・託児所は低所得貧困な階層の乳幼児のための救済事業として位置づけられ,幼稚園に通わせるのは富裕な家庭であった。一般庶民の子供たちは家庭で育てられた。児童福祉法による保育所と規定されるまでは,託

児所と呼ばれ，慈善事業家による善意によって運営されていた。

　戦後，教育基本法，学校教育法，児童福祉法が制定された。幼稚園は学校教育法による幼児教育を行うことを主たる目的としている学校の一種として，保育所は児童福祉法により乳幼児のために母親に代わって養護と教育を一元化して行う児童福祉施設として位置づけられた。これはおのおの独自の役割を担っているといえるが，保育所においては幼児教育を含む保育プログラムを展開しながら，乳幼児の情緒安定，人格の発達をはかっていかなければならない。

　幼保一元化が大正末期より主張されている。それは時代により大きく変化しているが，その一つは幼稚園と保育所の所轄官庁が文部省（2001年より文部科学省）と厚生省（同，厚生労働省）に分かれているということで，一つの行政機関によって所管されることを主張している。さらに，家庭の経済的地位によって子供を区分し，教育上差別してはならないという考えにもとづいている。現在では双方に入園する児童の家庭には経済的差違が少ないということで，保育内容面での質的同一化をはかっていこうという考えである。

　1960（昭和35）年より高度経済成長期にともなう労働力不足により，一般家庭の児童を持つ母親たちを労働力に組み込んでいった。都市化，過密・過疎により家族構成が核家族化し，母親が就労する場合には，乳幼児を養育する大人がいない家庭が多くなってきている。保育所を必要とする家庭が多くなり，また世論も高まっていった。そのために，厚生省は1964（昭和39）年要保育児童調査を行い1966（昭和41）年に「保育所緊急5ヵ年整備計画」，次いで1971（昭和46）年に第2次整備計画で民間認可および公立の保育所を整備していった。1980（昭和55）年まで保育所へ措置された児童は増加傾向にあったが，以降は減少傾向にある。原因は出生率の低下や年少人口の減少傾向があげられる。この間に0歳児保育，長時間保育等の要求が強くなっていった。

とくに，乳児保育は公立あるいは民間認可保育所に措置された児童を見ても増加傾向にある。

また，保育所としての認可を得ない無認可保育所や営業としてなされているベビーホテルが登場してくる。そこには多くの乳児・幼児が預けられ，認可保育所では対応できない乳児保育や長時間保育を行っており，費用は保護者負担である。ベビーホテルは，乳児をはじめ多数の児童が預けられ，預かる日数や時間帯に融通がきくという特徴があったが，乳幼児を預けていての死亡事故が起こり，安全面や劣悪な保育内容が問題になり，その是非が問われた。1981(昭和56)年にこれらの無認可保育施設に対する規制のために，児童福祉法の一部改正で立入検査権が制度化され，指導強化が徹底された。厚生省が1985(昭和60)年3月末に行った実態調査によると，全国で451カ所で約1万人が預けられている。1981(昭和56)年より特別保育対策として，夜間保育，長時間保育が実施される。

1974(昭和49)年文部省が昭和54年度からの養護学校の義務化を発表し，厚生省は障害児保育を開始するように通達を出した。原則として軽度の障害を持っている4歳以上の知的障害児，身体障害児を対象にし，健常児と障害児の統合保育をはかることにねらいがある。障害児を隔離することなく一般の児童と共に育つことによって，双方の人間形成，発達保障の上でも意義深い。ノーマライゼーション思想の定着化と，障害児は特別な児童ではなく統合的な考えに立つ交流の実施をはかるという理解に立っている。また，1997(平成9)年の児童福祉法改正により，同法の事業として「放課後児童健全育成事業」(いわゆる学童保育)が制度化された。これは，保育に欠ける小学校低学年児童を対象に放課後行う健全育成事業である。

保育所は在宅の児童にとっては，母性的養育の喪失，育児能力の低下と家庭崩壊が起こりつつある中で，予防的役割を担っていかなければならない。

保育所は保護者との緊密な連絡・連携のもとで，親への育児指導を行うこともできる。そのためには，専門性をもった保育者が求められている。

　1998（平成10）年4月より，保育所は措置施設から契約施設へと変更された。

3. 母子生活支援施設

　児童福祉法第38条に，「母子生活支援施設は,配偶者のない女子又はこれに準ずる事情にある女子及びその者の監護すべき児童を入所させて，これらの者を保護するとともに，これらの者の自立の促進のためにその生活を支援することを目的とする施設とする」と規定している。同法第23条には，「都道府県等は，……その者の監護すべき児童の福祉に欠けるところがある場合において，その保護者から申込みがあったときは，その保護者及び児童を母子生活支援施設において保護しなければならない」（2000年改正,「入所の措置」を「母子保護の実施」に変更）と規定している。いわゆる母と共に児童の福祉をはかる施設である。児童福祉施設最低基準第26条から第31条には母子生活支援施設の設備の基準，職員，母子指導員，生活指導，授産場の運営，準用する規定等が規定されている。そして，入所した母子家庭の持つさまざまな問題を解決するために援助し，母子家庭の自立更生と生活意欲の増進をはかるものでなければならない。生活指導においては，母子に対し，職業の相談に応じる等，母子を社会の共同生活に適応させることに努めるとともに，その私生活の保障に努めなければならない。付近に保育所や児童厚生施設が利用できない時には，保育室を設けることになっている。

　母子問題を考察するためには，女性（妻，母親）の置かれてきた社会的地位を無視することはできない。戦後，民主主義思想に立つ無差別平等の最低生活が憲法で保障されるようになってから，女性の地位の向上がはかられた。

しかし，女性の開放運動の萌芽は明治時代に起こっていた。平塚雷鳥の青鞜社の婦人開放運動と矢島楫子の矯風会運動を通じての公娼廃止運動・婦人更生運動があった。わが国最初の母子生活支援施設は1934（昭和9）年東京の二葉保育園母の家であった。1929（昭和4）年救護法が制定された中には，母子保護の規定があったが防貧対策であった。昭和初期の経済不況が始まり，多くの社会問題を発生させた。とくに母子心中が多く発生したことにより，母子保護連盟が立ち上がり調査をし，その結果にもとづいて運動を展開し，1938（昭和13）年母子保護法を成立させ，母子保護対策の中心的役割を担っていた。戦争中の戦没者寡婦対策として積極的に行われ意義深い。戦後，1946（昭和21）年に成立した旧生活保護法の1保護施設から児童福祉の立場にたった施設に転換をしていった。総合的な母子福祉対策については1964（昭和39）年の母子福祉法によっている（1981年6月の改正で母子及び寡婦福祉法に改められた）。翌年には母子保健法が成立している。これらによって，母子世帯に対する福祉対策は講じられているが，父子世帯に対する施策は無策の状態である。

　母子生活支援施設の現在の入所傾向については，家庭事情の複雑化にともなう緊急保護のケースの受け入れ，あるいは自立困難な母子指導が必要なケースが増加してきている。母子世帯になる理由は，夫との死別より離別が多い。その母親の傾向としては知的障害，身体の虚弱など養育，家事能力の遂行が困難であるために，自立まで長期の援助が必要になってきている。未婚の母などの世帯も増加している。さらに，離別した夫の問題のために入所してくるケースも増加してきている。それは，暴力，サラリーマン金融の返済の督促，アルコール依存症，ギャンブル等のために緊急避難のために入所してきている。複雑かつ重複した問題を抱え母子生活支援施設に入所してきているので，専門的な援助のできるソーシャルワーカーの配置が必要である。そして，公営住宅入居などを契機に退所する母子に対するアフター・ケアも

望まれている。

1998（平成10）年，法改正で保護に自立支援が加えられた。

4．児童厚生施設

児童福祉法第40条に，「児童厚生施設は，児童遊園，児童館等児童に健全な遊びを与えて，その健康を増進し，又は情操をゆたかにすることを目的とする施設とする」と規定されている。児童の健全育成をはかることを目的とする施設である。児童厚生施設そのものは戦後にできた施設である。しかし，児童の健全育成に遊びが必要であるという認識にもとづいた社会的活動については，戦後に生まれたものではない。英国で生まれたソーシャル・セツルメント運動や青少年団体であるYMCA，YWCA，ボーイスカウト等は，米国に流入され発展する。わが国にもこれらの団体は流入され，明治・大正時代に隣保館が健てられ，そこを拠点に活動が行われた。これらの青少年団体などは，子供会，クラブ活動，キャンプ，社会体育などの活動を展開していった。児童厚生施設として，児童館・児童遊園の2種類がある。児童館は屋内での活動を主として，その規模および機能から小型児童館，大型児童館，都道府県立児童厚生施設，児童センター，その他の児童館の5種に分けられる。児童遊園は，屋外での活動を主とするもので，都市公園法にもとづく児童公園と相互に補完的役割をもつものであり，広場，ぶらんこ，便所のほか，必要に応じて遊具を設けて，主として，幼児および低学年児童を対象にしている。遊びの指導をする者（児童厚生員）が置かれている。

1960（昭和35）年以降の高度成長期において，子供の遊び場の削減，交通事情の悪化，大気汚染，核家族化により，児童の生活環境が悪化し，児童館等に関心が向けられた。公立の小型児童館は，1963（昭和38）年に国の補助が出されて増加してきている。近年ますますその必要性が叫ばれ，増加傾向にあ

る。昭和53年度から児童センター，昭和60年度から大型児童センター，昭和62年度より都道府県の児童厚生施設に国庫補助を行い，その普及に努めている。地域の児童センターとしての役割も期待されている。家庭が身近な所で気軽に利用できる家庭相談事業も開始している。

5. （旧）虚弱児施設

改正前の児童福祉法第43条の2に，「虚弱児施設は，身体の虚弱な児童に適切な環境を与えて，その健康増進を図ることを目的とする施設とする」と規定されていたが，1998（平成10）年に法改正により児童養護施設に併合された。

6. 知的障害児通園施設

知的障害の児童を日日保護者のもとから通わせて，これを保護するとともに，独立自活に必要な知識技能を与えることを目的とした施設である。1957（昭和32）年に児童福祉法の一部改正によって，児童福祉施設の一つとして加えられた。

自閉症児施設

自閉症を主たる症状とする児童を入所させ保護するとともに必要な治療，訓練などを行う施設である。

難聴幼児通園施設

難聴幼児を保護者のもとから通わせて指導訓練を行う施設である。ろうあ児施設の一部に1969（昭和44）年度より難聴幼児の訓練部門が付設され，1975（昭和50）年度より制度化された。

心身障害児通園事業

知的障害児通園施設あるいは肢体不自由児通園施設を利用することが困難

な地域に設置され，おおむね20名の定員である小規模通園事業である。

国立療養所重症心身障害児委託病床

1966（昭和41）年から病院である国立療養所に専門病床が設けられ，療育が行われている。

国立療養所進行性筋萎縮症児委託病床

1965（昭和40）年から病院である国立療養所に専門病床を設けている。

注

(1) 畠山龍郎「養護施設における養護理論とその収容形態に関する研究(1)」明治学院大学文経学会『明治学院論叢・研究年報』1965年1月，173頁。

(2) 財団法人日本精神薄弱者愛護協会『精神薄弱施設運営の手引き』1983年。

(3) 大野智也『障害者はいま』岩波書店，1988年，55頁。

(4) 全国社会福祉協議会『社会福祉施設運営管理論』1980年，374～375頁。

(5) 同上，363頁。

(6) 今村鎮夫「盲児施設」厚生省児童家庭局。日本児童福祉協会『わが国の児童福祉施設』1988年，299頁。「ソニック・ガイド」――光線で障害物を検出する装置で，盲人の歩行を安全に誘導するためのもの。

VI章 施設養護の実際

第1節　施設養護の基本原理

1. 人間性の回復形成

　子供にとって完全な家庭とは何かを，法務省人権擁護局は次のように明らかにしている。

(1) 父母が共に健在であること。

(2) 子供自身が健康であること。

(3) その他の家族がある場合には，その家族も健康であること。

(4) 父母，子供，その他の家族がそれぞれの役割を十分に果たしていること。

(5) 父母をはじめ，すべての家族に相互の人権を尊重する精神がそなわっていること。

(6) 富裕ではなくても，家族員が人間らしい生活を営むのに足るだけの最小限の経済力があること。

　そして，これらの要素のひとつでも欠けた場合には子供の人権が損われる可能性があると，子供の人権擁護の観点からみている。

● 事例1 ●

　A男は出生当時8カ月の未熟児で体重2,500gであった。母は妊娠中に軽い精神異常を訴え，治療中でA男を出産してからも完治しなかった。

　母はA男の体重増加を極度に嫌い，ミルクも適量に与えないためA男の体力は衰弱する一方であった。また時には，生後間もないA男を肩にかついで屋外を歩きまわるなど通常の母親には考えられない行為をなしていた。このままでは，A男の生命が危険であるとして民生委員から児童相談所に通報された。

　児童相談所は，保健所，民生委員と連絡をとり，A男の保護，母の精神科病院入院手続等につき父を説得，ただちに父の合意をとり母を入院させた。また

A男については父が仕事の関係で病弱な乳児を一人で養育することは極めて困難な状況にあることから，母の退院までS乳児院に入院させた。

● 事例2 ●
中学3年F子の父は公務員をやめて始めた事業に失敗し，そのうち神経痛の持病があって稼働意欲を失い，母が看護師として稼ぐ収入で親子6人が生活している。

F子は，低学年の頃は比較的成績もよく両親から期待をよせられていたが，毎日ぶらぶらして飲酒し，小言をならべ，暴力で服従させようとする父に反抗し始め，中学2年の頃から非行に走り，酒・たばこを口にするようになった。また，中学3年になると反抗して家出し，制服の下に赤い服を着て登校しては，下校途中，化粧，マニキュア，つけまつげ等をして装い，髪を赤く染めて夜遊びし，ときには年齢を偽って水商売の店に勤め，男客と外泊するようになった。

こうしたことで母が学校に呼び出され，F子が不良男子と交際し，男と外泊していること等を聞かされた。父は，F子の意外な行状を知って驚がくし思案にくれたが，頭髪を坊主に刈ってしまえば女の子だから家出しないであろうという母の意見に従って，F子の非行を防止したい一念から勉強机にF子をしばりつけ，父と母がハサミで頭髪を丸坊主に刈り取った。

F子はA児童相談所に保護されたのち，養護施設B学園に移り，奨学金の支給を受けて高等学校に入学し，まじめに通学している。

● 事例3 ●
M夫（5歳）は生来の知的障害児であった。旋盤工である父の収入が家計を維持するのには十分でないために，母も共働きを余儀なくされている事情にあったこと等により，父母は，M夫に対し食事として幾分かのパンと牛乳を与えるのみで，M夫をひとり家に置き去りにしていた。

しかし，M夫は父母の監視がないと，すぐに家をとび出し，無断で他人の家に汚れたままの素足や靴ばきのまま上り，非常な迷惑をかけていた。そのため，父母は，勤めに行く時間には，M夫を自宅三畳の日当たりの悪い不衛生な納戸部屋に帯でたすきかけ状にしばり，それに1m半のひもをつけて柱に結びつけ，M夫の身体の自由を約1年半にわたり拘束していた。

このような状態が続くうちに，母は近隣のAさんに「家の子供は知能が低く，親に甘えることを知らない。愛想をつかしてしまった。自分の子ではないような気がする」ともらしたのである。

近隣のAさんからこの実情を知らされたK児童福祉司は，早速，父母から事情を聴取し，その事実を確認のうえ，父母に対し，「M夫ちゃんが知恵遅れの子であればなおさらかわいそうではないか。親として子供を養育するのは当然の責務である」と説得したが，父母はM夫に対する愛情を全く示さず，かえって適当な施設への入所を強く望んだ。

　父母の態度から，M夫に対する養育は期待できないばかりでなく，父母はM夫の親権者として監護不適当と判断したK児童福祉司は，M夫をT知的障害児施設に入所させた。

　その後，M夫は集団生活にもすっかりなれて笑顔をとりもどし，明るい日々を送っている。

■ 人間性回復の施設養護

　わが国の「児童憲章」や，国際連合で「児童権利宣言」，「子どもの権利に関する条約」に掲げられているとおり，大人は児童の権利を尊重し，正しく守っていかなければならない。しかし，事例1～3は，複合した要素で家庭から離れなければならなかったのであるが，施設に入所してくるほとんどの児童が，家庭からはじき出された要素をもっている。すなわち，すでに人権が侵害されてしまった児童に，どのようにして子供らしさ（人間らしさ）をとり戻させるかが，施設養護を進めていくうえでの基本と考えるべきである。

　施設は，児童の「生きる権利」「成長する権利」「教育を受ける権利」「生活する権利」を親にかわって保障し，児童一人ひとりがもっている能力，個性をひきだし，本来の子供の姿にまず回復させなければならない。その過程において，施設は，体罰の行使，暴力の是認をすべきでないことに留意すべきである。さまざまなかたちで精神的あるいは身体的な苦痛をうけてきた児童は，人間不信，服従やあきらめ，葛藤をいだいており，施設でさらに力で押さえることは決してそれらをときほぐすことには結びつかず，むしろ人間の尊厳を否定する考え方につらなるからである。この原則をふまえて，ハンディをもった児童自身がそれを克服し，明日の社会を担ってゆける良き社会人

として成長させるために，家庭では不可能であっても，施設ならでは可能となるような創意工夫をこらしたプログラムも考えて色々なプラス体験をもたせ，意欲のにじみでてくる，そして自信を深めさせることをめざすなど，さまざまな取り組みをとおした人間性回復の施設養護の重要性を認識する必要がある。

2. 親子関係調整

近年，両親または片親のある児童の入所が顕著である。それゆえに児童にとって，離れて生活している親や家族に対する思いは根強いものである。施設で大勢の仲間や職員と楽しく生活を送っていても，やはり早く家に帰りたいという願望を優先させる児童がほとんどである。

他方，施設に入所させねばならなかった親は，自責の念，無力感，罪意識などの感情を抱く場合があり，時によって，施設職員に自己防衛的あるいは警戒的な態度を示すこともある。施設職員はこのような親を受容的にうけとめ，むしろ児童の施設処遇上の協力者になってもらうぐらいに働きかける必要がある。

施設にいる間の児童の情緒の安定をはかるうえでも，生活に意欲をひきだす処遇を展開していくのにも，面会，家庭訪問，一時帰省などを通じて親子関係を密にさせることは重要である。さらには，施設は児童ができるだけ早い時期に家庭復帰できるように，児童相談所や福祉事務所などの関係機関と連携しながら，一度くずれてしまった親子関係の調整を促進したり，単親家庭であっても社会資源を活用して家庭復帰できるシステムなどを考えていく必要がある。

今日の施設養護には，児童の生活を保障することにとどまらず，発達の保障，さらに損われた児童の人権の回復につながる大きな要素となりうる家庭

の再構築，親子共に社会的自立をさせる積極的な機能が求められているのである。

3. 個別化

　児童は生まれながらにして，すべて一人ひとりの異なる人格が賦与されており，独立した個人として尊重されなければならないことはいうまでもない。

　しかしながら，施設養護は集団の生活であることから，ややもすると全体的あるいは管理的側面から，個を集団の中に適合させることのみにとどまり，個人の尊厳は「十把ひとからげ」的に安易に流されてしまう危険性をはらんでいる。

　生活空間や時間，食事，衣服など幾多におよぶ日常生活場面での個を配慮した対応，あるいは，処遇上の指針をたてる際，それぞれの児童がもつ個性，能力，性格，生育歴などの相違を十分に把握するなど，児童の個別化をはかることは施設養護に欠かせない基本原理である。

　さらに，集団生活の中で個人を大切にしていくのに，児童と職員の個別的な人間関係を築きあげていくことは容易ではないが不可欠なことである。各グループ編成児童数や保育士1人の担当児童数を少なくし，密度の濃い一貫した人間関係がつくられるように努め，児童と職員の信頼関係が生みだされることが，個別化の実現につながり，児童処遇を展開していく出発点となりうる。

　この信頼関係が児童の情緒を安定させ，自己をみつめさせ，意欲を高めさせてゆく源泉であり，自我の形成と社会化を促進させる大きな要因となる。とくに，施設に入所してくる児童はさまざまな形で人間関係で傷ついた体験をもち，自信を喪失している。それらを一日も早く回復させるのに，施設職員は意図的に信頼関係の形成および向上のために，個別的対応の機会に配慮

する必要がある。

4. 集団力学の活用

　施設は，児童と職員との集団が日常生活を中心として，意図的かつ組織的に展開される集団生活の場である。したがって，施設は集団の力を積極的に活用できる子育ての場としても考えられ，家庭ではみられない特性をもっているといえよう。すなわち，集団を構成する児童間の相互作用から生まれるグループダイナミックスをとおして，児童一人ひとりのもつ個性や能力を引きだし，のばしたり，あるいは集団過程で生ずる喜び，苦しみ，悲しみを共感できたり，また，さまざまな問題に仲間としての連帯意識をもって，いかに解決していくかなど，児童の生活をより質の高いものに伸展させることができるのである。

● 事例4 ●

　養護施設C園の中学3年男子K男，S造，Y夫の3人は高校受験をひかえ，児童指導員が叱咤激励するにもかかわらず一向に勉学する気配をみせず，むしろお互いの足をひっぱりあって楽しんでいるような生活態度であった。「どうせ俺なんか高校に入れっこないさ」「勉強するより就職して早く金を稼いだ方がいいんだ」と，3人とも将来に投げやりで成績も落ちこむばかりであった。

　1学期も半ばを過ぎて，中3男子H彦が入所してきた。H彦は，公立高校進学を希望しており，入所後ただちに受験勉強に精を出し始めた。そんなH彦を，K男，S造，Y夫の3人はおもしろく思わず，「トランプに付き合えよ」などと，代わるがわる自分たちの仲間に誘いこもうと試みた。しかし，H彦は，「わるいけど僕はどうしても高校に行きたいから，今は遊んでなんかいられない」と，K男たちに毅然たる態度で断わったのである。K男はH彦の言葉を聞いて，内心で「そうなんだ，本当は俺も高校に入りたいんだ」と，今までの刹那的な態度を振り返させられた。

　K男は，S造とY夫に，自分たちも何とか頑張って高校に行くべきだと進言した。3人は，わからないところがあるとH彦に教えてもらうまで変容し，高校進学目標に向かって励まし合う意欲的な4人の仲間になったのである。

5. 処遇効果

　施設養護における処遇効果は一朝一夕であらわれるものではない。施設処遇の目標である児童の家庭復帰，社会参加後の生活に，または，児童が20代，30代の大人に成長した頃に，その結果が示されるかもしれないのである。それゆえに，施設生活の中ですぐ目につかなくとも，施設養護職員は児童が明日を担う社会の一員として自立できる配慮を常に保持しながら，児童の成長発達の各段階に応じて，きめ細やかで適切な育成をもとめられよう。

　処遇効果を高めるためには，児童の発達状況や生活背景などを正確に把握したうえで処遇計画をうちたて，その処遇過程で児童自身が自己変革をなしとげられるよう働きかけることが重要である。たとえば，児童が問題を起こしたときに，問題行動そのものを責めるだけでなく，その行動にいたらしめた動機や原因を児童に洞察させ，かつ変容させる機会としてとらえてやることが大切なのである。児童のこの変容のくり返しと積み重ねによる成長を忍耐強く見守り，施設退所後の社会生活に反映させることこそ，施設養護職員にとって大きな喜びであり，やりがいを実感できるにちがいない。

第2節　児童の措置

　児童が施設に入所するときに，児童相談所は施設に対して措置年月日，措置番号，措置理由等が明記された措置通知書を交付する。この措置という行為は児童福祉法に規定され，親権者の権利と意思や児童の人権と意思を妨げるものではなく，あくまで行政機関が事務上の決まりをつけるために必要な

手続きをとる行政的処置であり，その処置は児童福祉法の理念にもとづいて児童のニードに適切にこたえられるものでなければならない。それゆえに，この措置業務は児童福祉関係者の個人的判断や感情的処理によって児童の福祉が左右されることのないように，児童福祉行政における中枢的役割を果たす児童相談所に付託されているのである。

1. 児童相談所

児童相談所は，児童福祉法第12条にもとづき都道府県が設置することになっており，全国で165カ所（1985年4月現在）が設置されている。その相談取り扱いは1984（昭和59）年度で，年間249,402件であり，ここ10年間の件数はほぼ横ばい状態である。

児童相談所の主な業務は，児童福祉法第11条に，次の事項が規定されている。

(1) 児童に関する家庭その他からの相談のうち，専門的な知識及び技術を必要とするものに応ずること。

(2) 児童およびその家庭につき，必要な調査並びに医学的，心理学的，教育学的，社会学的及び精神衛生上の判定を行うこと。

(3) 児童及びその保護者につき，(2)の調査または判定にもとづいて必要な指導を行うこと。

(4) 児童の一時保護を行うこと。

さらには児童福祉法第26条「児童相談所長のとるべき措置」および，第27条「都道府県知事のとるべき措置」に規定されているように，児童相談所長は都道府県知事から権限が委任されて，里親への委託措置や，乳児院，児童養護施設，知的障害児施設等の児童福祉施設への入所措置といった行政的機能ももたされているのである。

これらは，児童福祉活動における高度の専門的機能であり，児童相談所には，児童福祉司，面接相談員，児童心理司，医師，保健師，児童指導員，保育士等の専門職員が配置され，専門的，技術的方法によって機能遂行が十分に果たされることが期待されている。

■ 通告・相談

　児童相談所で取り扱う相談は，およそ児童福祉に関する問題ならすべて対象になる。児童の家族や親戚，関係者，あるいは当該児童自らによる来所相談，さらには，児童福祉法第25条の「要保護児童を発見した者は，これを市町村，都道府県の設置する福祉事務所若しくは児童相談所又は児童委員を介して市町村，都道府県の設置する福祉事務所若しくは児童相談所に通告しな

表1　児童相談所における相談の種別（東京）

相談種別		内　容
養護相談		孤児，棄児，迷児，被虐待児，父母等の家出・死亡・傷病・離婚等による養育困難な児童に関する相談
身体障害相談	保健相談	児童の一般的な健康管理に関する相談
	肢体不自由児相談	肢体不自由児の施設入所，指導，訓練等の相談
	視聴・言語障害相談	視聴覚，音声言語に関する障害をもつ児童の相談
精神発達障害相談	重症心身障害相談	重度の精神薄弱と肢体不自由が重複している児童の相談
	精神薄弱相談	精神薄弱児の保護，指導，訓練に関する相談
	自閉症相談	自閉症児童の相談
	ことばの遅れ相談（知的遅れ）	ことばの遅れを主訴とするが基盤に知能のおくれがあると思える児童の相談
非行関係相談	教護相談	盗み等の問題行為があり家族から相談をうけつけた児童の相談
	触法行為等相談	非行相談のうち警察関係から通告があった児童の相談
育成相談	長欠・不就学相談	主として家庭環境にもとづく長期欠席児童の相談
	性向相談	神経性習癖，登校拒否，緘黙など性格行動上の問題をもつ児童に関する相談
	しつけ相談	幼児のしつけ，教育，遊びなど性格行動上の問題に関する相談
	適性相談	学業不振，進学，就職等の進路選択等に関する相談
	ことばの遅れ相談（養育態度）	ことばの遅れを主訴とするが基盤に保護者の養育態度，言語環境の不備があると思える相談
その他の相談	措置変更期間延長	児童福祉施設等からの措置変更，延長の相談
	その他	以上の各区分いずれにも該当しない相談

VI章　施設養護の実際

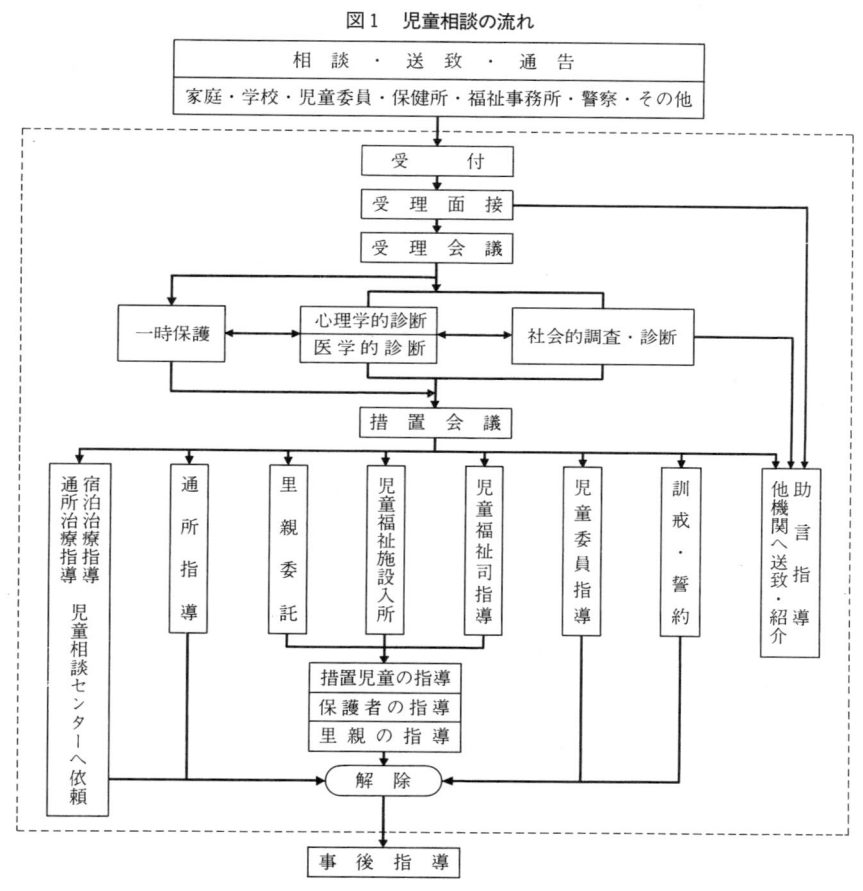

図1　児童相談の流れ

```
┌─────────────────────────────────┐
│        相 談・送 致・通 告          │
│ 家庭・学校・児童委員・保健所・福祉事務所・警察・その他 │
└─────────────────────────────────┘
              │
         ┌────┴────┐
         │  受　付  │
         └────┬────┘
         ┌────┴────┐
         │ 受 理 面 接│
         └────┬────┘
         ┌────┴────┐
         │ 受 理 会 議│
         └────┬────┘
   ┌─────────┼─────────┐
┌──┴──┐ ┌────┴────┐ ┌────┴────┐
│一時保護│ │心理学的診断│ │社会的調査│
│     │ │医学的診断 │ │・診 断  │
└──┬──┘ └────┬────┘ └────┬────┘
              │
         ┌────┴────┐
         │ 措 置 会 議│
         └────┬────┘
```

措置会議より：宿泊治療指導・通所治療指導（児童相談センターへ依頼）／通所指導／里親委託／児童福祉施設入所／児童福祉司指導／児童委員指導／訓戒・誓約／助言指導・他機関へ送致・紹介

措置児童の指導／保護者の指導／里親の指導 → 解　除 → 事　後　指　導

ければならない」という規定によって，近隣の人々，学校，児童委員，保健所，警察等からの通告によって相談が開始されるなど，相談の内容は多岐にわたる。

　この表1と図1は，東京都の児童相談所における相談種別・内容と児童相談の流れである。

　最近の児童相談所における経路別受理状況1985（昭和60）年度は，家族・親戚からの相談が全体の約70％と圧倒的に多く，次いで警察関係からの通告，

児童福祉施設からの相談，福祉事務所からといった順番になっており，相談別受理状況（昭和60年度）をみると，長欠・不就学，性向，しつけ，適正などの育成相談が20％を占めていることなどから，児童相談所が地域社会に根ざしてきたことがうかがえる。

　しかし，他方では児童の人権侵害の相談事例の中で児童相談所が解決の糸口を見いだせず苦慮しているケースの増加がめだってきている。養父，継母なども含んだ父母による身体的暴行，父母による著しい放任や養育拒否，食事を与えず家に閉じこめるなどの心理的虐待，養父，継父を含む父による性的暴行などである。そして，児童相談所がこれら人権が侵害されている児童を親から引き離すための保護措置をとろうとしても，民法上の親権を盾に，親が拒否することが多く，対応を困難にさせられており，児童相談所の権限について再検討される必要があろう。

■ 一時保護

　通告・相談の内容いかんによって，児童相談所はその業務に児童の一時保護を行うことになっており，児童相談所には必要に応じて一時保護所が付設されている。一時保護を必要とする態様として次の3つの場合がある。

(1) 家出児，棄児，被虐待児等保護者のないものや保護が不適当なものに対する緊急一時保護。

(2) 児童の対人関係，学習能力等の具体的な行動観察を行い，児童の指導方針を定めるための一時保護。

(3) 短期の入所保護が児童の治療指導に有効であると判断され，地理的条件や児童の性格等の条件により施設入所などが困難または不適当な場合など，児童の短期の治療指導を行うための一時保護。

　すなわち，一時保護所の機能は児童の緊急保護だけにとどまらず，一時保護中に心理学的診断，医学的診断等も含めて，措置判定会議への資料として

行動観察が実施されたり、問題行動児童の短期の治療に活用されたり、高度の専門的知識と技術による対応をもとめられているのである。

　保護された児童の一人ひとりにしてみれば、親や家族から離れた不安と未知の集団生活への緊張感をもっている。そのため本当は一時保護所の生活は、生活歴や性格、問題等がそれぞれ異なる児童への個別的配慮と対応によって、まず悲しみ、不安、緊張等をときほぐしてやることが大切なはずである。しかし、実際には幅広い年齢で多様な問題をかかえた保護児童が入れかわり立ちかわり一時保護所にやってくるので、生活観察指導を担当する児童指導員や保育士の労苦は並たいていのことではない。それゆえに、一時保護所では往々にして統制と規律の厳しい管理的色彩の濃い生活になりがちである。

　しかしながら、昨今の学校や施設における身体的・精神的体罰問題に関する是非の論議によって、一時保護所での生活の見直しが検討される動きがでてきたことは望ましいことである。なぜなら、施設養護はごく普通の日常生活を基本にしており、約2週間から1カ月程度にわたる一時保護所での生活体験との落差が大きすぎることで、措置が決定したあとでの施設養護展開過程に重大な影響を及ぼすことがあるからである。ケアの一貫性を保持していくためにも、一時保護所と施設の密接な連携が必要である。

■ 診断判定会議・施設措置

　診断、判定は、児童相談所が受理したケースについて、児童とその家族を理解し、児童の状況および事態を知り、それによって児童にどのような指導または措置が必要であるかの判断をするための資料を得ることを目的としている。すなわち、児童福祉司によって、児童の生活歴、家庭環境等が面接や照会を通じて社会的調査がすすめられ、それにもとづいた診断がたてられ、次いで児童心理司による心理学的な諸検査による診断、そして医師により身体的な状態や精神神経系統の状況が把握され、医学的な診断が行われるので

ある。さらに，これらの診断に一時保護所での行動観察を加えられる場合もあり，総合的なデータをもとに診断判定会議が開かれることになる。この会議の結果，①児童およびその保護者に対する助言指導，②児童または保護者に対する児童福祉司指導（通所指導も含む）および児童委員指導，③児童または保護者に対する訓戒・誓約，以上の3つのうちの要件では問題解決に結びつかない児童の処遇方針の決定が，里親もしくは施設措置となるのである。

そして，行政的処置として当該児童の処遇方針にそって，児童の福祉ニードを充たしてくれる施設を決定する措置会議が行われる。入所可能な施設が確認されてからは，児童相談所と当該施設は児童のスムーズな入所準備に向けて十分な連携と協力関係を築く必要がある。

2. 児童福祉施設への措置

■ 施設入所

児童が家庭から施設入所するまでに，児童にとってみれば，図2のように分離・適応体験をくり返す生活を送ることになる。それゆえに，措置決定されてから児童が入所する日まで，施設では児童相談所で決定された処遇方針にもとづいて処遇計画をたて，受け入れ体制を整え，家庭から，あるいは一

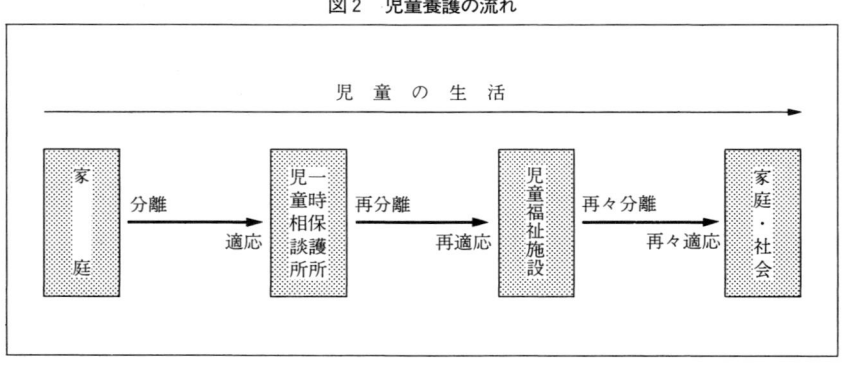

図2　児童養護の流れ

家庭 →（分離／適応）→ 児童相談所一時保護所 →（再分離／再適応）→ 児童福祉施設 →（再々分離／再々適応）→ 家庭・社会

← 児童の生活 →

時保護所から見ず知らずの施設生活の場にやってくる児童の不安感をまずやわらげてやらなければならない。そのためには、事前に施設職員が担当児童福祉司や一時保護所職員などから児童票にもとづいて正確な児童の状況を把握し、児童が背負っている情緒的・心理的な葛藤を読みとれるぐらいの理解ができ、円滑な引き継ぎを行う必要がある。また、直接児童本人や保護者に面接を行い、施設に来てからの生活のことなどを説明して心配を減らしてやり、納得のうえ施設に来ることができるような配慮が大切である。そして、施設入所時には親、児童福祉司、できれば教師にも来所してもらうことは、児童の安定に欠かせないことである。

　前節で、施設養護は失われた児童の人権回復の場であり、できるだけ早く家庭復帰や社会復帰できるよう援助する過程であることを確認したように、児童にとって施設入所そのことが目的となるのではなく、施設入所は短期目標や長期目標にそった処遇が展開される、あるいは、すでに最終ゴールに向けた出発点として理解されなければならないのである。

■ 措置変更

　児童福祉施設は、それぞれの児童健全育成にみあった目的や機能をもっている。ところが、児童の入所後や治療的処遇の過程で、往々にして児童のもつニードに対して施設が適確な処遇を続行することが難しい状況が生ずることがある。たとえば、児童相談所の調査や一時保護所での行動観察では、ほとんど問題がみられないとのことで養護施設に措置決定された児童が入所するやいなや、「自分は一時保護所でジッとがまんをしていたんだ」と啖呵を切り、小さい児童に暴力をふるう、万引、窃盗をするなど職員の注意には耳をかさず、養護施設では全くお手上げ状態になり、再判定の結果、教護院に移されることなどがある。このように他施設へかわることを措置変更という。

　この例のように、養護施設では明らかに限界であると判断し、児童相談所

に措置変更の相談を申し出るのはやむをえず，かえって児童にとってもより適切な処理になるかもしれない。しかし，問題をもつ児童の治療的処遇が困難で悲観的な見通しに立たされた施設からの措置変更の相談に，児童相談所はその施設で児童が継続可能となるようなサポートや協力体制を配慮するなど，できるだけ措置変更に対して慎重に検討がなされる必要がある。乳児院から養護施設へ，ときには教護院から養護施設への変更など，いずれにしても施設から施設へ移るときの児童の精神的ショックは深いものであり，ときには児童の人権をふみにじる結果にもなりかねず，現状の施設よりも他施設への変更が児童にとってよりよい養護が期待できるといった判断にもとづいて，児童相談所は措置変更を考慮するなど，施設からの要請を安易に処理するのではなく，児童にとって公平な見はり番役とならなければならない。

第3節　児童の基本的ニーズ

　今日，施設養護をうけなければならない児童は，かつての親の貧困，病気，就労といった単純な養育委託の理由から，親の行方不明，置き去り，離婚，家出，受刑，あるいは虐待，過保護，過干渉，放任，しつけ不能，生活無能力といった複雑，多問題で養育能力の貧困さによる理由に変化し，それゆえに基本的生活習慣の欠落，家族内での葛藤による身体的・精神的・行動的側面などに何らかの問題をもっており，施設職員は児童のニーズを的確に把握，理解しなければならないのである。

1. 愛情欲求未充足

　児童心理学者ポール・H・マッセン（アメリカ）は，児童の最初の社会的学習は家庭で行われ，その最初の家族との経験，とくに母親との経験が児童の他の個人に対する態度や期待を規定するのにもっとも重要であると指摘している。そして，典型的には，母親が新生児の食物，苦痛の軽減，暖かさ，あるいは根本的な生来的衝動であると思われるスキンシップに対する原本的要求を満たすとし，これらの多くは，母親が赤ん坊に乳を飲ませるときに与えられ，かつ，母親はその苦痛を和らげ，必要なときに暖かさを与えていると考えている。つまり，母親が与える視覚的，聴覚的，触覚的刺激が新生児の要求の満足と結合し，母親は快感，緊張緩和，満足の代表となるのである。しかし，新生児初期のはなはだしい放置，虐待，極端な愛情の欠乏は，一時的さらに進んで永続的な不適応を生じることがあると警告しているのである。

　そこで，施設養護で一番難しいのが，愛情欲求の未充足の状況把握についてであろう。この節の冒頭でふれたように，それぞれのおかれた児童の状況によって全く異なるのである。児童が10歳のときに親が離婚し，それまでは十分な愛情をうけて入所してきたケースと，生後から母親を知らずに乳児院で育ってきた児童のケース，あるいは，離婚して父子家庭になり母親を希求する児童のケースなど，家族に対して愛情を求めて，本来は自己確立したいと潜在的に願っている児童たちなのである。

　このように愛情欲求が未充足のままで成長してしまうと，児童自身が他者を愛することがわからず，自信を失い，大人不信になったり，社会的に適応できない人間になってしまう危険性があることに留意しなければならないのである。

2. 発達障害

　世の中に生をうけたときに問題行動をもった赤ん坊がいるわけでなく，児童はすべて白紙の状態から成長発達が始まる。しかし，残念ながら複雑化した家庭養育環境，教育環境，社会環境などの影響をうけ，成長発達する途上でいろいろな異常反応を示し，障害を引き起こしてしまう児童が増加している。すなわち，児童の生活場面におけるさまざまな行動が周囲の人からおかしいと思われる問題行動となってあらわれるのである。

　ツメかみ，指しゃぶり，夜尿，遺尿，かんしゃく，チック，吃音，多動などの神経性習癖，登校拒否，孤立・内閉などの非社会的問題行動，盗み，嘘言，反抗，無断外泊，暴力などの反社会的問題行動，あるいは，学習の習慣欠如による学業不振などである。そして，これらの問題行動が一過性なのか持続的なものなのか見きわめることが重要である。

　一方，悲惨なことであるが，わが国でも最近，親らによる身体的虐待，性的虐待など被虐待児童がめだってきている。これら児童は肉体的苦痛を体験したのみにとどまらず，永久にぬぐいさることができないかもしれない精神的外傷をかかえていることを，施設職員は肝に銘じておかなければならない。

3. 人間関係障害

● 事例5 ●

　N彦は，出産後も派手で遊び好きな母親から何ひとつ母親らしい愛情や育て方をうけなかった。母親がパチンコ店に入りびたっている間，まだ5歳のN彦にお金をわたし，隣のゲームセンターで遊ばせるといった養育ぶりであった。サラ金から金を借りまくり，とり立て人から追われることになった母親に見切りをつけた父親は，N彦が小学校5年のときに離婚し，N彦を父親の妹夫婦に養育を託した。

　あまりにもしつけのできていない，自己主張のできない，自分勝手な行動に

でるN彦を何とかしなくてはと,叔母は厳格な態度で養育にあたった。しかし,N彦が中学生になっても,自己コントロールできるどころか,幼児のときから病みつきになってしまったゲームセンター通いはエスカレートするばかりであった。叔母の財布からお金をもちだし,強く注意されると,寺や神社のさい銭箱から盗んでまでゲームセンターに行き,あげくのはてには無断外泊,登校しなくなるしまつで,叔母宅での養育は限界となった。

　N彦は中学2年で養護施設S学園に入所した。S学園でもN彦のゲームへの執着は変わらず,叔母宅と同様の行動をくり返した。S学園ではN彦を中学2年生の問題行動児としてみるだけではなく,感情や情緒,あるいは社会性の側面では,まだ未熟な3～4歳児のような受容をしなければならないという処遇方針のもとに,幸いに学力が高かったおかげで高校進学をさせ,N彦の発達のアンバランスを縮小しようと努力している。しかし,高校1年になったN彦だが,自分の意思や考えをことばで他者に伝えることもできず,他者への思いやりも感じられず,学園での職員や仲間,学校の友人とも人間関係を築くことができない状態で,果たして高校卒業後に社会に適応してゆけるのか,S学園では不安な思いで養護している。

　児童の乳幼児における母親の愛情豊かな接触,相互作用は,児童の将来の人間的特性を方向づけてしまうぐらい大切な要素である。乳児が泣けば,母親が抱きあげて豊かな胸の中で乳房をふくませ,愛情のこもった眼差しや言葉かけで満足を与えることによって,乳児は母親を信頼し,やがては誰かれの区別なく母親以外の他人を信頼させてゆく基礎を形成する。精神分析学者エリック・エリクソン(アメリカ)は,このような乳児の授乳経験をとおして形づくられる人間の内的資質を「基本的信頼」と呼んでいる。この基本的信頼は,人間関係を築く根幹といえるほどたいへん重要なものである。

　事例5のN彦は,乳児期に母親からの極度の愛情不足や放置をうけ,幼児期に,まるでゲームが子守り役であったり,N彦の母親に対する不信感が形成されたことは容易に推測でき,基本的信頼の未形成のまま年齢を重ねてきたと考えられる。N彦は,社会への不信頼感をぬぐいきれないままに,他者への思いやりや愛することがなかなか理解できず,自分自身で問題行動を起

こしているという認識も薄く，これらのことが社会性の欠如に結びつき，ひいては対人障害となってあらわれ，一時的，さらには永続的に社会的不適応を起こす可能性のある，とりかえしのつかない人生を背負わされてしまったのかもしれない，人間関係障害のニーズをもった児童といえよう。

4. 生活習慣・生活技術の未熟

児童は，安定した親子関係や日常家庭生活をとおして，身体的・精神的発達段階ごとに基本的な生活習慣，生活技術を模倣あるいは学習し，身につけていくのである。

しかし，今日，核家族化が進行する中で，孤立感にたたされ，あるいは自信喪失した母親の育児ノイローゼや精神病，養育放棄，家出，さらには離婚といった家庭養育機能の脆弱化，家庭崩壊がめだち，施設に入所してくる児童のほとんどが不安定な家庭環境の背景を有し，基本的生活習慣・生活技術が未熟なままの状態である。

大小便をもらす5歳の幼児に規則的な排せつ習慣を怠たり，紙オムツにずっと頼ってきた養育能力のない母親。可哀相だからと10歳にもなるのに添い寝を続け，一人で寝る習慣をつけさせない過保護な母親。あるいは，制止や注意をするのに言葉かけよりもゲンコツの方が早い親など，児童の健全な人格形成上にマイナスな影響を及ぼしかねない問題なのである。

5. 専門的治療を要する児童

前項までは，児童の問題行動の要因として，家庭状況，親の養育態度などによる家庭的あるいは環境的範囲でみてきたが，心理生物的要因によって問題行動を引き起こし，または潜在化して施設入所する児童もいる。さらに近年，虐待によるトラウマ（心的外傷）を持つ児童が増加している。

小児神経症，幼児自閉症，言語障害，躁うつ病，てんかん等脳器質的障害，神経性食欲喪失，脳波異常による夜驚や悪夢，機能障害による夜尿など，たいていは遺伝的素質，あるいは，身体ごとに大脳の病的変化による器質的・機能的障害に起因していると考えられ，精神科医や小児科医の専門的治療を必要とする児童である。

第4節　日常生活養護

1.　生活集団

施設養護の使命は，人間関係をとおして児童の発達保障や人権を擁護することであり，それを実現するための方法は，日常生活の中にこそ，その大半がある。児童のしつけ，生活技術習得，人格形成などにとって，より効果的な日常生活が展開されるには，適切な人数，年齢，性別が配慮された児童のグルーピングと，保育士や児童指導員によって形成される生活集団の基盤が不可欠である。

施設の生活形態は一般家庭とはかなり異なるが，今日，建物や設備の関係上で制約があっても，可能な限り一般家庭に近いホームライフ的形態を追求しようとの傾向が強くなっている。処遇密度を濃くするために，1つの生活集団の人数を少なくしようと試み，年齢も上下を組み合わせた縦割型に，性別も男女混合に編成して家族的人間構成をつくり，養護技術上は複雑で高度になるが，その構成を活用して治療的処遇を進めることが可能になると考えられる。

2. 生活のリズム

　施設は，集団生活が調和のある円滑なリズムとなるよう意図的に生活時間に区切りをつけるため，生活日課を定めている。しかし，往々にして，この生活日課が集団生活を統制するうえでの画一的で単調な押しつけと化してしまうことがあり，児童の生活は受身的になり，ストレスを高じさせる結果となることに注意しなければならない。生活日課は，児童が生活上のけじめであることを自覚でき，職員と児童が協同して生活のリズムを創りあげ，積極的で自発性のある生活態度を育てる基盤となるよう，他律的な指導から児童が自律的に楽しい生活を築ける配慮がのぞまれる。

　施設に入所する前の乱れていた生活から，すみやかに施設の生活リズムに慣れさせることによって児童に安定感を醸成し，生活集団への所属感の確立に導くことができるのである。そうして自信をもった児童は生活参加意識も醸成され，張りのある変化に富んだ生活をつくることができ，保育士や児童指導員との信頼関係を確立していくのである。

3. 生活習慣の形成と生活技術の習得

　不安定な家庭生活体験で生活習慣や生活技術の未熟な児童にとって，施設の規則正しい生活リズムや家事手伝い等をとおして，食事・排せつ・睡眠・着衣・清潔面などにしつけを行い，基本的生活習慣の形成と生活技術の習得をさせることは，児童の将来の基礎をつくるものであり，児童の成長発達における社会化へのスタートをさせることでもある。

　たとえば，食事について栄養面を重視するだけでなく，箸やスプーンの使い方をはじめ，楽しみながら適当な時間をかけて食べられるよう徐々に指導していくことが大切である。しつけを行っていくのに，児童一人ひとりの年

齢や性格，生育歴の差をよく理解したうえ，その児童にふさわしいやり方で，決してあせらずに忍耐強く日常的な訓練をくり返し，確実に習慣化あるいは習得させていく配慮が必要である。

4. 衣生活

　昔から「衣食足りて礼節を知る」と伝えられ，日常生活において食生活とともに衣生活が豊かであれば，道徳心も高まって礼儀を知るようにもなるとさえいわれてきた。したがって，施設の児童に満足な衣生活を享受させることは，児童の情緒の安定をはかり，生活全般によい影響を及ぼすことになる。

　衣服の調達は，施設の財政的制約もあるかもしれないが，大量購入や一律支給はせめて下着程度にとどめて，できるだけ担当保育士が地域の専門店やデパートにいっしょにでかけて，児童の個性や好みに合った衣服への愛着心を起こさせる配慮が大切である。

　また，児童が社会復帰したときに自分で衣生活が管理できるように，年齢段階による衣服の着脱，洗濯や補修の方法，整理整頓の方法，保管の方法，季節にあった衣服の選択などの指導や訓練を日常生活の中で行い，児童に衣生活の習慣をつけさせる必要がある。

5. 食生活

　施設では，栄養士と調理員が栄養のバランスを考え，丹精こめた料理を作り，児童の生理的欲求を充足させることはもちろんであるが，くつろいだ楽しい雰囲気の中で食事をさせる工夫をし，児童の心の安定を増大させる食生活が送れるよう配慮しなければならない。

　児童全員が食堂に集合して食事をとる施設では，大勢の喧騒の中で緊張して食欲も減退してしまうであろうし，ひとつのテーブルにつく適切な人数や

年齢構成を考え，落ちついた雰囲気づくりをすることが必要である。できれば，生活集団単位ごとに食事をとれる形態が望ましい。そして，各テーブルには必ず職員がつき，テーブルマナーについて必要以上に注意するよりも児童の話に耳を傾け，話題を提供したり，明るくなごやかな会話がいきかうような食事にしていくことが大切である。また，破損をおそれて画一的なプラスチック製の食器を使用する施設もあるが，やはり一般家庭で使用されている陶器製のバラエティーに富んだ食器をそろえて，もりつけの美しさや食器のならべ方などもおぼえさせ，情操面の涵養につながる食生活への工夫も考えるべきである。

　施設での楽しく豊かな食生活は，児童の心身の健康を増進し，児童が社会に出てからの食生活の基礎を形成することにもなろう。

6. 住生活

　施設における住生活は家庭と異なって大勢の集団の共同生活であり，それぞれの施設の目的や機能，定員，年齢構成，運営管理方法などの要素によって，建物も大舎，中舎，小舎制といったさまざまな形態がとられている。しかし，どのような建物形態であっても，施設が一番留意しなければならないことは，児童が日々の緊張をときほぐせ，精神的安定がはかれる個々の生活空間を確保してやることである。このことは，児童の身辺生活や精神的自立をはかるうえで重要なことである。個室あるいは2，3人用の小部屋が配置され，準家庭的な建て方をされている小舎や中舎制建物はともかくとして，大舎制で1居室に多人数が起居を共にしなければならない形態では，大きな部屋を家具やカーテンで間仕切るなど工夫をし，机やロッカーなどの備品は共用させるのでなく個人専用を用意し，自分で管理させる心くばりが必要である。

さらに、施設養護の特質である児童の集団活動が活発に展開されるために、ホール、集会室、図書室などの場所も確保されることが望ましい。

次に住生活で欠かせないことは、児童に自分のコーナーを清潔に保つことをはじめ、共用の生活空間を整えるなど、生活のけじめ意識、美意識の涵養につながるように、そうじの習慣を身につけさせる職員の指導や児童と共働することである。

7. 余暇時間

施設における児童の生活日課の中で余暇時間は重要である。学校生活、そうじ、食事、睡眠などの強制的時間から解放された児童にとって自由に遊んだり、休息したり、自発的で楽しい活動が展開できる時間である。

一般的には児童の余暇活動は、自由な遊び、自然な遊びの時間と考えられ、それは大人の余暇活動の単なる遊びとは異なる。仲間との楽しい、また反面で厳しい相互交流の遊びであり、そのプロセスをとおしてさまざまなことを肌で体験し、仲間との共感関係が築け、新しい行動様式をおぼえ社会性を身につけていけるのである。

常に職員や仲間の目を意識し、緊張の連続である施設の生活で、児童の人格の形成がゆがみがちになることさえ考えられ、それらをカバーするためにも、日常生活における余暇時間は、児童にとって職員の介入のない自主的学習の機会となるように配慮することが必要であり、児童が本来もっている生命をよみがえらせ、躍動させてあげられる間合であることを施設職員はよく理解しておかなければならない。

8. 心身の発達と性

児童は心身の成長発達段階に応じて、性への興味関心による行動や態度を

示す。自分と友達や家族の身体のちがいにめざめ，性的事象に関する質問を発することが多くなる幼児期から小学校低学年期，初潮や精通を迎えて異性への関心が高まる小学校高学年から中学生期，異性と交際するなど大人に近い性的行動がみられるようになる高校生以降の時期などである。

　施設入所児童の多くは，入所以前の崩壊家庭状況下で，それぞれの性的成長発達段階において，家族をとおして，男と女の性差がにじみでる人間らしいモデルに接することが乏しい生活を過ごしてきたと考えられる。それゆえに，施設では，男女の相違，役割など人間性の理解と尊重を基本とした立場で，ゆがめられた性的認識をとりのぞくことに留意する必要がある。施設生活の中でも，性に対する禁止的あるいは抑制的な施設職員の話ばかりでなく，男女職員をモデルにしながら，人間の尊厳や性差などを正しく教えていけるような性教育が望まれる。

9.　生活の安全

　施設生活で事故の防止をしていくためには，まず児童を安全な環境におくことである。居室，廊下，便所，風呂場の構造に欠陥がないか，あるいは，玩具や遊具，家具に危険性はないか，そして，下水やマンホールのふたは安全な状態であるかなど，職員による定期的な施設内外の観察点検を実施して，安全整備を配慮した環境を作ることが大切である。

　次に，児童自身で事故から身を守れるようにさせる安全教育が不可欠である。映画など視聴覚教材を用いたり，実際に消火器で火を消すところを見せたりして，火災や地震の恐ろしさについて教える機会も含めて，施設では毎月1回の防災避難訓練は必要である。また，危険な遊びに起因する事故，交通事故などを防止するために，児童に人命の尊さと重さを認識させ，安全を守る知識，反射機能や行動能力を高めるなど安全指導の徹底をはかり，安全

に必要な生活習慣をつけさせることに努めなければならない。

10. 進路指導

　施設の児童にとって中学卒業後の進学や就職など進路の問題は深刻である。全国的に高校進学率は95%にもおよび，もはや義務教育化した観を呈している今日の中で，義務教育を終了した施設児童の大半が高校進学をあきらめ，中学卒業と同時に就職し実社会に出ていかざるをえないのである。それでも，厚生省が施設児童の高校進学希望にそうように，特別育成費として財政的措置をした1973（昭和48）年度から，施設児童の高校進学は増えているものの，施設に入所した時点で基礎的学力が極度に遅れていたり，劣っていたり，施設で励まし頑張らせても，やはり進学は不可能になってしまう場合が多いのである。それゆえに，高校進学以外に専門学校や職業訓練校などの進路も考えられる豊富な選択肢を用意し，施設から継続して通わせる必要がある。いずれにしても，卒業直前の進路指導のみでは十分でなく，児童の個性，適性を考えて，児童自身も将来の展望をもてるぐらいの早い時期からの計画的な進路指導が重要である。

第5節　地域社会との連携

　児童福祉施設はそれぞれ固有の目的をもった機能集団として社会に存立しているとともに，家庭にかわるべき環境として児童の健全育成を行う場であって，日常生活上の基礎集団の役割も持っているのである。ややもすると，施設は児童をあらゆる面で自己完結的に養育できる可能性をもち，家庭より

もはるかに自足的な社会生活を容易にする。それゆえに、施設は地域社会とのかかわりをあまり意識的に考えることなく閉鎖的な生活に陥りやすい傾向をもっている。しかし、やがては社会に自立していかなくてはならない児童が成長発達し人格形成をしていくうえで、また社会適応の涵養の面で豊かにするためにも、児童自身が実際に社会のさまざまな人や場に接することができ、社会的刺激をうけられる機会が必要である。そのためには、施設の職員と児童は、地域社会の一員として生活しているという自覚をもち、近隣住民に施設の理解をはかり協力関係を築くことはもちろんのこと、学校との連携、社会的教育機関や児童館、図書館、公民館などの活用、あるいはボランティアとの連携などを積極的に進め、地域社会に開かれた施設づくりをめざすことが大切である。

1. 学校との連携

■ 交友の広がり

　施設の児童が生活時間の多くを費やし、さらに友だちとの交流をとおして地域社会と身近に接する機会となるのは、学校教育の場である。児童は学習や遊びをとおして教師から励まされ、施設以外の友だちと交友関係を結び、施設では職員が気がつかないような考え方や行動を学校であらわしているかもしれないのである。また、下校後に仲のよい友だちの家に遊びに出かけ、友だちの母親からおやつをごちそうになったり、あるいは、休日に友だちの父親が魚つりにさそってくれたり、いろいろな新しい生活経験にふれていくのである。すなわち、施設児童にとって学校での交友活動が核となって地域社会に広がっていき、社会性の涵養にもつながっていくのである。

■ 学校との連携

　したがって、施設は児童の学校生活の状況を常に把握することが不可欠で

あり，学校との密接な協力体制のもとに連携していくことが重要となる。そのためには，施設の職員が積極的にPTA活動に取り組み，PTAの役員を務めたりして教師や父母と交流を深めることなどは，学校との連携を一層強化することになろう。また，授業参観やクラス懇談会に職員が必ず出席したり，児童が問題を起こしたときには，すぐに教師と問題解決にむけて協議するなど，情報交換がふだんから培われていることは協力関係において意義の大きいものとなろう。さらに，施設は，一般の家庭と同じように単なる保護者としてかかわる程度にとどまらず，学校の校長・担任教師と施設職員が定期的に協議できる懇談会などを施設で開催したり，施設の運動会，文化祭，クリスマス会などの各種行事に教師を招待するなど，児童の生活のようすを知ってもらう機会をつくり，施設についてより理解を深めてもらう必要がある。

以上，養護施設を中心に学校との連携をのべてきたが，全国の養護施設の中では，同じ法人が経営する養護施設の同一敷地内にある学校で児童が授業をうけているところもまだ数施設残っている。また，教護院や肢体不自由児施設においては，施設内教育が前提となっているところがほとんどであり，精薄児施設では児童が養護学校に通学しているところも増えてきたが，やはり施設内教育に依拠している場合が多い。社会福祉のノーマライゼーションがいわれている中で，児童福祉施設は自己完結的に児童を養護するのではなく，地域社会の理解をはかる活動を促進するうえでも，児童を施設外学校で積極的に受けいれてもらう努力が必要である。

2. 近隣地域との連携
■ 社会資源の活用

施設の近隣地域において，さまざまな仕組みで人々が活動し，生活を送っ

ているようすを，児童がまのあたりにすることができる日常生活の配慮は大切である。それには，児童が施設の中にとじこもってばかりいるのでなく，地域社会にある公園，児童館，公民館，図書館，スポーツ施設などいろいろな公共的施設を積極的に利用させるとよい。公共的施設を利用する一般の人々との出会いや，共同して利用する上でのルールを学んだり，施設児童にとって社会生活上の知識を得るよい機会となる。

　また，施設児童の文化的・体育的活動の中で，地域にある社会的・教育的機関などと連携してできる活動は，場所，設備，機能，人的資源などを活用して意図的に地域社会の中で行われるよう努めることも必要である。たとえば，F児童養護施設では中学1，2年生数名が市のカルチャーセンターの絵画サークルに参加し，地域児童といっしょに熱心に筆を競っている。O児童養護施設では，地元の警察署が児童健全育成の一環として開いている剣道教室に，小学生が週1回通い，近隣のチビッ子剣士どうしで汗にまみれている。S知的障害児施設の軽度の中学生全員が地域の合唱団に所属し，年に2回の発表会に向けて指揮者のタクトにそそぐ目は真剣そのものである。その他に，施設は児童に精神的なよりどころとなってもらうための精神里親，あるいは，礼儀作法などを身につけさせるための訪問里親など，地域の人的援助を開拓したり，近隣地域社会と相たずさえて社会資源の活用をはかっていく工夫が必要である。

■ 地域社会との交流

　社会資源を活用して地域社会と交流を努める一方，施設が地域住民に対して，施設・物的設備の開放，あるいは専門的な機能から活用できるサービスを提供するなど地域社会へ前向きに協力していくことは，施設と近隣社会ともちつもたれつの円滑な関係を築くことにつながる。

Ⅵ章　施設養護の実際

● 事例6 ●

　知的障害児施設K園の近くに住む主婦Yさんは自宅でエレクトーン教室を開き，長年にわたって近所の児童に教えてきた。そして，児童の日頃の練習成果を家族にみてもらうために，地元の公民館のホールを借りて年1度の発表会を行ってきた。ところが，ある年のこと発表会を目前にして公民館が火災にあってしまい，Yさんは他の公共施設に発表会場をもとめて走りまわったのだが，どこも予約がいっぱいで途方にくれてしまった。

　Yさんは，家の近くにあるのにK園を訪れたことはないが，ふとK園の横を通りすぎたときにピアノの伴奏で歌声を耳にしたことを思いうかべ，思いきって園長に事情を説明し，K園のホールの借用を願い出た。園長は近隣の人の申し出で困っている状況をすぐ察知し，発表会で園の児童もきかせてもらう条件でホールの使用を許可した。

　YさんはK園のホールにエレクトーンを運び，K園職員もホールの装飾を手伝ったりしたものの，Yさんにとってはじめての手作り発表会場であった。当日，ふだんから音楽に親しみをおぼえていた軽度の児童は，エレクトーン教室児童の家族よりも一人ひとりの演奏に真剣に耳をかたむけ，盛大な拍手をおしまなかった。参列したエレクトーン教室の家族は，従来の内輪での発表会にはみられなかった素晴しい光景にふれて感動した。

　これを契機にして，エレクトーン教室のY先生をはじめ多くの家族がK園に理解を示し，賛助会員になったり，K園に協力を申し出たりし，以後，発表会は毎年K園のホールで開催され続けている。

　児童福祉施設の設備を近隣住民から私的に借用の依頼があるのは，そう多くあることではない。さきの事例のように，K園は杓子定規にかまえることなくホールを開放したきっかけが，児童に対する関心，理解をうることにもなり，地域社会との交流をいっそう深めることに結びついたのである。

● 事例7 ●

　児童養護施設T園は，10月の体育の日に40kmを歩き通す"かち歩き大会"を恒例行事としてきた。回をかさねていくうちに，歩ききったときの喜びと感動の体験を，T園の児童と職員だけが味わうのはもったいなく感じて，T園以外の人々にも共感をわかちあってもらえたらと考えるようになり，はじめて学校や子供会，町会等に趣旨を説明のうえ参加をよびかけたところ，「いつか40kmぐらい歩いてみたいと思っていても，なかなか自信がなくて」「T園の行事に一度

参加したかったので良い機会」などと，子供だけ，あるいは親子で，さらにはT園児童の担任教諭数名も含めて多くの申しこみがあった。

　児童指導員であるグループワーカーは，コースの選定や誘導の方法，安全対策などを地域の人の参加を配慮のうえ，例年より綿密に計画をねり，全職員が何回もうちあわせをかさね役割分担をもち実施した。秋のそよ風をうけて，地域の人がT園の児童をはげまし，あるいは職員と肩をならべ世間話をしながら歩き続け，共にここちよい汗をかき，全参加者が事故もなくゴールインでき大成功であった。終わったあとの健闘会では，園児，職員，地域の人といった関係よりも，ひとつの目標をなしとげた仲間どおしといった親密な雰囲気の中，T園児童にとっては例年にはみられなかった充足感，小学1年の娘のがんばりに最後まで足をひきずりながらつき合った地域のお父さんの感涙，来年もまた参加すると意気ごむ子供会児童の自信等々にあふれ，おたがいの健脚ぶりをたたえあうことができた。

　一般家庭においては，親がこの事例にあるようなプログラムをやってみたいと考えてもなかなか実現は難しい。しかし，集団活動を専門的に取り組んでいる施設職員の工夫と努力が，施設の児童が地域の人とふれあえる機会と位置づけるだけでなく，地域住民に集団活動の楽しさを提供する積極的な意義をもつことにもなり，施設のもつ人的・専門的機能を開放することになるのである。

■ ボランティアとの連携

　児童福祉施設がボランティアの活動を受けいれ活用していくことは地域社会との連携を具体的に強化できる方法である。

　ボランティア活動とは，主婦，学生，勤労者等，あるいは青少年グループ，婦人グループ，老人クラブ等が，市民の一個人として，また組織的な活動として，あらゆる人が幸せに生活できるようなよりよい福祉社会をめざして相互に助け合うことを願う社会連帯思想の立場で，自己のもつ技術や技能および労力等を，社会的援助を必要とする地域の人々や施設に対し，自発的に無報酬で提供する活動といえる。そして，ボランティアは施設と地域社会との

パイプ役にもなり，ボランティアを導入することは施設の長所や短所の実状をさらけだすことにもなりうるわけである。そのことは，施設が地域社会に開かれた状態で向上していく結果につながり，入所児童の処遇面においてもよい影響をおよぼすことになろう。したがって，施設は運営方針にボランティアを明確に位置づけ，職員の中からボランティア担当職員を選び，ボランティアの受けいれと指導体制を確立し，ボランティアに施設機能や入所児童について正確な認識と理解をしてもらうための随時あるいは定期的な話し合いをもったり，ボランティア活動の中でいだく疑問や悩みなどに常日頃から留意して適切な助言を行い，職員との信頼関係と連携を基盤にボランティア自身も成長でき，充実感をもてるような十分な配慮が必要である。

第6節　ケースワーク処遇

　本来ならば両親の愛情につつまれた幸福な家庭環境の中で育てられることがもっとも望ましいが，不幸にして家庭崩壊や親のやむをえない事情で，あるいは，児童の心身的障害，情緒的障害，反社会的行動などの理由から児童福祉施設に入所し，集団生活を送らねばならない児童にとって，今日の施設養護の目標は，単に衣食住を保障するだけでなく，恐怖や不安の心情をいやし，将来の家庭復帰，または社会適応や自立に必要な人間形成の場であることに置かれ，児童が再び幸福な家庭生活を営むことができるようになり，そして社会生活参加が可能となるための援助をしていくことである。

1. ケースワークの定義と機能

　そのために，パーソナリティー，能力，生活状態，家族との人間関係，施設に入所した深刻な問題状況など児童個々のもつニードに具体的に対処し，調整していくことがきわめて重要である。このひとつの方法としてケースワークがあり，これを職務とした専門家をケースワーカーという。

　ケースワークは，グループワーク，コミュニティ・オーガニゼーションとともに，専門社会事業のひとつであるとされ，多くの学説があるが次の2人の学者によるケースワークの定義を参考にしたい。

　ケースワークの母とよばれているメリー・リッチモンド（アメリカ）が1922年に，「ソーシャルケースワークとは何か」の論文の中で「ソーシャルケースワークは，人とその社会的環境との間に，個別的に効果を意識して行う調整によって，その人格を発達させる諸過程からなる」と定義している。また，フェリックス・P・バイステック（アメリカ）は1957年に，「ケースワークの原則」の中で「ケースワーク関係はクライエント（対象者と意味する）が自分とその環境の間に，もっとよい適応を達成するように援助する目的をもった，ケースワーカーとクライエントとの間の態度と情緒の力動的相互作用である」と定義した。すなわち，施設におけるニードをもつ人の個々の問題を解決するための個別的な援助の方法として，ケースワーク処遇の必要性があるわけである。

2. 過程

　一般的に，調査→診断→治療がプロセスとして考えられるケースワークの援助過程を担うケースワーカーは，わが国では今日，行政的に福祉事務所に配置されている社会福祉主事，あるいは，児童相談所の児童福祉司等がその任務を行うことに限定されている。したがって，児童福祉施設にはケースワ

ーカーは配置されておらず，保育士や児童指導員は，社会福祉主事や児童福祉司のうちたてた処遇方針にもとづいた問題解決の方向へ協力できるように，児童や家族に接触している状況や日常生活をとおした情報提供を行って，ケースワーカーの判断にゆだねるわけである。

しかし，その日常的処遇においては，いちいちケースワーカーをわずらわすわけにはいかないので，場合によっては保育士や児童指導員が直接担当する児童や親の問題に対して，ケースワーク的援助ともいうべき役割を果たさなければならない。そのために，施設職員はケースワークの原理をよく理解しておく必要がある。

● 事例8 ●

　小学3年生のA子は，A子の母の友達に連れられて児童相談所に来所。A子は，母の友達にあずけられたまま3ヵ月間も母からの連絡がなく，母の友達は近く結婚することからA子の世話を続けることが無理になったとのことで，母行方不明の措置理由で養護施設に入所した。

　母が行方不明のままで，不安感とさびしさであふれているA子をいやすように受けとめようと考えていた担当保育士は，A子が入所当初から口も達者，明るく活動的で暗さがみられないので意外に感じた。入所して1ヵ月後，母の友達がA子のことを気づかって面会のため来園した。A子は母の友達をオバチャンとよび，体をすりよせ甘えるようにして，園での生活のようすをうれしそうに話した。母の友達は帰りぎわにボロボロ涙を流して，また面会に来るからねというが，A子の方はただこらえているばかりであった。この面会に立ち合った担当保育士は，A子の会話や表情が母の友達に対してといったものより親子のような親しげな関係に思えて仕方がなかった。担当保育士がさらに気にかかっていたことは，入所後にA子と接していて，オバチャンの話はしばしば出てくるが，お母さんのことを耳にした覚えがなかったことであった。そして，母の友達と面会中にA子から母についての話題が全くなかったようすが，A子とオバチャンは実の親子ではないか，という疑問を担当保育士にいだかせる発端となった。このときから担当保育士は，何気なくではあるが，意図的にA子にオバチャンのいろいろなことを聞くことに努めた。

　オバチャンとの面会から2週間程たったある日，担当保育士がA子といつものようにオバチャンの話をしたあと，「ところで，オバチャンは今度いつ面会に

きてくれるかしらね。それにしてもＡ子のお母さんはどこにいるのかな」と一言しめくくるやいなや，Ａ子はとつぜん大粒の涙を流し始め，それまで自分だけの胸に秘めてきたことをせきを切ったように隠さずに打ち明けた。

担当保育士が推測したとおり，オバチャンがＡ子の実母であることがわかり，施設から児童相談所に，児童票の調査内容が事実に相違していることを連絡することができた。

児童福祉司の再調査の結果は次のとおりであった。Ａ子の母は離婚後，Ａ子を育てながら水商売の店で働いていた。そこで男性Ｂ氏と知り合い，独身といつわっていたので結婚を申しこまれた。困った母は，Ａ子の母物語を作りおぼえさせ，偽名の苗字で，Ｂ氏に母の友達からあずかっている子供だと説明し，同棲を始めた。Ｂ氏の手前や子供がいたのでは働く場所が限定されてしまうので，母は嘘をついてＡ子をしばらくの間養護施設にあずけることを考えついた。Ａ子には面会にもいくし，母が幸せになって半年後には必ず迎えにいくから，母と口裏をあわせてがまんするようにと説得のうえ，児童相談所に来所したことがわかった。しかし，母の現状では生活が不安定なため，長期入所が考えられるので，母に対し生活改善とＡ子の定期的な面会を指導し，母子関係が再形成できる援助を行うことに養護方針が変更された。

● 事例9 ●

Ｆ男は生後16日目にＡ乳児院に入所した。Ｆ男の母親は19歳で，高校在学中はまじめでよく勉強し，クラス委員もつとめたことがある。3年2学期末からＦ男の父と知り合い同棲，高校も卒業の2カ月前に中退してしまう。Ｆ男を妊娠してから父に妻子がいることを知り，中絶するつもりでいたが，父は中絶費用を作るといって母の前から姿を消してしまう。裏切られたことがわかって，母は胎児を殺すととり乱したりするが，結局出産。母は父を深く恨んでおり，授乳時も顔をそむけたままＦ男を見ようとせず，Ｆ男を産院に残したまま退院，「絶対，この子は育てたくない」と，養子縁組里親委託を希望した。しかし，Ａ乳児院では，養子縁組里親委託希望であっても実際に委託されるまでは，子供の成長にとって親はかけがえのないものとしてとらえ，親の子のつながりが切れてしまわないような配慮に努めていた。

生後1カ月でＦ男は熱が高く病院でみてもらうが，そのまま入院となった。Ｆ男の母からは一度も連絡はないが，Ａ乳児院の今までのケースの中で，子供のことはいつも心にかかってはいるけれど，何カ月も足が遠のいてしまって，きっかけがつかめなくなった親が，一本の電話で面会に来るようになったり，様子を聞いてきたりすることも多くあったことから，保育士はＦ男入所時に付

き添ってきた祖母に，ともかく連絡をいれた。すると，翌々日に母は病院に行きF男と面会し，その3日後に初めてA乳児院に来院，保育士とともに病院に行き，F男の面会を重ねた。さらに，F男の退院した翌日も母は面会に来院した。

　F男が生後3カ月のとき気管支炎で再入院し，今度は直接母に連絡。母は自主的に面会に行った。2度目の入院中は，保育士よりも自分が主になって面会に行ったことが自信につながったのか，F男の様子を病院から電話で知らせてくるなど，母親としての意識の芽生えを感じさせる行動もみられ，退院後は日曜日ごとに来院し，オムツをかえてもらったり，ミルクを調合してあげてもらったり，面会態度はすっかり自信に満ちたものになった。さらに，F男が生後6カ月をすぎると，一月に一度の割合で自分の家にF男を外泊させるまでに発展し，暮から正月にかけて1週間も連れて帰るようになった。そして，母は祖母の助けもかりてわが子を育てる決心をするにいたり，ケースワーカーに養子縁組里親委託希望をとりさげ，F男は満1歳のときに引きとられた。

　以上2つの事例から，保育士がケースワーク的援助にかかわっている状況の中で，これがケースワークの基本的な原理をふまえた保育士の態度がどういうものなのかを，読者に多少なりとも感じとってもらえたと思う。

3. 基本的な原理

　このケースワークの基本原理（原則）について，飯田進がごく一般的なものとして理解されている原理を簡潔に整理しており，以下に紹介するので，すべての施設職員によって共通理解が高められることは，ケースワーク的処遇が向上するだけでなく，施設全体の質的向上につながっていくことを認識しておく必要がある。

① **自己決定**　ワーカーが，クライエント（対象者）にかわって何かをしてやったり，指示や指導をするのではなく，クライエント自身で考えを決定し，自分の意志と力で行動できるよう援助する過程を原則とする。

② **個別化**　クライエントの示す問題の個別的な事情を十分に考え，

その人にとってよりよい意味のある援助をしていくという原則。

③ **受　容**　アクセプタンスといい，クライエントをあるがままに受け容れるという態度を前提とし，問題に目を奪われて興味本位になったり，ワーカーの道徳感や倫理感等にもとづいた批判や非難の態度で接するのではなく，その人のもつ問題の真の意味を理解してうけいれ，冷静に客観的な態度で，しかも，常軌を逸脱した行為や態度を是認するのではなく，常に真の問題に対処することを原則にする。

④ **関　係（専門的対人関係）**　クライエントの対人関係は私個人的なものではなく，専門的な対人関係で，意識的に統御コントロールされる特殊な対人関係のことであり，ラポールと呼んでいる。このラポールを作りあげることがケースワークの前提条件とされる。このような対人関係が原則とされている。

⑤ **対象者参加**　自己決定の原理を別の面から見たもので，クライエントをケースワーク過程に積極的に参加させることの重要性を示すものである。

⑥ **意　識　化**　ケースワーク過程は，結果を見通して行われる意識的な調整なので，ワーカーのやることが，ただ，主観的善意のみに頼ってやりさえすればよいというのではなく，クライエントにとって，どのような意味をもつのかを意識的に検討し，合理的・効果的な見通しや目標に向って展開されてゆかねばならないことを原則とする。

⑦ **ワーカーの自己理解（自己分析）**　クライエントに対して効果的な援助を進めてゆくには，ワーカー自身が常に自分をふりかえり，みつめ，自己分析を行い自分の心理や行動の特異性，欠点等をよく理解してクライエントと接することを原則とする。

⑧ **秘密厳守**　人間は，自分のもっている問題（困っていること，悩みご

と，悲しいこと，恥しいこと等)を他の人に知られたくないという強い気持ちがあるのをよく理解し，ワーカーはこれを絶対に，責任として，また職業倫理からも他に口外してはならないという守秘責任のあり方を原則としている。(1)

第7節　グループワーク処遇

　児童福祉施設は，いうまでもなく色々な理由で入所することになった児童が，好むと好まざるとにかかわらず，相互に関係のなかったもの同士で人為的に構成された集団の一員として日常生活を中心に送る集団生活の場である。したがって，施設は家庭のように，家族関係を中心とした親と児童，兄弟姉妹といった血縁関係による自然発生的な生活の場ではなく，児童と養護職員による個人と個人，個人と集団，あるいは集団と集団のおりなす相互関係を効果的に利用して日常生活をより高め，児童の人格形成をはかろうとする計画的・意図的な生活の場なのである。施設では，この児童の社会的集団である生活基盤を活用して，社会教育的治療のはたらきにも意義のあるグループワークを用いられてきている。

1. グループワークの定義と機能

　グループワークに関する定義はいくつもあるが，代表的な次の2つの定義をみてみたい。H・トレッカーは1948年に，
「ソーシャル・グループワークは，一つの方法であり，それによって社会事業団体内のグループに属する各人が，プログラム活動における彼らの相互作

用を指導するワーカーによって助けられ，彼らの必要と，能力に応じて他の人々と結びつき，成長の機会をもつ経験も与えられ，もって，個人，グループおよび地域社会の成長と発展をはからんとするものである。ソーシャル・グループワークにおいては，各人は，ワーカーに助けられて各自の成長，変化，および発達のための主要な手段として，グループそのものを用いる。ワーカーは，グループ全体のためと，地域社会のために，指導のもとにあるグループの相互作用の結果である，各人の成長と，その社会性の向上をもたらすよう助けることに関心をもつ[2]」
と定義し，さらに，ジセラ・コノプカ（アメリカ）は，
「ソーシャル・グループワークとは社会事業の一つの方法であり，意図的なグループ経験を通じて，個人の社会的に機能する力をたかめ，また個人，集団，地域社会の諸問題により効果的に対処し得るよう，人びとを援助するものである」とのべている。

　すなわち，このグループワークによる処遇援助を児童福祉施設に導入することは，施設の集団生活の場において，児童がさまざまなグループ経験をする中から，児童一人ひとりのもつ個性や能力を発揮させ，日々の集団生活で生ずる色々な問題を自ら解決克服できることが目標である。それが健全な成長発達につながり，最終的に児童がよき社会的個人として自立できるようはたらきかけるところに本来の意義をみいだすことができるのである。

2. 分類

　児童福祉施設において，このグループワーク処遇の主体的役割を担うのは，一般的にグループワーカーとして児童相談員があたる場合が多いが，保育士も児童との日常的処遇の中で直接的に生活指導の養護担当者としてグループワーク的処遇にかかわっており，グループワークについて精通しておくこと

が必要である。

　ところで，施設における集団生活といっても，児童の所属する集団は，施設養護を展開する処遇形態によってさまざまな集団場面が想定されるが，児童指導員がグループワーカーとして児童集団に関与する領域は，おおむね次の3つに分けられる。

(1)　基礎的生活集団に対するグループワーク処遇。
(2)　意図的集団に対するグループワーク処遇。
(3)　任意集団に対するグループワーク処遇。

以下それらの指導展開についてふれてみる。

3. 基礎的集団に対するグループワーク処遇

　この集団は，児童が毎日の起居，寝食を共にする。おおむね6人から10人ぐらいの仲間で構成される居室や寮舎単位としてとらえられ，そこでの日常生活は保育士と児童，あるいは児童たち同士との人間関係を基盤として展開される。したがって，保育士のグループワーク的処遇は，何よりも児童一人ひとりがもつ発達課題や問題を認識し，児童たちとの信頼関係を築きながら居室や寮舎における生活をいかに安定したものへと発展させていくかにある。しかし，このような生活運営上で保育士のみでは対応や解決の困難な問題，たとえば児童の金銭上の失敗，暴力的な行動，性的な問題，集団に不適応な行動や態度の問題などが生じた場合に，児童指導員は保育士に対する助言，あるいは，問題を引き起こしている児童の指導治療など，グループワーク処遇を展開して，そのグループの安定を回復する活動に即座に取り組むことがもとめられているのである。

　● 事例10 ●
　　A保育士が担当する寮舎の児童7名のうち，S郎（小学5年生）は施設に入

所してまだ3カ月である。S郎はもともと口数も少なく陽気な方ではないが，ここ1週間ばかり何か不安なようすで沈みこんでいる状態がみられ，A保育士が気になってどうしたのか聞いてみるのだが，S郎は何でもないと首をふるばかりであった。翌日，S郎といっしょに風呂からあがってきたY雄（小学3年生）がA保育士に，S郎の腹と太ももの部分に紫のアザがあったことを耳うちした。A保育士はS郎を保育士室によび，S郎の体をみてみるとそのアザは明らかに暴行によるものとわかり，S郎に誰にやられたのか問うのだがS郎は口をかたく結ぶばかりであった。

　ふだんから絶対に暴力はいけないと児童に語りかけ，寮舎で暴力問題には縁がないと確信してきたA保育士は驚き，全員で話し合いをもとうと考えた。その際，この問題をA保育士のみの問題として片づけるのではなく，グループワーカーとしての児童指導員にもこの話し合いに参加して協力してもらうことにした。

　児童相談員とA保育士は，この話し合いをもつ前に，寮舎の最年長児N男（高校1年生）にこの話し合いの司会役をたのんだ。

　S郎が寮舎で暴力をうけずにおどおどしないで生活ができるかということを話し合いのポイントにしぼるように打ち合わせをした。

　話し合いの晩，夕食を終えた児童全員がA保育士をかこんで座り，N男が，自分も小さかったときに殴られて辛かった体験を話し，S郎がいまアザが残るほど誰かに暴力をうけているいやな思いに同情するような態度で，暴力問題について皆がどう考えているのかと進行を始めた。

　これに対する皆の反応は早かった。H子（中学3年生）が下を向いたままのS郎をさとすように，「S郎は黙りこくってばかりいるのでなく，この際勇気をだして誰にやられたのか皆の前でいった方がいいわ」というと，S郎はギクッとする。他の児童もH子の意見に「そうだ，そうだ」と同調する。T彦（中学1年生）が，「S郎のことをのろいやつでイライラさせられると思っても，僕たちはいろいろな面でかばってきたじゃないか」と受容的な態度でのべ，A夫（中学2年生）も「殴りそうなのは僕しか残っていないみたいで，何だが疑われてる感じだけど，僕は絶対やってない」と続ける。S郎の隣に座っていたM子（小学6年生）が「皆がこまってしまうからS郎ちゃんいっちゃいな」とS郎の顔をのぞきこむと，S郎はボロボロ涙を流し始めた。司会役のN男が，暴力は絶対に認めてはいけないし，皆でS郎を守っていくからS郎も勇気をだすようにうながすと，S郎もついに打ち明けた。

　S郎に暴力を加えていたのは隣の寮舎のF男（中学2年生）で，S郎はF男

から誰にもいうなときつくおどされていたので，こわくて仕方がなかったようだ。なりゆきを見まもっていた児童指導員（グループワーカー）は，この問題をすぐに解決しなければならないと判断し，隣の寮舎からＦ男をよび，話し合いに参加させた。Ｎ男が話し合いの経過をＦ男に説明し，Ｆ男の釈明をもとめると，Ｆ男はふてくされながら，うっぷん晴らしにおとなしいＳ郎を殴っておどしていたことを認めた。Ｆ男の態度に対して，皆から，Ｓ郎がおびえていた気持ちがどんなだったか，また，そのことで寮舎の雰囲気が悪くなったこと，暴力はいけないなどと非難が集中し，Ｆ男もまじめな態度にならざるをえなかった。そして，Ｆ男は皆の前でＳ郎に二度としないことを約束して謝った。最後に児童指導員（グループワーカー）は，反省したＦ男にも賞讃の言葉をおくり，全員に民主的な話し合いと勇気が暴力をも追放できることにかるかもしれない素晴しい機会だったと思うと助言した。この話し合いのあと，Ｓ郎は明るくなり，他の児童からもより受けいれられるようになった。

4. 意図的集団に対するグループワーク処遇

　意図的集団に対するグループワーク処遇とは，居室や寮舎での日常生活を基盤とする基礎的集団の枠組をはずして，より施設養護の効果を高めるために，教育的治療処遇の一環として計画的に児童集団を構成し，お正月，ひなまつり，七夕，夏のキャンプ等の年中行事，誕生会，運動会，卒業祝等のプログラム，あるいは，児童の自治会活動，クラブ活動，学習活動，作業訓練活動など種々のグループ活動を援助することによって，児童の個性や能力をのばし，情操や自律的な生活態度の涵養をはかることを目的とした活動である。

　この意図的集団活動を進める際，往々にして職員によっておしつけ的であったり，行事計画を形式的に処理されがちになる場合があるが，児童のニードを十分にとりいれ，児童が主体性をもって自主的に活動に参加できることが望ましい。また，児童にとって日常の生活活動にさらにグループ活動が加

わることになり，児童の心身のバランスが失われないように十分配慮する必要がある。そのためには，児童が自らの力をグループ活動をとおして発揮できることを知り，自分の目標に向けて達成できるよう，また，かかえている問題を自ら解決できるように，仲間の力動的な相互作用をとおして自己決定の機会を多くもてるよう働きかけていくことが重要である。

5. 任意集団に対するグループワーク処遇

　この任意のグループ活動は，一人や数人の児童のもつ興味や関心から創造的な活動を行っていくうちに，他の児童が加わり，持続的なグループ活動として発展していく自発的・自然発生的な活動である。

　たとえば，切手収集からはじまるスタンプクラブ，マンガを書く者同士が集まって作ったマンガクラブ，メンコ遊びグループ，お人形ごっこグループ，工作クラブ，新聞クラブ，野球やサッカーのチームといったように，児童の自由遊びが発展して一つのグループ活動に継続していくなど，この任意のグループ活動の種類をあげれば枚挙にいとまがない。したがって，この任意のグループ活動に対する援助は，グループワーカーが意図的に集団を構成するのではなく，児童自身が自発的・自主的に仲間関係を築きあげていく過程を側面的に援助していく方法である。保育士や児童指導員は，児童が日常生活で任意のグループ活動を自由に展開できるように配慮し，あるときは活動の外側から観察し，ときには活動に加わって，仲間活動のすばらしさを共感することが望ましい。

第8節　その他の治療技術

　児童福祉施設は，入所児童にそれぞれの機能に則した日常生活指導をとおして，社会生活が健全に送れる一員となるよう，あるいは，知的障害児や盲ろうあ児等にとっても，できるかぎり社会に適応する一員になるように努めている。他の節でみてきたように，具体的な生活指導，ケースワークやグループワーク処遇等を駆使しながら，施設職員は専門的に児童のニーズに対応するわけであるが，ややもすると，これらの範囲内で主観的な判断や処置に導いてしまう危険性も考えられ，施設職員は児童の養護を進めていくうえで万能ではないことを認識しておかなければならない。ときには，医師による適切な医学的治療や，心理療法士による心理療法，リハビリテーション分野の理学療法，作業療法などの専門分野にたよらなければならず，これらの処遇技術は単独に働きかけられるのではなく，施設職員との共同によるチーム・アプローチが原則となる。

1.　医学的治療

　施設では，嘱託医あるいは看護師が健康管理にあたるが，児童が入所前に適切な治療処置をうけていない場合が多く，慢性的な疾患である耳鼻咽喉疾患や内臓機能障害，皮膚病などをもった児童がめだち，施設入所中に施設職員は嘱託医や専科医と連携して疾患を治療できるようにし，家庭復帰や社会的自立に向ける必要がある。

　乳児院では，そけいヘルニア，股関節脱臼，斜頸，兎唇などの先天性異常

による疾患の発見，治療が重要である。虚弱児施設の入所対象は，かつて栄養不良および結核性疾患の児童であったが，わが国の医学の著しい進歩にともなって，今日では気管支喘息，腎炎・ネフローゼ等の腎疾患をもった児童にかわり，医学的治療や療育が主目的になっており，肢体不自由児施設のように，身体機能に対する医学的治療や機能訓練・職能訓練，そして生活指導を行っている施設もある。いずれにしても，慢性あるいは急性の疾患に施設職員は敏感に対応して治療が進められ，児童のより健康な身体的状況を確保することは施設処遇における大前提として考えなければならない。

2. 精神医学的治療

　施設入所児童の中には脳や中枢神経系の器質的・機能的障害や神経症，精神病などの治療を必要とするケースが増えている。それらの中でも，発作的に起こる脳障害が原因で，けいれん，意識障害などを示すてんかん疾患をもつ児童が多くなっている。てんかんは脳波により，小発作，大発作，精神運動発作等の発作型に分けられている。大発作が起こるたびに，てんかん児の多くが人格障害や，知能低下，行動問題の悪化をきたすことを考えると，まず脳波検査によって発作型を調べ，それにあった投薬による治療を優先させなければならない。

　その他に，落ちつきのない児童や，行動規制がきかなかったり，異常行動を示す児童に脳波検査を試み，問題が器質的な脳に起因するものか心因性によるものなのか，あるいは両方の要因をもつものか，脳波所見を参考に指導面や治療面でのアプローチをすることが重要である。

　また，知能程度が IQ 75以下で，小児自閉症など心因性緘黙の疾患をもつ児童が，しばしば知的障害児とまちがえられ処遇される場合があるが，これは精神科医による治療が必要であることはいうまでもない。

さらに，児童自立支援施設では生活指導プログラムに加えて精神分析療法や，行動療法，遊戯療法を用いて入所児童の不良癖を改善する取り組みが展開されているが，とくに高度な心理的専門性がもとめられる治療といえる。

3. 遊戯療法（プレイ・セラピー）

遊戯療法は，アンナ・フロイト（イギリス）やメラニー・クライン（アメリカ）など多くの心理学者によって，言語表現の不十分さや言語連想の貧困さをもつ児童に対する心理療法の効果的な治療として，言語の介入より児童がもっとも自然な自己表現をできる遊びを通じて，児童の内部にある緊張，不満，不安定性，攻撃性，恐怖などを表現させて，これらを消去していく方法が研究されてはじまったのである。このプレイ・セラピーは高度な訓練をうけた心理療法の専門家でないと治療は不可能である。

かつては，心理療法士の配置は情緒障害児短期治療施設のみであったが，1999（平成11）年4月より虐待，ひきこもり等の理由で心理療法を必要とすると児童相談所長が認めた児童が10名以上入所していて，心理療法が行われる部屋や設備を持っている施設に配置されることになり，処遇効果を高めている。処遇困難児童の入所が増加傾向にある現実に立てば，全施設への配置が必要と思われる。

4. リハビリテーション

リハビリテーションは，治療段階を終えた疾病・外傷による身体障害者に対して，医学的・心理学的な指導や職業訓練をほどこし，社会復帰をはかることである。今日では，盲ろうあ児や知的障害児に対する機能回復訓練にも関心が高まり，訓練の内容や方法に関して施設それぞれが独自の工夫に取り組んでいる。一般的なリハビリテーションの専門分野としては次のようなも

のがある。

① **理学療法**　身体機能回復のために，単にマッサージによるだけでなく，高度の技能とさまざまな用具の使用に習熟した理学療法士（physhcal therapist）が，電気刺激，歩行訓練，手動訓練，温浴などを用いて治療を行う。

② **作業療法**　身体機能や精神に障害のある者に，作業療法士（occupational therapist）により主に上肢の技術向上をめざして，手芸や工芸などの作業指導をとおした応用的動作能力の回復や，職業につくことの可能性までみきわめる社会的適応能力の回復がはかられる治療である。

③ **言語療法**　脳性麻痺や脳血管障害などで音声言語機能に障害のある者，あるいは難聴者に対し，言語療法士（speech therapist）が，他者に伝達できる言葉の訓練を行い，音声言語能力の回復をはかる。

④ **運動療法**　これは理学療法の一種であり，四肢，体幹に機能障害のある者に対し，運動療法士（Kinetic therapist）が，障害者の状態に応じて他動運動，能動運動，応用動作訓練をとりいれ，障害者に自から身体を動かさせ合理的な方法で治療を進めることから，運動機能の回復をはかるうえで効果が高いといわれ，運動療法の効果性に着目すれば，他の理学療法は単なる補助的方法として考えられている。

⑤ **視能訓練**　両眼機能に障害のある者に対し，視能訓練士（orthoptist）が両眼の視機能の回復をはかる矯正訓練を行う。

⑥ **その他**　知的障害児や盲児に対し，触覚，嗅覚，味覚，聴覚などの感覚を鋭敏に発達させる訓練や歩行訓練を行い，障害の軽減，人間性や社会性の発達などに促進がはかられている。

5. 治療技術の統合

　この節の冒頭でチーム・アプローチについてふれたように，施設入所児童の一人ひとりがもつニードに対し，それぞれの治療技術がばらばらに展開されたのでは処遇の効果を高めることは期待できない。医師や看護師，心理療法士，リハビリテーションの療法士，ケースワーカー，グループワーカー，そして，保育士，児童指導員などが強力なチームワークを組んで，身体的，心理的，社会的，教育的，あるいは職業的な分野が統合されて児童のもつ潜在的な能力を最大限に発揮できるよう，指導，治療，訓練をめざすことが重要である。そして多くの専門家による人間の尊厳を基調にした，児童を全人的にとらえたチーム・アプローチが不可欠である。

第9節　アフター・ケア

1. アフター・ケアの意味

　施設養護を進めていくなかで，親子関係調整を促進努力した結果として児童の家庭復帰，あるいは，長期間の施設生活を終えて中学卒業，または高校を卒業して就職し，社会参加を果たした児童に対して，施設のはたらきかけは終ったと片付けるのではなく，児童がそれぞれの生活の場に定着できるまで見守り，児童の真の社会的自立が確認されるまで施設を退所したあとのアフター・ケアは重要である。

　1967年度以降，厚生省の「児童福祉施設退所児童に対する指導の強化について」という通知にもとづいて，退所した児童の指導は都道府県知事と委託

契約をかわした養護施設，知的障害児施設，盲ろうあ児施設，肢体不自由児施設，児童自立支援施設を退所したおおむね1年以内の児童（退所後18歳をこえた者および18歳をこえて退所した者を含む）で知事が指導を必要と認めた児童に対し，退所児童指導費の名目で，施設職員が退所児童の自宅あるいは職場を訪問指導する往復交通費の一部補助がされてきている。しかし，現実的には退所児童の家庭での再不適応問題，職場でのトラブルなどに施設職員は多くの時間をさいているのが実状であり，この施設職員の訪問指導交通費の補助だけではアフター・ケアを進めるうえでなんとも頼りないものであった。

■ アフター・ケアの進展

このアフター・ケアにとってようやく進展がみられたのは，1988（昭和63）年度にさきの「児童福祉施設退所児童に対する指導の強化について」の通知が21年ぶりに厚生省事務次官通知で一部改正が示され，児童家庭局長通知により「児童福祉施設退所児童指導要綱の運用」に衣がえされたことである。新制度として，児童家庭局長通知「自立相談援助事業の実施」によって，自立援助ホームの設置と入所により指導する小規模施設の制度がスタートした。また，同局長通知「養護施設入所児童のうち中学校卒業後就職する児童に対する措置の継続等について」では，就職後一定期間は要養護性が依然として高いことから，この期間を職場定着のための訓練期間と位置づけ，措置を継続し，施設から通勤させ，その間施設職員が引き続き適切な助言・指導を行うことにより，児童の社会的自立を促進することを目的として，おおむね6カ月間まで施設から職場通勤を可能にした措置継続を認めたことと，いったん措置解除し就職した後，何らかの理由により離職し，自立するにいたっていない児童等について，再び養護に欠ける状態にいたり再措置を必要な児童に対する再措置の徹底をはかったことである。

このように，国の15歳児童を主眼においたアフター・ケアを進展させた施

策について一応の評価はできるものの,実際には20歳前後までケアを必要とする退所児童が多く,転職のたびに,施設が身元保証人になって継続的な指導の努力をしても効果があがらなかったり,身元保証人になったために生ずる損害賠償責任を負ったり,挫折してノイローゼにおちいった退所児童を,入院した精神病院のケースワーカーと協力して社会復帰させなければならなかったり,本当の意味でのアフター・ケアは,それぞれの施設が費用も自己負担で道義的,人間的に責任を感じて遂行されているのが実状である。

● 事例11 ●

E子は現在19歳で,施設生活は乳児のときからで長かったが,優秀な成績で高校を卒業,高校の特別推せんをうけて東京にある大手の呉服問屋の会社に就職でき,養護施設H園から会社の寮生活に入って8カ月になる。半年前に,H園のE子を担当していた保育士が上京し,寮にE子を訪問したときには,はじめのうちは耳なれない呉服の名称などを覚えるのに苦労したり,寮での生活にも神経を使ったようだが,今はすっかりなれて大丈夫だとはりきっているE子の明るさから,職場へも寮にも定着できているようすであった。

それから3カ月後に,E子から近況を書いた手紙がH園に届いたが,その中で自分が施設で育ったことを後悔しているE子らしくない文面がめだち,職員は気になった。早速,保育士が長距離電話を寮のE子にかけてようすをたずねてみるが,仕事で疲れて帰ってきたので声にも元気がないのか,そして口をつぐんでしまいがちであった。

翌日,報告をうけた園長が会社の人事担当者に電話でE子の状況をきいてみたところ,最近のE子は,欠勤が多く,寮でも他の寮生に対して,自分の悪口をいっているとか口走ったり,わけのわからない行動をしているようで,人事担当者もどうしたものか困惑していたところであった。

園長が上京して,まず寮にE子を訪問すると,部屋はちらかり放題で,感情が消えてしまったような顔つき,私はじゃま者とつぶやくばかりで,H園にいたときのE子とは思えない急な変わりぶりであった。寮でE子に親しくしてくれていた友達から話を聞いてみると,数人で楽しくおしゃべりに興じていて,話題がそれぞれの家族の話題になると,それまで明るかったE子がいつも黙りこくってしまっていたことがわかった。

園長は,東京の知り合いの精神科医にE子をつれて診察をうけさせ,E子が

統合失調症になっていることがわかったのである。E子をひとり東京で入院させるわけにはいかず、会社には事情を説明のうえ休職扱いにしてもらい、E子をH園につれて帰り、H園の近くの精神科病院に入院させてE子の治療回復を待つことにした。

さて、同世代の一般家庭のほとんどが高校進学し、親の保護のもとで成人への準備をしている今日の中で、施設では中学を卒業した15歳から一人で社会人としての道を歩まねばならない児童にとって、成長発達的にも法的にも未熟な存在のままで、そのアフター・ケアの大変さについてはふれてきたとおりであるが、ときにはこのE子の事例のように高校を卒業して順調に社会生活をスタートした喜びもつかの間、暗転してアフター・ケアに力を注がなくてはならない場合もある。E子のように、施設出身者の中には、全社の同僚や上司、あるいは友人に対して、自分の生活歴の秘密を知られたくないという気持を強く持ったまま成長している者が多く、周囲からみれば些細なことと思われるかもしれないきっかけで人間関係が築けなかったり、またその関係がもろく崩れてしまうことなども、理解していなければならない。

2. アフター・ケアの出発点

アフター・ケアは、じつは児童が施設に入所した時点からすでに始まっていると考える必要がある。施設の生活の中で、職員が児童の気持をあたたかく受容し、絶えない支持や援助をくりかえし、児童の成長発達に注ぐ努力をつうじて、児童の大人への信頼感を回復させ、またときには荒れくるう児童の心に、職員が共に悩み苦しんだ体験の共感関係をとおして、自信感をふるい起こさせて、児童がもつ施設で生活していることを恥かしいとか、隠したいという思いをとりのぞく、ふだんからの激励と働きかけが大切である。児童自身が、一般家庭では経験できない施設生活の積極面もあることを認識し、

また自分の施設での生いたちを堂々と他者に語ることができる児童に成長できる施設養護の取り組みにまで高める必要がある。自己の受容が他人の受容をもたらす結果ともなる，いわゆる自己覚知のできる児童が多くなることをめざすことがアフター・ケアの出発点であり，アフター・ケアの軽減にもつながると考えたい。

注
(1)　大谷嘉朗・豊福義彦・飯田進『養護内容論』ミネルヴァ書房, 1976年, 124～126頁。
(2)　ハーレー・B・トレッカー著／永井三郎訳『ソーシャル・グループ・ワーク』日本 YMCA 同盟, 1957年, 3頁。

VII章 施設養護を高めるために

第1節　処遇効果の測定評価

1. 測定評価の前提条件

■ 処遇領域と評価

　施設養護を必要とする児童は，何らかの心身のハンディキャップや，情緒・行動・環境的な問題性を錯綜して抱えている場合が多い。こうした個々の児童が持つニーズを援助するために，大別して3つの援助領域が考えられる。日常生活分野，教育的分野，専門治療的分野である。処遇サービスの展開はある場合は個別的な分野で，ある場合は3分野が協同的・総合的に展開しなければ処遇効果を高めることができない場合がある。したがって，処遇効果の測定評価は，3つの領域に向けられ，さらに総合的・全体的に向けられる必要がある。処遇サービスというのは，個々の入所児童が持つニーズの援助であり，処遇効果の測定評価というのは，個々のニーズを援助したある期間の効果を知ることである。個別化された援助計画（処遇目標・計画ともいう）にもとづき，一定期間具体的に実践した援助の結果がどうであったかを客観的に評価し，新たな援助計画の策定と実践に結びつけていくことが，測定評価の前提条件として考えられる。そこで，より具体的に考えてみると，ひとつは児童の園内生活の変化をとらえることであり，もうひとつは退園後の生活適応（職場・日常生活）をとらえることである。とくに，施設養護における処遇効果のねらいは，退園後の生活適応のいかんである。

■ 施設養護の性格と評価

　施設養護は保護的要素が強く，受容的で，いわば温室的な生活環境で，実

社会の生活とは異なる部分が多いように思われる。園内生活の適応度と，社会生活の適応度とが一体化・連関してゆくような施設養護サービスが展開されるべきで，社会生活に適応できない園内生活の優等生をいくら育てたとしても，施設養護が実を結んだとはいえない。通常，人間は他者との人間関係の交わり方や基本的な生活技術を，家庭生活の中で自然に身につけていくといわれている。それは親と子の関係を中心に，家族関係の中で相互に作用し合い同一化の過程を経て自立へと導かれ，友人や近隣社会の中で社会化していくのが一般的な発達過程であるといわれている。このような一般的な発達過程を促進する中心が家庭であるとするならば，家庭を離れ，親による養育を受けられない施設養護の対象となる児童の育成はどうあるべきかという，施設養護内容の根本が問われるのである。施設養護の結果，個々の児童の園内生活がどのように変化したかが重視されるべきであり，単に施設の決まりや約束ごとが守られ何ごともなく生活しているというような，表面的な部分を測定評価するものではない。

■ 社会的評価の意味

　施設を退園した児童の社会的評価は，決して好ましいものばかりではなく，とくに中学校を卒業し，社会生活をはじめた児童に対する評価は厳しいものがある。養護施設を例にとると，施設への入所時期が中学2・3年生に集中し問題が深化し過ぎていることと，施設の専門的対応能力の制約や養護期間の限界などにより，職員がどんなに頑張っても処遇の効果があがらない傾向もあらわれてきている。いわゆる社会的自立の遅滞が顕著となっており，それへの対応として，自立援助ホームの設立や在所期間の延長などが考えられるようになっている。施設養護の対象となるまでの家庭にいた期間や，その児童の受けた家庭養育の中味が意味をもつのであり，そうした児童が施設養護の中で他律的生活から自律的生活へと内面的な成長変化を遂げながら，退

園生活に入れる確かな社会生活適応につながる援助が望まれるのである。

園内生活での変化が，退園後の社会生活に連動し，社会を築いてゆく良き一市民に成長することが施設養護の目標であるとするならば，処遇効果の評価は，むしろ現実的な面でのとらえ方ではなく，長期的，内面的，全人的にとらえ直してゆく必要があり，その児童のもつ表面的な問題性のみにこだわり過ぎてはならない。評価の重要な目的は「生きている人間」を理解し，成長変化のために必要な新たな援助方法を見出していく根拠とするべきであり，人間を○×や数字などで枠づけすることではない。

2. 測定評価の基準

▨ 目安としての基準

ある事柄を理解し判断する場合，何かと比較したり，何かの基準とつき合わせて検討することが通常であり，その比較した結果にある価値判断を下すことを「評価」するというのである。

発達に関する測定評価の一般的基準の原型のひとつに，幼児期における生活習慣の基本がある。「生活習慣の5原則」といわれ，食事，睡眠，排泄，清潔，衣服の着脱などの習慣形成が，社会生活に必要な生活技術の基本型とみなされている。これらが年齢に応じてどの程度習熟されているかによって，発達の状態を知るひとつの目安とされている。

小学校などで評価されている，性格・行動の様子は，以下の領域が考えられているようである。健康安全の習慣，礼儀，自主性，責任感，根気強さ，創意工夫，情緒の安定，協力性，公平さ，公共心などが，3段階あるいは5段階評価され，学校生活の適応状態が理解されるようになっている。

▨ 評価基準の実際 (1)

一例として，福島県の児童相談所が採用している，施設在所児童の再判定

のための性格評価基準は，施設の種別や乳・幼児によって異なっているが，まず児童自立支援施設・養護施設・虚弱児施設においては情緒的側面，意志的側面，自我および社会性の発達状況，徳性などがいくつかの項目に分けられ，1年間の処遇効果が測定される。各項目について具体的に要点がまとめられ記述されるようになっている。必要によっては，児童相談所職員が児童と面接をする場合もある。これらをもとに施設長の意見を十分に聞き，協議したうえで措置変更や継続保護の判定がされている。教護児童に対しては，主として不良傾性除去の度合が測定され，知的障害児童は，主として基本的生活習慣の習熟度が測定されるようになっている。また，肢体不自由児童に対しては，感覚，運動，知的面などが測定され，リハビリテーションに関しては，手術の予定や実施部位およびその結果による機能回復のみとおしや現状などが測定評価の対象となっている。その他，施設による調整・指導の困難な家庭に対する相談や親の長期にわたる所在不明調査の依頼がなされたりしている。こうした再判定作業は年に1度，各児童相談所の職員が県内の児童入所施設に宿泊訪問し，ケースごとの相談，職員との話し合いや関係小・中学校を訪問するなどして，処遇効果を高めるための重要な機能を果たす努力が続けられているのである（福島県資料60号様式その1～その7）。

▩ 評価基準の実際　(2)

さらにもう一例をみてみたい。これは養護施設児童指導効果測定表として，秋山智久を中心に東京都福祉研修課，児童養護施設，児童自立支援施設職員セミナー1982年度メンバーらがまとめたものである。この測定表はⅠからⅧまでの領域における評価を，一定期日を定め評価用紙に記入し，それを八角形の効果測定表にグラフで，各領域ごとの数字をむすんでくも形グラフを作図するようになっている。測定回数が4回まで可能であり，年ごとの各領域の変化がひと目で解るようになっており，それをもとに処遇内容の振り返り

をしたり新たな目標の策定が容易にできるようになっている。

具体的に各領域をみてみると，Ⅰの領域は基本的生活習慣について，食事・睡眠・身辺処理・礼儀をあげている。Ⅱの領域の健康については，体力・衛生・疾病をあげている。Ⅲの領域は学習があげられていて，意欲・態度・基礎学力・学校生活などである。Ⅳの領域は経済観念をあげていて，お金の使い方・物の取り扱いなどである。Ⅴの領域は社会性で，意志表現・協調性・交遊関係・社会生活などである。Ⅵの領域は道徳で，規則を守る・善悪の判断・愛情と思いやり・性への正しい関心などである。Ⅶの領域は自己確立で，自省心・責任感・忍耐力・情緒の安定・自己展望などである。最後のⅧの領域は個性の伸長で，積極性・創造性・リーダーシップなどがあげられ，これらをもとに総合所見と今後の課題を記入するようになっている。かなり重要な領域が押さえられており，指導の働きかけが具体的な結果として知ることができ，参考になる部分が多い。なお評価のとらえ方も，5段階に分けられている。

「第1段階＝ほとんどできず，特別な指導を必要とする。第2段階＝できない時が多いが，指導することでできる場合もある。第3段階＝だいたいできるが時々指導する必要がある。第4段階＝ほとんどでき，施設生活の中では支障ない。第5段階＝良くでき，一般社会へ安心して出せる」

と評価点があげられるようになっている。この測定表は主に中学生以上が対象とされているようである。

しかし，どのような処遇効果の測定評価をしても，人間の行動や性格の評価のどこまでが正常であり，異常であるか，明白に区分することは困難であり，ひとつの目安として用いられる場合が多い。また，心理学の領域による心理テストの結果をとおして評価する場合もあり，さらに，医学や精神医学・行動科学などの各領域による測定を要する児童もいる。いずれにしても，よ

り客観的な評価が求められるべきである。

次に実際的な評価の基準を見てみたい。

▎家庭環境の評価基準

施設養護における処遇の改善・向上は，ふたつの側面がある。ひとつは児童自身で，もうひとつは児童と関係の深い親・家族である。親子・家族関係の調整による児童処遇の向上は，施設養護の目的とするところであり，家庭復帰の重要な条件となることを考えると，家庭のあり方・変化が鍵となるのである。児童が家庭復帰をするための措置変更の条件として，児童の成長変化と家庭環境の変化が重要な条件となる。親自身の安定感の増大や自覚，養育への責任感，子供に対する理解や態度などが好転し，再び家庭崩壊・親子離散の心配が消失しない限り，家庭復帰は困難である。しかし，知的障害児，肢体不自由児，盲ろうあ児などは，家庭の養育機能のみでは養護しきれない現実があり，社会的養護機能である施設養護と家庭が養育機能の分担を明確にしながら養護を進めていく場合がある。

家庭環境の変化は，先述したことに加えて家族内の人間関係，就労状況，収入状況，健康状態，住居，近隣の生活環境，学校などが含まれて，どのように変化したかが測定評価されなければならない。

▎児童処遇の評価基準

児童処遇の評価基準は，施設の建物や設備，職員配置の増員，衣食の向上というような表面的な評価にとどまるのではなく，精神生活の豊かさ，情緒の安定度，所属感，生活参加意識，自律性などの自己確立の進度，すなわち内面的・精神的な成長変化の有無をしっかりとらえる必要がある。

さらに必要なことは，児童の発達評価である。児童によっては著しく発達遅滞がみられる場合があり，一般的な発達基準と比較しながら評価しなければならない。その他生活適応能力として，日常の生活技術の習得度および習

熟度や人間関係形成能力の測定評価が重視されなければならない。また，学校生活適応度として学習意欲や集中度，学力，交友状況などが測定評価される必要がある。

▰ 児童養護施設での評価

児童養護施設の場合，児童が学力遅滞，情緒不安定，軽度の知的障害，不登校，自閉傾向，一過性の非行などをともなった入所ケースが増加しており，さらに，いくつかの問題が重複している例も多い。いずれも家庭環境にその原因をみることができる。したがって測定評価の基準として，まず，家庭環境の評価，学校での生活態度の変化，登下校時の状態などの測定評価に次いで，情緒や意志の変化過程，自分の意志で生活を考え生活を築いていく態度が育っているかが重要な評価視点となるであろう。留意すべき点は，施設での日常生活や学校生活においての緊張感・不安感・不満感をどこでどのように発散しているかが大切な視点となる。発散の仕方を，情緒や行動上の問題としてとらえるか，単なる発散であるととらえるかで，結果は大きな違いとなってくる。まさに施設の専門性が問われるところであろう。

要するに，児童養護施設の場合は，生活習慣の習熟度，情緒のバランスおよび安定度，生活意欲の変化を中心に測定評価する必要があるであろう。

▰ 児童自立支援施設での評価

児童自立支援施設の場合を考えてみよう。非行少年は，はじめからいるのではなく作られていくものであるといわれているように，非行行為の原因を追求し改善をはかる必要がある。やはり家庭環境の改善が第1であり，その変化の測定は重要となる。児童自身の不良傾性の除去がどこまで進んでいるか，的確に知る必要がある。また，学力の向上，生活意欲の変化，身体的健康，生活習慣の改善，興味の対象変化や持続性，充足感の状態，心理学的補強度などが測定評価される必要がある。さらに，医学的・精神医学的面から

の援助の結果のチェックも必要である。

■ 知的障害児施設での評価

　知的障害児の場合，まず重要なことは健康の保持向上である。いろいろな訓練をこなしていくためには健康が重要な要素となるので，とくに身体的欠陥や低体力をともなっていることが多い実情を考えると，健康状態のチェックは大切である。

　知的障害児の養護条件は，環境・保健給食・しつけの3つがあげられていて，健康で安全な環境の中で社会生活に必要な生活技術を最低限身につけることが望まれている。したがって，生活技術の習熟度が測定の対象となる。その他，言語や計算などの教育的効果も測定する必要がある。また，軽・中程度の児童については心理的ニーズが阻害され，充足されないために生ずる問題傾向，2次的特性の状態も測定する必要がある。

　黒丸正四郎は「精神薄弱児のために」の中で2次的特性について次のようにいっている。

　○　消極的・逃避的傾向＝人を避けたり，何をしても自信がなかったり，ぼんやりして反応を示さない行動。

　○　反抗的・攻撃的傾向＝落ちつけずよそ見をしたり，他の子どもにいたずらをしたり，ちょっとした刺激で癇癪を起こして乱暴したり，人を傷つけたり非行に走ったりする行動。

　○　神経症的傾向＝いつも頭痛を訴えたり，嘔吐したり，指しゃぶり，爪かみ，夜尿などの悪癖がなかなかとれなかったり，土や石けんを食べたり，吃音，緘黙，夜驚，食欲減退などの反応。

　○　非行傾向＝たとえば寒いから火をつけたとか，園がもえたら家に帰れるなどの是非・善悪の判断がつかないままで行う非行や，幼児や動物など自分より弱いものに対する残虐行為や性的非行行為などをあげている。

■ **精神的健康の評価基準**

　以上，施設養護の代表的な3施設の測定評価のポイントについて見てみたが，最後にもっとも重要と思われる精神的健康の評価基準の考え方についてみてみたい。渡辺康の「精神衛生と適応の問題」の中に，精神的健康の一般的基準について，次のような考えを示しているので参考にしたい。

(ア)　個人の欲求と社会の要請が調和している。

(イ)　精神的に成熟していること，幼い未成熟な行動の型がないこと。

(ウ)　効果的な適応をしていること，欲求不満の事態を適当に処理することができること。

(エ)　自分および他人を理解していること。

(オ)　現実を理解して，それを受け入れ，逃げずに直面する勇気と自信をもつこと。

(カ)　性格がまとまっており，行動が一貫していること。

(キ)　身近な欲求をすぐ満足することばかりにこだわらず，遠い計画的な目標をもち，当面の欲求を抑制して，その目標に到達するよう努力することができること。

3. 測定評価をとおしての反省と活用

　それぞれの施設においては，毎日であるか1週ごとであるか，1カ月ごと，3カ月ごと，6カ月ごとであるか，1年ごとであるかわからないが，何らかの形で処遇効果の測定評価をしているものと思われる。1人の児童の施設養護は，親にかわり家庭にかわって養育を代行する社会的責任を負っているのである。親が自分の子供を，自分の思うなりに育てる立場と施設養護は根本的に異なる。いわば養育の専門家としての立場に立つのである。専門家としての責任を考えるとき，親や社会に対し，処遇効果について具体的・客観的

に立証しなければならない。処遇効果の大部分の測定が，行動観察によるものが多いため，測定評価者の主観的判断に陥りやすくなるので，複数者による必要があろう。児童の内的成長変化を願うのであればあるほど，測定評価は困難がともなう。俗にいう長所が欠点であったり，その反対の場合もあるだけに，客観評価が重要なのである。

処遇効果の測定評価は，1人の児童を採点・区別することが目的ではなく，示された結果に対し今後どうするか，新たなニーズにもとづいた養護計画の修正に重要な意味をもっている。あえて，言葉をかえていうならば，施設や職員の養護内容のすべてが問われていることでもある。ある期間の養護努力の結果に対し，すべての施設関係者は謙虚な気持ちで振り返りをし，自己を知り，さらに養育の可能性に立ち向かっていく決断の貴重な機会としたいものである。

測定評価をとおして処遇内容の反省がもたれ，一人ひとりの児童の処遇の向上改善に活用されるよう，その目的・意味が十分に理解され処遇効果が高められなければならない。

第2節　職員のチームワークの確立

施設養護の仕事は，職員1人だけの努力で成り立つものでなく，他の職員との理解ある協働があってこそ養護効果を高めることができる。とくに児童福祉施設は，児童の人格形成を援助する大切な責任をもっており，施設職員のあり方が問われてくるのである。児童のニーズに適切にこたえていくのに，職員間の信頼関係を深め，職員同士が共通の養護理念にたち，互いに補い合

いながら協力するチームワークを確立した仕事を進めてゆくことが重要となる。

1. 施設長と職員の協働
■ 施設長と理事会・職員
　施設の経営主体と責任主体である理事会から施設の管理者として任命された施設長は，理事会によってうちたてられた養護方針にそって職員集団が仕事を展開していくよう仕向けたり，逆に，現場で施設養護を高めてゆくために必要な児童の生活環境や職員の労働環境など諸条件を整備してゆく理事会の責任をもとめたり，理事会と職員集団とのパイプ役としての役割を担っている。したがって，職員は施設長の児童観や養護理念を理解し，施設長のリーダーシップのもとに，民主的な関係を保持しながら，施設事業の目的に向って協調し共に進んでゆく施設長と職員のチームワークの形成が望まれる。

■ 職務分担と施設長
　施設長は，まず職員の職務分担内容を明らかにする必要がある。この際に気をつけなければならないことは，児童指導員や保育士，その他職員が自分の職務分担の範囲が明確にされると，職員相互にそれぞれの分担範囲内での責任遂行だけにとどまってしまい，施設全体としては落ちこぼれる部分が出てきて，職員の責任回避や自信喪失などに結びつくようなおそれがあることである。そのために施設長は，職務分担の明確化がはっきりと区分できない面もあり，オーバーラップする部分が多くある職員相互の仕事上の関連について，職員会議などで職員に十分な理解をさせるよう努めたり，職員相互にもよく話しあえる機会を保障して，全員が納得できる職務分担の確認が行えることが肝要である。職員自ら積極的に他職員と手をつなぐ気持ちになれるよう配慮し，常に職員一人ひとりの働きがどのように全体に影響するかを認

識させる努力をしながら，事業の遂行に支障が生じないよう留意しなければならない。そして，職務分担を明確にしたうえで，その権限を十分に考慮し，可能な限りに権限の分与が行われる責任体制が確立されるならば，職員の士気向上に大きな影響があることを知っておく必要がある。

さらに，施設長は，職員一人ひとりにとって公正な労働条件や待遇改善をはかり，研修の機会を与え，施設内外の情報を的確に伝えるなど，どの職員も職業意欲をもって精一杯働くことができるよう仕向けることが大切である。

以上にのべてきたことは，ややもすると管理体制の強化ではないかと受けとられがちであるが，あくまでもチームワークの根幹として理解される必要がある。

2．職員同士の協働

■ 職種間の協働

施設の日常生活の中で，直接的に児童とかかわる職種は，保育士，児童指導員，児童自立支援専門員，児童生活支援員，看護師，ケースワーカー，グループワーカーなどをあげることができよう。しかしながら，これら直接的処遇職員が児童の養護を展開していく過程で，間接的処遇職員とよばれる他の職種の人々の理解ある協力によって支えられなければ，養護効果を高めたり，円滑に進めることができないと考えられる。施設には，さきにあげた養護部門のほかに次のような職種による部門がある。金銭・物品の出納，会計帳簿等の記録，文書の発・受信，電話・来訪者の応対，施設全体の管理などを行う事務管理部門。次に，限られた飲食物費予算の中で，栄養士が児童の好みにあった，必要なカロリーをみたす献立を考え，調理員とともに心のこもった食事を作る給食部門。その他に，縁の下の力持ちとして，施設の環境整備や雑務的な仕事をひきうけてくれる用務部門。さらには，施設の種類に

よって，医師やリハビリテーションの専門療法士の医療部門などである。

　これらのいくつかの部門の中で，ややもすると，児童養護に中心的役割を果たしているのが養護部門と思われがちであるが，決してそうとはいえず，他の部門との連携や協働なくしては，養護部門は一人歩きすることができないのである。もし，それぞれの部門が自分の領域にこもって，他の部門と非協力的関係に陥る状況が生じたとしたら，もはや児童養護どころではなくなるであろう。それゆえに，各部門内はもちろんのこと，各部門間にわたる職員同士のチームワークは児童養護を進めていくうえで不可欠なことである。

▰ 職場環境と職員の意識

　施設養護を高めるためのチームワークの前提は，職員会議などで各自が施設職員としての自覚をもち，相互に思っていることや意見が自由に十分に話し合われることをとおして，他の職員を理解でき，信頼して尊敬し合うことからはじまる。職員全員が一致して施設の目的に向かいながら相互の欠点を補い合い，自己覚知が行われ，職員自らが変容でき成長を期待することにある。職員会議の決定などにひそひそとかげで文句をいったり，他者の批判をしたり，一時的なうさばらしをする職員がいると，チームワークに支障が生じやすいので，職員会議でどんなに小さなことでも堂々と発言できるように，職員は態度を改めなければならない。また，職員が外部で自分の勤めている施設について不満や批判をぶつけることもみられるが，おそらく自由に発言できない雰囲気の民主的な運営がなされていない施設と考えられ，このような施設の職員は，専門家としての調整能力を発揮し施設養護を高めるために，施設長も職員も一体となっていく連帯意識，同志的な結合を基盤にするチームワーク形成をめざして努力するべきである。すなわち，職員相互が仲よく助け合い，気持ちよく仕事ができることによって成長しあっていける民主的な組織体制をつくろうとする努力が，確固たるチームワーク形成につながっ

ていくと考えられる。

● 事例１ ●

　短大を卒業して保育士資格を取得し，希望に胸をふくらませ児童養護施設Ｋ園に就職して半年たったＡ保育士が，自信を喪失してしまいひとりで悩んでいた。Ｋ園では各居室が幼児から高校３年までの10名で構成され，その居室を２名の保育士が担当する体制で，Ａ保育士はベテランのＢ保育士とともに仕事をしていた。Ｂ保育士がＡ保育士に，「このごろ元気がないけれど，どうしたの？」と聞くやいなや，Ａ保育士はワーッと泣きだし，自分がまだ20歳であって年齢の近い高校３年Ｓ男へのかかわり方や指導にどうしたらよいのか戸惑っていたところ，給食室の古参の調理員から，保育士資格をもってるくせにＳ男から馬鹿にされてと皮肉られ，落ちこんでしまったことを吐露した。

　Ｂ保育士は，新任のうちは誰でもはじめから自信をもって児童に対応できるわけでなく，経験をつみ重ねていくうちに自信がつくようになるから心配しないようにとＡ保育士をなぐさめるとともに，調理員がＡ保育士をはげますのではなく足をひっぱるような言葉をかけたことは，Ｋ園の職員の信頼関係をくずし，チームワークを乱すことにつながる問題と考え職員会議でとりあげることにした。

　職員会議で，全職員がこの問題について意見をのべ，次のような状況がわかった。よく児童が給食室にやってきては，調理員に保育士や児童指導員についての悪口やグチ話をし，それを一方的にうけとめた調理員の間では，児童に同情的になり，ついつい直接的処遇職員は一体どんな日常処遇をしているのかといった批判的な見方や話が多くなっていた。たまたま新任のＡ保育士にＳ男から聞いた話を確めもせずにぶつけたようであった。この職員会議の論争が，ひと筋縄ではいかない処遇困難な児童に保育士や児童指導員が苦労しながら一生懸命がんばっている実情を，調理員も認め理解したうえ反省した。今後は児童の給食室での話しなどにも前向きに対応するように努め，重要だと思われるような話や行動があったら直接的処遇職員に知らせていくなど児童の日常処遇に役立つよう協力していくとの表明を行い，直接的処遇職員も児童の状況をできるだけ多く給食室の職員に伝えていく約束をするなど，チームワークがいっそう強まるよい機会となったのである。

3. 専門家集団との協働

　前項までは施設の内部的なチームワークについてのべてきたが，施設内で

完結してしまうだけでなく，もっと広い意味でのチームワークと考えられる施設と種々の専門家集団との協働による社会的チームワークの必要性が強調されてきている。今日の施設に入所してくる児童は多様化した問題を複合的にもっている場合が多く，ひとり施設のみで対処するだけでなく，他の専門家の力を借りて養護効果を高めようとする施設の謙虚な姿勢がもとめられているのである。

　たとえば，施設でケース会議を開催するときに，児童福祉司，児童心理司，あるいは学校教師などさまざまな領域の専門家に集まってもらい検討を深めるなど，質的なレベルアップをはかる必要がある。児童に対する施設職員のチームワーク処遇による養護技術のほかに，ケースワーク，グループワーク，医学的治療，心理療法，リハビリテーションなどの専門的な知識と技術が必要とされ，さらに，児童の家族，里親，学校，職業指導等との関係強化や，児童相談所，福祉事務所，保健所等の社会的機関との関係強化による多様な分野のチームワークの確立は，養護効果を倍加していくことになろう。

第3節　児童相談所等関係諸機関との協働

　児童が施設に入所した後，施設がその役割を果たし，援助が効果的になされるためには，児童をとりまくあらゆる関係者，関係機関との間に密接な連携が保たれる必要がある。いわゆる児童の養護が施設の中だけで自己完結的に行われるのではなく，児童が施設に入所し退所するまで，あるいは退所後の家庭，社会の生活への適応がなされるまで，施設は施設以外の関係機関との連絡を密にすることによって，はじめて児童養護の目的が達成されるとい

うことを銘記しておかなければならない。このことは，児童福祉施設最低基準においても義務づけられており，たとえば同47条では「児童養護施設の長は，児童の通学する学校及び児童相談所並びに必要に応じて児童家庭支援センター，児童委員，公共職業安定所等関係機関と密接に連携して児童の指導及び家庭環境の調整に当たらなければならない」とうたわれている。児童福祉施設に関連する専門機関，施設は多種多様であるが，ここではその中の主なものをとりあげて，連携の重要性を考えてみたい。

1. 児童相談所との関係

図1に示されるように，児童養護施設などへの入所の措置は，都道府県，指定都市が行うが，実際には児童相談所の長にこの権限が委任されている。したがって児童の施設入所にあたっては，まず児童相談所の側から児童の現実的状況（心理判定の結果や，一時保護所における観察の結果，家族関係の調査状況等）や具体的な処遇の指針，将来の見通し，いわゆるアセスメントが施設に対して示される。施設の側はこれらの情報，指針を参考にしながら援助を行

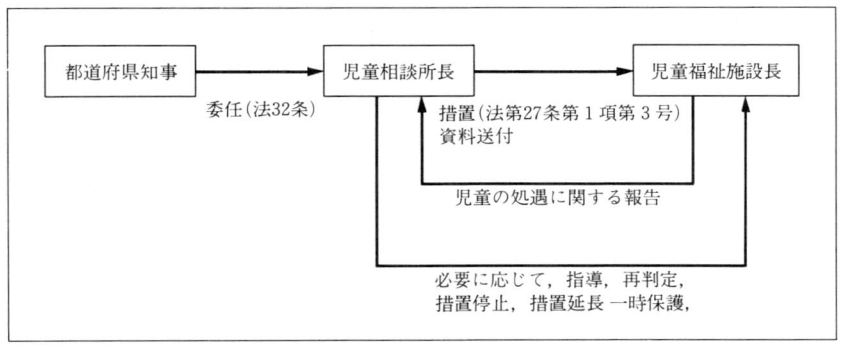

図1　児相と施設の連携

```
都道府県知事 ──委任（法32条）──▶ 児童相談所長 ──措置（法第27条第1項第3号）──▶ 児童福祉施設長
                                              資料送付
                                      ◀── 児童の処遇に関する報告 ──
                                      必要に応じて，指導，再判定，
                                      措置停止，措置延長，一時保護，
```

注）　児童相談所より施設に送付される資料には，児童記録（家庭，問題状況，心理判定結果，一時保護所の行動観察結果等），児童の処遇指針，健康診断書，転出証明書，母子手帳，在学証明書，保険関係書類，施設入所通知書等がある。

い，児童相談所に対してその経過を報告，相談し，必要に応じて，再判定，一時保護等の措置を講じるよう要請したり，あるいは家庭への働きかけや就職の際の協力等，相互に緊密な連携を取ることによって児童の養護が保障されるのである。

● 事例2 ●

　筆者が関係していた東京都内の自立援助ホームに，東北の児童養護施設で中学を終え，東京にでてきて中華料理店で働いていた児童が，出前の途中でマンションの張り紙に火をつけてみたり，店の売上金を黙って持ち出したりする等の問題行動が絶えないので，雇い主が児童相談所に相談にきたケースの入所依頼の相談があった。今日の現実の社会の中での自立は無理かもしれないというのが，児童相談所の判定であったが，とにかくいま一度自立援助ホームで生活することをとおして本児の可能性を探ってみようということで入所した。本児は同じ施設を退所し，同じ中華料理店で働いていた兄の雇い主が弟である本児を引き受け雇っていたものである。本児は児童養護施設に措置され生活していたが，知的発達は遅れていて，本来なら知的障害児施設に措置されるべきところを，兄弟一緒の方が良いということで児童養護施設に措置されていたものである。自立援助ホームでは，本児の自立のために施設としてできる限りの援助の試みをしてみたが，施設として提供できるサービスの限界をこえ，逆にいえば施設としての能力の限界から，本児をして施設生活に安定せしめ自立への準備をさせることができなくなった。この間施設（自立援助ホーム）と児童相談所とは常に連絡を取り合い，また本児の兄の協力を得たり，本児の育った児童養護施設と連絡をとりながらすすめたが，最終的には，今一度児童相談所の一時保護所に帰らざるを得なくなった。

このケースでは，まず自分の育った施設から遠く離れた所に就職した場合のアフター・ケアの問題，とくに就職先でうまく行かなかった場合の問題であるが，この場合，雇い主が自分の地域を管轄する児童相談所に相談し，またその児童相談所では本児に対して各種の検査や心理判定等を行い，雇い主の相談にのり，本児のその後の処遇について考え対応している点で，理想的な形で展開している。次に自立援助ホームに入ってからは，双方の連絡を密にし，施設（自立援助ホーム）における処遇に対してもお互いに相談しながら

すすめ，自立援助ホームにおける援助が本人にとって良くないと判断するや，最終的には一時保護所に入所させている。このように施設と児童相談所との連携がスムーズになされ，お互いに機能すべき役割をきちんと果たすとき，真に児童のための援助がなされる。しかしながら現実には，児童相談所による調査が不十分であったり，処遇の見通しが十分に示されないままに施設に措置されたり，施設は施設で児童が入所してきてから改めて考えるといった対応をして来ていることも少なからず見受けられる。また，児童福祉実践の第1の専門機関である児童相談所の児童福祉司の質的水準が各地方自治体によって著しく異なることや，児童福祉司任用前の研修が不十分であったり，施設は施設で自己完結的に対応しようとしたことがみられることも事実であった。このような状態のなかでは児童の一貫した養護を保障するという本来の児童処遇のあり方にもとるということから，東京都では，1980（昭和55）年から児童養護施設，知的障害児施設等と児童相談所の連絡協議会を発足させ，施設措置に関する情報，問題点等について話し合いを行っている。このような施設全体と児童相談所との懇談会に加えて，大事なことは個々の施設と児童相談所，児童福祉司との普段の関係である。この関係がよく取れていてはじめて，児童に何らかの事故，親による強引な引き取り，無断外泊等が起きたときに適切な対応ができるのである。

2．その他の関係機関との関係

児童福祉施設が関係する機関には，措置委託費の支弁や，施設設備費等施設運営に直接関係するのが，都道府県，指定都市の児童部，民生部の児童課，育成課等である。入所児童の正常な発達を保障するために安定した施設運営は欠くことのできないものであるが，その直接の主管の部署との連携はきわめて重要なものである。

福祉事務所は，家庭児童相談室が設置されていること等から，連絡をとらなければならない重要な機関である。また民生・児童委員についてもその連絡をうまくはかることによって効果的な処遇が期待できる。

　このほか，保健所とは，施設の衛生管理，児童の健康管理の面で常に連携をとる必要があるし，家庭裁判所とは，児童の身分や親権，非行等の審判等でかかわりをもつし，警察とは，児童の家出や，非行等への対応，また職業安定所とは，児童の就職の件で連絡をとらねばならない。

　学校との関係については，関係する施設（児童養護施設，知的障害児施設，肢体不自由児施設，盲ろうあ児施設，児童自立支援施設等）においてはもっとも大事なことであるが，このことについては，Ⅳ章の5節でのべているのでそちらを参照していただきたい。

3. 一貫性養護の保障

　施設養護を高めていくうえで，関係機関との協働についてのべてきたが，最後に施設養護にいたる前での家庭，児童への対応についてのべる。現代社会における親の養育能力の脆弱化，孤立化，あるいは地域の教育力の低下は，あらゆる意味で，経済的にも身体的にも精神的にも，弱い存在のものをますます弱い存在へと追い込んでいく。施設入所児童の二代目の存在の事実（今現在乳児院や児童養護施設等に入所している児童の親自身が，かつては自分も同じような施設に入所していた経験をもつ）は，まさにそのことを裏書きすることでもある。したがって要養護児童に対する一貫した養護の保障は，まず要養護問題を生みだす地域のなかで，その予防から回復まで一貫した家庭への援助のあり方を組み立てることである。いわゆる要養護問題を生みだす家庭への援助のために，現存する社会的諸サービスをネットワーク化することであり，児童相談所，福祉事務所，社会福祉協議会，学校，保健所，民生・児童委員

や，乳児院，児童養護施設，母子生活支援施設，知的障害児施設等児童にかかわるあらゆる資源を有効に組織化することをとおして，地域の中で児童が健全に育つように保障することである。そしてそのような中で一つの重要な役割を果たすものとしての機能が各領域の施設に期待されるのである。

第4節 専門性の確立

1. 施設養護の展開過程における処遇の専門的基盤の確立

　児童福祉施設の種別は，現行法令下において20種別にもおよぶが，これら各種の児童福祉施設において展開される施設養護には，いまだ共通した処遇方法論ともいうべき科学的な援助技術は確立されていないといってよい。

　そこで本節では，施設養護の効果を高めるために，さらにまた社会福祉の一領域としての児童福祉の専門性を高めるためにも，施設養護の展開過程における処遇の連続性ならびに一貫性を保持することの必要性と，さらに処遇援助技術の共通基盤構築の必要性を明らかにしたい。

▓ 処遇過程の連続性と一貫性の保持

　前節で施設養護の効果を高めるために，児童相談所はじめ関連諸機関との連携・協力の必要性を明らかにしたが，ここではとくに対象児童の処遇過程における児童相談所との処遇の連続性と一貫性の保持について改めてのべることにしたい。

　施設養護の展開過程における対象児童の援助は，通常，児童相談所ならびに福祉事務所などの措置機関から送付されてきた「児童票」に記載されている主訴，調査，診断，措置理由などの資料にもとづいて，施設でも独自に調

査し対象児童の受け入れ，診断・処遇方針を立てて展開がはかられる。その際に，措置機関における診断と処遇指針が，施設におけるそれと基本的に一致し，一貫性をもって援助が展開されているかどうか，つまり援助過程の連続性が保持されているかである。すなわち，措置機関における診断によって展開される処遇段階が，施設養護過程における対象児童の受け入れ，診断，治療（処遇）という一連の援助過程と連携し展開しているか，機関と施設における処遇の連続性と一貫性の保持の問題である。

　一般的にわが国の措置機関における援助の展開は，現実には対象児童がひとたび施設に措置されると，そのほとんどのケースは施設養護に委ねることによって途切れてしまうのである。また一方施設においても，措置機関から措置された対象児童に対して，それぞれの施設機能に応じた処遇の展開が独自にはかられ，措置機関との連携は措置解除，措置変更あるいは特別な問題が生じたときに限りはかられるといった実情である。このような実情のもとでは，措置機関と施設養護との常時連携ならびに援助過程の連続性と一貫性は保てないのが通例である。

　こうした援助の連続性や一貫性の欠如の理由は，機関や施設におけるワーカーの不足や援助システム回路の不足があげられる。そしてこの欠如は，児童やその家族が抱える問題の的確な把握と，問題解決への効果的な援助がはかられないばかりか，社会福祉における援助の専門性向上を拒む隘路（あいろ）となっているのである。したがって，児童相談所などの措置機関と施設養護との援助の連続性と一貫性保持は，養護効果を高めその専門性の向上をはかるために，両者において総合的かつ統合的に見直され，相互に連携しあっていく不断の努力が求められている。

■ 援助展開の多面性と治療的要素

　施設養護の展開過程において用いられる専門的援助技術には，各種の施設

とも一般的に次のものがあげられる。

(1) 対象児童の日常生活の領域における自立のための援助技術。
(2) 対象児童を個別化し，入所から退所，アフター・ケアにいたるまで一貫した個別処遇を行うファミリー・ソーシャルワーク。
(3) 対象児童の生活集団や仲間活動など意図的・任意的集団に焦点をおき援助をはかる集団援助。
(4) 施設が地域社会に機能していくために施設を拠点として展開するコミュニティワーク。
(5) 対象児童がもつ障害の軽減や克服をはかるリハビリテーション。

これら社会福祉固有の専門援助技術として確立している各種の援助技術を，それぞれの施設が入所児童の援助過程でどれほど受け入れ活用しているかの課題である。

各種の児童福祉施設には，それぞれ施設の設置目的があり，それに応じた処遇機能を有している。施設養護の展開過程で用いる処遇援助技術は，援助を必要とする児童や家族のもつ諸問題によって異なるのが通例である。今日の施設養護の基本は，対象児童が抱える問題の深さや障害の重複化によって，従来のただ単なる衣食住の充足という日常監護的養護に重点をおいた援助ではなく，人間関係の調整を基盤とする環境療法に焦点をおく処遇の展開である。

すなわち施設養護の処遇ポイントは，温かい家庭的雰囲気の中での人間関係の修得，ならびに基本的生活習慣の確立に向けた生活指導であるとともに，健康，遊び，余暇，教育，地域社会への参加といった各生活領域で，児童にとって施設における毎日の生活が，人格形成の基盤となる日常生活の治療的教育的環境の設定である。

そのために児童養護職員としての保育士や児童指導員は，児童と共に生活

しながら児童一人ひとりの基本的な生活欲求を受容し，彼らの成長発達の課題や彼らがもつ問題や障害を洞察しつつ，豊かな人間関係を築き，またその過程で築かれる信頼関係をとおして，児童が自らの生活課題を克服していけるように，児童のパーソナリティの伸展をはかるようにする。このような援助の展開が日常生活における治療的教育技術である。

さらにまた，施設養護の展開過程における援助の展開は，上述した施設養護の中枢ともいうべき日常生活援助の展開の土台に立って，同時平行的にファミリー・ソーシャルワーク，集団援助，コミュニティワーク，リハビリテーションなどの社会福祉の専門的援助技術を駆使し，対象児童が抱える諸問題や課題に焦点をおき，問題解決および課題達成への援助を行う。

以上のように，現代の児童福祉施設は対象児童やその家族が抱える多様なニーズに的確に応える，施設養護の展開にともなう援助技術を必要としているのである。

▨ 援助の互換性と相互連携

各種の児童福祉施設で行われる施設養護の展開過程において専門性を高めるもう一つの方法は，処遇援助技術の互換性ならびに相互連携である。援助の互換性・相互連携とは，たとえば知的障害児通園施設に通所している児童が，週の何日かを同じ通所型の保育所に通園して健常幼児と共に保育を受けたり，また児童養護施設に入所している児童が，近隣地域にある児童厚生施設としての児童館で，地域児童と共に学校の放課後の時間をグループ活動をして過ごすといった例である。

さらにまた，情緒障害児短期治療施設と児童養護施設，知的障害児施設と重症心身障害児施設といった，同一地域内にある同種または異種の施設職員が，対象児童の援助方法・技術ならびに内容について相互に意見を交換し，共通した援助方法を研鑽し見出していく例である。

このように，同一地域内における各種の児童福祉施設の職員が施設養護の目的や援助方法・技術について相互に研鑽する機会をもつことによって，その地域社会における社会的ケアの基本理念を認識するとともに，児童福祉全体の専門性の向上に向けて協働していくはたらきである。こうした同一の地域社会における各種の児童福祉施設間の援助の相互互換性と援助の連携の認識は，施設養護の展開過程ですでに実践している他機関とのシステム連携——たとえば施設と児童相談所，福祉事務所，保健所，小中高校などの教育機関，病院など——とともに，地域社会における児童福祉全体の質的向上をはかることになる。それはまた同時に，児童福祉の専門性を高めることになるのである。

2. 専門性を支える職員の人間性と科学的思考

▨ 児童養護職員の人間性

　施設養護を展開する上でもっとも重要な働きを担うのは，いうまでもなく児童養護職員である。とくに対象児童と日常的にかかわる保育士や児童指導員のはたらきは，施設の養護効果を高める要といえる。これらの児童養護職員は施設養護の展開過程で，対象児童やその家族との専門職業的対人関係を築くことによって，自らの職務を遂行する。すなわち，保育士や児童指導員は対象児童とともに生活することによって信頼関係を築き，児童の心身の安定をはかるとともに，社会的自立を果たしていくための基本的生活習慣の形成とパーソナリティの助長を援助していくことにある。さらにまた，児童やその家族がもつ生活との諸問題や障害に対して，個別的に集団的にあるいは地域的に解決し専門的に援助することに本来の職務がある。

　E.W. ジャンス博士[1]はこのような専門職業的対人関係を築き，その職務を遂行する児童養護職員にとって，基本的に欠かせない人間性の資質について，

表1のように指摘している。

　このような，熟練したワーカーと未熟なワーカーの〈資質〉と〈社会的適応〉の対比は，ワーカーの専門性を支える人間性の重要性を示唆しているといえる。どんなに秀れたワーカーといえども，完全無欠な人間でありえるはずはなく，施設養護を展開する過程で未熟な〈資質〉や〈社会的適応〉を，より豊かな人間性へと常に向上させようと努力する児童養護職員の人間性が，施設養護の専門性を支える力となるのである。

表1　ワーカーの資質と適応

熟練したワーカー	未熟なワーカー
〈資　質〉	
1. 心から児童を愛し，彼らと一緒に居ることを喜ぶ	1. 児童が嫌いで，彼らと一緒に居るのを好まない
2. 児童の養護に大きな満足を見出す	2. 児童の養護は骨折り仕事だと考える
3. 精力的で健康である	3. 不活発で健康でない
4. 熱意があり，気力に満ちている	4. 熱意がなく，冷淡である
5. 魅力的できちんとしている	5. だらしなく薄汚い
6. 情緒的に成熟している	6. 情緒的に未熟で子供っぽい
7. 情緒的に安定している	7. 情緒的に不安定である
8. 安定感を感じている	8. 多くの不安感を持っている
9. 理由のない不安や心配がない	9. 多くの不安や心配事がある
10. 寛容である	10. 他人に対し，極めて批判的である
11. 協調的である	11. 協調できず，争いが多い
12. 忍耐強い	12. 忍耐できない
13. 公平である	13. えこひいきする
14. ユーモアを解する	14. 笑いが少なくユーモアが少ない
15. 根気よく穏やかである	15. いらいらして根気がない
〈社　会　的　適　応〉	
16. 豊かで満足できる私生活を送っており，仕事によって不満を解消する必要がない	16. 私生活が貧弱なので，その不満を児童を使って解消している
17. 児童がたとえ怠惰であったり，敵意を持っていても，ありのままの彼らを受容できる	17. 児童，とくに敵意をもっている児童に対して，拒否的である
18. 児童を自分自身の情緒，その他の欲求充足のための手段としない	18. 自分自身の問題の解決手段に，児童を利用する
19. 児童一人ひとりを独立した個人として処遇する	19. 児童を十把ひとからげに取り扱う
20. 児童に関する理解がある	20. 児童を理解しない
21. 民主的である	21. 支配的である

■ 科学的思考——記録とスーパービジョン

　施設養護の専門性を高める有効的な方法として用いられるものに、記録とスーパービジョンがある。児童養護職員としての保育士や児童指導員が対象児童とともに生活し処遇援助していく過程で、記録を書きスーパービジョンを受けることの意義は、ワーカーと対象児童との援助関係を客観的に把握し、その事実にもとづいて対象児童に対する処遇援助のあり方に検討を加え、援助目標の明確化と援助内容を評価することによって、より効果的な施設養護を展開することにある。

　まず記録は、対象児童に対する処遇援助を行う各種職員が、それぞれ専門的な立場で職務を遂行する過程で、児童に対して働きかけた方法、内容、それに対する反応や生活上の動静を、事実に則して客観的に記録し評価することに意義がある。とくに施設養護にあたる保育士や児童指導員は、施設養護の展開過程における援助内容や方法、また成果について客観的に記録しさらに分析して、①自己の果たす職務の内容が、対象児童の心身の成長発達や人間形成に適切な援助となっているか、また児童を正しく理解しているかを把握するために、②自己評価をとおして、自己確知と専門職業的自覚をさらに高めるために、③また各種職員とのコミュニケーションをはかるために、とくにスーパーバイザーから助言指導を受けるためにも、正しい記録のとり方を把握していなければならない。

　この他に、記録は用い方によってはいろいろな面に活用される。それは、④援助効果を定期的に確める基礎資料として、⑤ケース会議内基礎資料として、⑥研究資料としてなどがあげられる。

　以上、6点にわたり記録の具体的目的と方途についてのべたが、この記録はそれをとおして施設養護の効果を高めるとともに、施設養護の実際を一般化し理論化していく基礎的資料としても必要なのである。

次に，施設養護におけるスーパービジョンは，児童養護職員やその他の専門職員がより高度な施設養護の実践を可能ならしめるために，その施設養護の実践的領域で経験をつんだ資質の高い，また指導監督者としての研修を積んだスーパーバイザーによって助言・指導を受けるということである。

　このスーパービジョンは，単なる職務管理上の上司からの指導監督ということではなく，スーパーバイザーとそれぞれ専門職員との人格的信頼関係を基盤とするコミュニケーションによって成立するのである。

　それゆえに，施設養護にあたる職員がスーパービジョンを受けることは，自己の職務の遂行過程で仕事が思うように進渉(ちょく)しなかったとき，児童処遇の困難を見出したとき，あるいは処遇方法における一人よがりの独善的態度や行動を起こさないためにも，施設養護職員自らが自覚的，自立的にスーパーバイザーから助言・指導支持，方向づけの援助を受けることによって，自己確知や自己洞察がなされ，新たな意欲と専門職業的意識をもって施設養護に取り組むことができるようにすることである。

第5節　施設養護環境の再検討と改善

　1948(昭和23)年に児童福祉法が施行されて以来，これまでのわが国における児童養護サービスは，法に規定された児童福祉施設による施設養護を中心に展開されてきた。しかし，その間の大きく変動した社会経済状況の影響によって，要養護児童を生みだす家庭的背景も激しく変わり，多様で複雑化した今日のニーズに適切にこたえ，児童の発達を保障するには，施設養護へ一辺倒に依拠する対応では必ずしも十分とはいえなくなってきている。

たとえば，乳児院では近年，障害をもっている乳幼児に対する養育上の訓練や親指導をはじめ，増加する未婚の母に対する養育意識や技術の指導教育などの家族対応，母親との関係がきれてしまった乳幼児のために，できるだけ早期に里親委託をはかるなどの役割がもとめられている。児童養護施設や肢体不自由児療護施設などにおいては，多様化したニーズの中で，児童一人ひとりの個別的対応を配慮した処遇形態を工夫する方法や，家庭復帰の早期促進が課題となっている。また，知的障害児施設では，施設のオープン化事業や福祉圏構想などにより，社会連帯強化をはかり，従来の保護や生活保障，発達保障に加えて，知的障害児の人間としての存在を保障する処遇の確立がはかられようとしている。

　今までの施設機能にとらわれるだけでなく，それぞれの施設がもつ条件を活用して新たな養護サービスを考えながら，親や家族との連携強化はもちろん，里親あるいはファミリー・グループホームなどとの好ましい連携・協力関係をとおして，施設養護環境の再検討と改善をはかり，施設養護をいっそう高めなければならない時期にきているといえよう。

1. 児童の多様なニーズに対応するために
▨ 今日の里親養護

　児童福祉法第27条第1項第3号には，保護者のない児童または保護者に監護させることが不適当であると認められる児童を，里親または乳児院や児童養護施設などの入所施設に措置委託することが明記され，里親養護にも期待されていたにもかかわらず，わが国では根強い家制度的観念などで，里親委託は養子縁組と同意に解されていた傾向がある。里親は善意や奉仕といったイメージでとらえられがちな傾向が，里親養護の普及をはばんできたと考えられる。しかし，欧米諸国では要養護児童も「明日の社会を担う子供」とし

て大切に考え，家庭養育の重要さが一般通念になっていることから施設養護よりも代替家庭が優先されたように，わが国でも，実は児童憲章に「家庭に恵まれない児童には，これにかわる環境が与えられる」という崇高な理念が掲げられているのである。今日，諸外国ではノーマリゼーションの重要性が強調され，施設養護から里親養護へ大幅な移行を遂げており，各国における要養護児童全体の60％以上が里親委託されている状況下で，わが国では全国的に里親養護は昭和40年代を境に下降を続け，1998（平成10）年度末で登録里親7,490家庭，委託児童2,132名であり，要養護児童の10％弱にすぎないといった状況は，単に血縁重視主義が低迷の原因とかざしてすませられるような時代ではないはずである。

■ わが国の里親制度

わが国の里親制度は，1948（昭和23）年10月4日付厚生事務次官通知「里親家庭養育の運営に関して」でうちだされた「家庭養育運営要綱」にもとづいて運営されてきたが，その方針は，あくまで里親は乳児院や児童養護施設などの補完的役割として貫かれ，しかも児童福祉法にいう里親家庭と民法による養子縁組家庭の両者をあつかい，結果的にわが国の養育を目的とする里親の伸び悩みにつながったといえよう。しかし，1988（昭和63）年1月1日から40年ぶりに事務次官通知と児童家庭局長通知の2本建通知で「家庭養育運営要綱」が改正され，改正の目的を「社会情勢の変化，民法等の改正をふまえ，所要の見直しを行うとともに，特別の篤志家に里親になってもらうという従来の理念を改め，広く里親を求め，普通の人を立派な里親に育てていくという新しい理念の下に，要保護児童の養育を推進するため」とし，名称も「里親等家庭養育運営要綱」に改められ，ようやく養育里親の存在意義が認められたのである。

本来，児童福祉法にいう里親家庭は，乳児院や児童養護施設等と並置され

ているはずで，児童の発達保障の観点からみても決して補完的役割にとどめるべきことではなく，この改正を機会にむしろ，施設と協同できる里親制度の運営をはかる方策をめざすことが重要な課題となっている。

■ 「養育家庭」

　国の里親養護の見直しにさきがけて，東京都は1973(昭和48)年4月より「東京都養育家庭制度」を発足させ，それまで要養護児童は施設養護にほとんどたよってきたが，里親制度のとらえ直しを行い，新たに家庭的養護として位置づけ，コミュニティ・ケアの展開を意図して，児童の社会的養護の両輪化を明確にした。従来，養子縁組里親を希望する家庭が圧倒的に多かったが，年々その希望とは逆に要養護児童の質が変わり，養子縁組対象児童は減少していた。そこで，養子縁組を前提とせずに，むしろ家庭生活体験の必要な児童，集団生活よりも個別的生活の方が望ましい児童などのために，児童福祉の視点に立ち社会的に育ててもらえる家庭，その呼称もかえて「里親」から「養育家庭」へと強調し，イメージ・チェンジをはかった。制度の特色として，東京都が一定の条件を満たしている児童養護施設を指定して，養育家庭センターを設置し，1センターに2名の専門ワーカーを配置して，養育家庭の開拓活動，相談，登録のための家庭調査，助言などが行われ，児童相談所との緊密な連携のもとに，毎月1回，養育家庭選定連絡会議を開催し，具体的に児童と養育家庭の組み合せの協議を行っている。また養育家庭の研修会，懇談会，親睦会などを企画し，養育家庭相互でも仲間意識を深めてもらい，社会的養育について確かめあえるような働きかけなどがあげられる。

　発足当初は，都内を担当地域別に4センターであったのが，1988(昭和63)年9月現在では，乳児院に設置された1カ所を含めて9センターとなり，18名の専門ワーカーが配置され，登録家庭270，委託家庭200，委託児童275名であり，発足以来，延べ733家庭の登録と延べ744名の児童を取り扱っている。

また，養育家庭に対して特別な手当等多くの経済的援助を惜しまず制度化した意義は注目されるべきである。

■ 「ファミリー・グループホーム」

さらに，東京都は1982（昭和57）年度から施設養護と里親の中間形態として「ファミリー・グループホーム制度」の試行を開始した。東京都のファミリー・グループホームとは，地域社会における通常の住宅地にある通常の家屋で，おおむね6名の児童を養護していくものであり，1985（昭和60）年度から，都知事の「東京都マイタウン構想」の計画にもとり入れられ，里親型ホーム，施設分園型ホームあわせて50カ所をめざし，ファミリー・グループホーム制度が本実施されたことは，多様な児童のニーズに対して，多くの養護の選択肢を配慮できる児童養護の体系をより充実化していく先兵としての役割を十分に果たしてきたと評価できよう。

● 事例3 ●

T男は3歳6カ月であったが，乳児院生活の中で全く発語がなく，乳児院での生活を余儀なくされていたのであるが，心理判定の結果，精神的発達遅滞がみられるとの不確かな診断しかえられなかった。知的障害児施設へ措置変更するよりも，できれば養育家庭で刺激ある日常生活を経験させることによって回復を期待したいという児童福祉司の要望があり，A養育家庭センターでは慎重に考えた末，小学生と中学生の実子3人をもつ養育家庭に，T男の状態を説明し了解してもらった上で委託した。

T男は，はじめ2，3日は環境が急に変わりすぎたのか泣きどおしで，すきをみては外へ飛び出そうとするので，一時も目が離せなかった。いくらか慣れてくると，今度は家の中に置いてある物がすべて珍しいのか，まず何でもひととおりなめまわり，それが終わると物珍しさはますますエスカレートし，タンスや机のひきだしを片っ端からあけてかきまわす，冷蔵庫をあけてバターをなめる，電話器いじり，テレビのスイッチいじり，クレヨンを食べる，身軽にピアノや棚の上に登る，あげくの果てにインクを飲んだり，トイレに備えてあった掃除タワシをかじったりしたときなど，里母は腰をぬかさんばかりであった。

「3歳半にもなった子供が……，と思うとやりきれなくなってしまうんですね。

実際には精神年齢1歳半ぐらいと思ってながめてやればちょうどいいんですよ。でも，T男の場合は，いわば行動力のともなう赤ん坊だから，すごいいたずらと思いこんでしまうわけですね。これからは長男が赤ん坊だった頃の様子を思い出しながらやりますよ」と，里父は達観。学者である里父は居間で原稿を書くことが多く，T男にじゃまされないようにと，物置きの奥からベビーサークルをひっぱりだしてきて，自分がその中に入って執筆，T男をベビーサークルの外でしたいほうだい自由に動きまわらせた。

　里父がT男と一緒に入浴していたときのこと，T男が電灯をさすので，「デンキ，デンキ……」と，のぼせるのをがまんしながら30回ほどくりかえし教えたところ，T男はついに「デ・ン・キ」とはじめて発語し，家族中で大喜び。それ以来T男はまるでせきを切ったような勢いで短い間に言葉を覚え，言語の増加とともに人間関係を作れるほど回復し，お兄ちゃんお姉ちゃんをからかえるまで成長し，特殊学級ではあったが小学校に入学をすることができた。

　今日，多様で複雑化したニーズをもって児童福祉施設に入所してくる児童の中で，ほとんどが親とのかかわりをもっているが，やはり死亡や行方不明などで親のない児童や，家庭生活経験を必要とする児童も見うけられ，これらの児童はT男の事例のように，できるだけ里親家庭であたたかく養育される方が望ましい。今日の児童福祉法上では，里親養護と施設養護との役割分担関係や基本的方向が明らかにされていないために，両者はあたかも相反する競合的関係のごとく位置づけられているが，里親で不可能なことは施設に，施設で補ない得ないことは里親に委ねるなど，さきに紹介した東京都養育家庭制度やファミリー・グループホーム制度のように，里親と施設が連携し協力関係を保つことで児童一人ひとりの福祉を保障でき，里親も安心して社会的養護に参加することができるようになろう。

2. 少人数処遇にむけて

■ わが国のグループホーム

　欧米では古くから，多人数による生活では児童の好ましい心理的な発達は

望めないとし，いわゆる小規模施設としてグループホームによる児童養護方法が考えられてきていることは周知のことである。わが国でも第2次世界大戦後まもなく，いくつかの児童養護施設で分園として試行された実践記録があり，東京育成園では1947（昭和22）年4月から1953（昭和28）年7月まで，本園から徒歩で5分もかからない所に家を借り，小・中学生7名が保母と一緒にそこで生活した。慈愛園子供ホームではもっと早く1919（大正8）年から小舎制を行っていた本園から1Kmほどの所に，1952（昭和27）年家を買い，園長夫妻がはじめられたといった具合である。

　それ以後は，組織的にも昭和30年代に神戸と大阪で家庭養護寮を促進する協会の設立，そして東京でアフター・ケアのための家庭寮などが開設されてきたりしたが，一般的に，その動向はきわめて低調であった。しかしながら，昭和50年代に入ると児童養護関係者の間で再び小規模ホームについて関心が高まり，園外養護寮，幼児家庭寮，小規模家庭養護寮などといった名称でオープン，全国的レベルで広まりはじめた。1988（昭和63）年10月1日現在，施設分園型22カ所，独立型6カ所，里親型18カ所の合計46カ所のグループホームが，各自治体から全面的あるいは一部補助をうけながら運営されている。

　わが国も，2000（平成12）年10月1日より，定員6名の「地域小規模児童養護施設事業」（グループホーム）の実施にふみきった。

■ グループホームの条件

　グループホームとは，「社会的養護の今後のあり方に関する研究（グループホーム養育に関する内外調査研究編）」（資生堂社会福祉事業財団，1986年）の作業定理によれば，自分の家庭において生活できない社会福祉ニーズを持った，最大12人位までの生活主体者（クライエント）が，地域社会の通常の家屋において，ハウスペアレントと共に生活することによって，その生活を支え，ニーズを充足していく社会的養護の一形態であるとされている。したがって，

グループホームには，次の4つの条件が全て充足されていることになる。

(1) 人数条件　最大12人位までの生活主体者＋ハウスペアレントの家族。
(2) 建物条件　通常の家屋（一戸建，マンション，アパートなど）。
(3) 環境条件　地域社会における通常の住宅地。したがって同一敷地内にあるいわゆる分散小舎制は，グループホームの理解にあてはまらない。
(4) 職員条件　ハウスペアレントに補助職員がつくこともある。男女職員が何らかの形でペアを組んでハウスペアレントの役割を担うことがあるが，必ずしも夫婦であると限る必要はないのである。

■ グループホームの効果

さて，児童養護におけるこの研究調査で，グループホームの理念や目的として，「本来児童が望む家庭により近い形の養護をめざす」，「地域社会に密着した生活を行う」，「長期一貫処遇」，「今後の施設養護のあり方をさぐるため」，「卒園後の社会生活への適応のため」など，多様なニーズをもつ児童を受け入れる施設にとって，従来の受け皿だけでは十分に対応できなくなった現状を省み，より柔軟性のある多様なものを用意しなければならない認識に立っていることが明らかになった。さらに，グループホームで生活している児童の生の声も紹介しておこう。（原文のまま）

> 「普通の家庭のようなので，学校や近所で気が楽で，友だちが増え，悩みも減った」（中3）。
> 「施設だと本当の生活をわからず，注意してくれないまま大人になると大はじをかくところで，よかったと思います」（小4）。
> 「少人数で構成されており，ごく普通の家庭のように隣り近所のつき合いもでき，食事をするにも自分たちで献立を考え，買物をし料理を作っておいしく食べることもできます。また，お互がいろいろな困難にぶつかったときにも協力し助け合い，共に喜こんだり悲しんだりすることができ，今までの生活では味わうことのできない事や知識などを，自分なりに吸収できよかったと思う」（高3）。

「私にはこの生活が良いとか悪いとかいっていえないぐらい，いつの間にか自分にとって大切なもんになってきているのではないかと思っています」（小4）。

　施設において多人数を処遇していくのに，ややもすると管理強化された生活となってしまう傾向についてはすでにふれてきたとおりである。だからといって，小規模ホームによる処遇を進めたいと考えても，経費がかかりすぎ躊躇してしまうといった施設もみうけられる。児童の中には従来的な施設養護で十分な処遇がつくせないままに，社会的自立自助能力が身につかないままで社会に送り出されてしまう児童もおり，もし社会にかけるであろう社会的損失という形での経済的失費を計算にいれるとするのなら，比較的短い期間に養護効果を期待できるグループホームなどの運営経費は，一概に高くつくとは考えられないことを認識しておかなければならないのである。少人数処遇にむけて，さまざまな工夫や研究がより一層行われ，施設養護を全体的に高めていく要として考えていく必要がある。

第6節　正しい福祉理解の展開

　人類の歴史においては，いつの時代，社会においても，自分一人で生きていくことのできない児童・障害者・高齢者に対して何らかの形で，保護・救済・慈善が行われてきたことは，明らかである。社会福祉という言葉は，戦後いち早く1946（昭和21）年11月3日に公布された憲法第25条第2項において，法制的に初めて使用されたのである。憲法第25条は，「すべて国民は，健康で文化的な最低限度の生活を営む権利を有する。②国は，すべて生活部面

について，社会福祉，社会保障及び公衆衛生の向上及び増進に努めなければならない」と，国民の生存権，国の保障義務を規定している。ここにおいては，社会福祉は，社会保障や公衆衛生と並列的にのべられていることから，狭義の概念として用いられている。まだ社会福祉の定説はないが，社会福祉は憲法第25条の規定を受け，それにもとづいて，今日にいたるまで法制化がなされ，展開されてきている。

1. 戦後，社会福祉の流れ

　戦後の日本の社会福祉は，福祉国家建設に向けて，社会保障制度の整備・充実をはかってきたが，いまやわが国の社会保障は，高齢化社会を迎える段階で，いままでの諸制度を見直し，再構築を迫られている。

　戦後日本の社会福祉の歴史を大別すると，3時期に分けることができる。その各時期の福祉のとらえ方について考察をしたい。最初は戦後期で第1期1945～1960（昭和20～35）年と呼ぶことができる。特徴は救貧的応急的性格が濃厚で，福祉三法が成立をした。

　第2期1960～1973（昭和35～48）年は，高度成長期でわが国が経済成長を遂げ，社会福祉問題が拡大した時期である。経済の成長とともに，福祉問題に対する施策も増大していったといえる。福祉六法が整い，社会保障制度の充実がはかられた。1973（昭和48）年福祉国家を標榜しつつ，その年を「福祉元年」と呼んでいたが，それもつかの間で第1次オイルショックが起こり狂乱物価をまねいた。そして，わが国の経済は低成長期へ移行し，「福祉見直し論」が台頭していった。

　第3期1974～（昭和49年～現在）は，低成長期と高齢化社会と呼ぶことができる。社会福祉においては，福祉充実をはかれば財政負担が容易ではないということで，福祉優先の方針を転換し，福祉抑制の施策へ変わっていった。高

福祉高負担論や，民間事業者の導入，受益者負担等が叫ばれてきている。昭和60年代に入り，社会福祉制度改革，わが国はじめての国家資格制度である「社会福祉士及び介護福祉士法」が成立し，施行されている。

2. 人口の高齢化

現代における高齢化社会の到来に備えての社会的サービスの諸制度・施策の充実に重点が傾き，その必要性が叫ばれている。高齢化社会とは，人口構造の変化より人口の老齢化・長寿化が急速に進んでいる。高齢人口の推移によると，1983年現在，65歳以上の人は1,167万人で総人口の9.8％を占めていたが，1995年には13.6％，2015年には21.1％となり，国民5人に1人は65歳以上の者という高齢化社会が推計されている。その背景には，死亡率の低下，出生率の低下，年少人口の減少が，1979年以降続いている。

核家族化など家族形態も大きく変化してきていることにより，高齢化社会にともなう社会福祉問題の深刻さがあるといえる。高齢者福祉優先という傾向にあるが，将来の高齢化社会を支えていく児童の福祉をいかに進めていくかということは，重要な視点である。社会福祉が救貧的応急的施策として，あるいは経済・財政にのみ規定されることなく，福祉社会実現に向けて保障していくことが大切であることは明らかである。

人間が，人間の尊厳を損なうことなく，福祉を守ることが必要であり，劣等処遇の原則にもとづいた施策がとられることがあってはならない。高齢化社会に向けて，高齢者福祉優先，児童福祉抑制というあれかこれかではなく，正しい福祉理解がなされなければならない。

3. 児童福祉の理念

児童福祉は，基本的理念を児童福祉法第1条において「すべて国民は，児

童が心身ともに健やかに生まれ，且つ，育成されるよう努めなければならない。②すべて児童は，ひとしくその生活を保障され，愛護されなければならない」また，児童憲章には「児童は，人として尊ばれる。児童は，社会の一員として重んぜられる。児童は，よい環境のなかで育てられる」と謳われている。ここには，児童福祉の理念，児童の権利とわれわれ国民が守るべき義務があらわされている。戦後，食べることにも困っていた時代に，将来の社会の担い手である児童の福祉に理想を掲げていたことには，目を見張るものがある。施設養護は親に信頼され，児童に信頼されているはずで親代わりとなって責任を果たしている。そして，社会からも信頼されているので，いろいろな援助をいただくことになり，また政府も信頼して措置費を出している。施設養護の根底にあるものは，まず信頼感からはじまるといってよかろう。[2]ここにおいては，児童の福祉は家族〈親〉―児童―〈地域〉社会―行政〈政府〉という関係の中で，お互いの信頼感からはじまるととらえている。社会福祉は現に生きた人間の問題であり，どの立場でどの視点から見ているかということが問題である。真の福祉を実現するために目指すべき方向性について，しっかりした課題をもつ必要はある。この節においては，①児童福祉施設，②入所児童，③家族（親），④地域社会，⑤行政（政府）それぞれの側から見た福祉の課題をのべてみる。

4．児童福祉施設の課題

児童福祉施設については，児童の福祉の担い手であり，児童の権利の代弁者である職員の役割は重要である。そして，本来の家庭で生活している児童も，施設で生活している児童も，児童のパーソナリティの形成においても，正常な発達をすることができるように保障することができる場とならねばならない。とくに，施設は単なる衣食住のみでこと足りるというのではなく，

児童の正常な発達をはかることができる条件づくりをしていくことが必要である。「世界人権宣言」「児童権利宣言」は，国際連合で採択され，各国も承認した。人類は，世界中のすべての児童に対して最善のものを与える義務を負っており，児童は，人権，性，宗教，社会的出身，門地，その他により差別を受けることなく，人として，児童としての権利を有することを宣誓したものである。すなわち，身体的，知能的，道徳的，精神的および社会的に成長できるための機会と便益，社会保障の恩恵を受ける権利，教育を受ける権利，障害のある児童は特別の治療，教育，保護を与えられる権利，両親の愛護と責任のもとで育てられる権利，家庭のない児童などには特別の養護を与えられる権利などが明記されている。(3) この実践ができる児童福祉施設でなければならない。そのためには，児童養護職員の専門性を確保・維持・増進させていくことが必要であり，児童のニードに即した専門的児童処遇が展開されることが急務である。施設処遇の質的向上により児童の健全な成長発達を保障し，児童の権利を守ることである。そして，成熟した社会人として社会に送り出すことができる。児童憲章でいうところの社会の一員として尊重されるようになる。

5. 入所児童の課題

入所児童は，三重構造の危機にどう応えられるかということである。

1つには，一般児童と同じく，成長発達する過程で達成しなければならない課題であり，2つには，児童が施設という，一般家庭と異なった場で生活し，成長していくなかで，乗り越えていかなければならない生活と発達のうえでの課題である。3つには，児童の家庭にかかわる問題や，自分自身の心身にもつ障害にたち向かい，それを克服し，自分の未来に向かって切り開いていかなければならない課題である。(4)

施設児童に対する社会のまなこに偏見は完全消失しているとはいえない。施設児童は，劣等感を持たないこと，近隣児童及びその父母たちに偏見を持たせないことが何よりも必要である。とかく偏見は親が教えこむことであるから，施設は近隣地域社会や地域学校のPTAなどから理解され支持されるものでなければならない。

　児童の閉鎖的別世界にしてしまうようなことがあっては，児童に不幸である。児童たちの外部との友達関係も重視しなければならないが，一日里親とか各種奉仕活動を提供するボランティアの受け入れ体制もなければならない。[5]児童にとっては施設で育ったことに，胸をはって生きていくことができるようになることは理想であるが，それができるように正しい福祉の理解をはかっていくことが大切である。

　児童も大人として成長していく中で，再び自分の子供を施設に入所させることがないように，心掛けていくことが大切である。再生産の防止をはかっていくということである。

6. 家族の課題

　家族（親）は，児童を児童福祉施設に入所させることによって，今まで生活をともに過ごしてきた家族（親子）がやむを得ない事情で離別することになる。そのために，親子の分離する体験をとおして，親と子のそれぞれが分離不安を持ち，とくに児童には重くのしかかってくる。親は，いままで心を痛めていた事柄に一応区切りをつけられたという安堵感や，このような事態に追いこんでしまった自責の念，無力感，罪障感などの感情が交錯していることが想像される。夫として，妻として，親として，各々お互いの人格の成長を願いながら，再び親子で一緒に生活できることを願っている。

　児童は早く家庭に帰りたいという気持ちを持っている。両者の気持ちを受

け入れながら，児童福祉施設は援助していくことが大切である。児童福祉施設は，家庭復帰に向けて，援助を開始していくことが急務である。

家庭引き取りの条件は，第1に家庭再建，第2に入所理由の解消をあげることができる。最初の家庭再建は，片親死亡・離婚などにより，父親あるいは母親が再婚をするという場合である。これらの場合には家族問題が複雑に絡みあっている場合が多く，再建が困難である。再婚については困難さが大である。むしろ，母子家庭の場合には母子生活支援施設等の社会的制度が整っているが，父子家庭の場合には，社会的制度がほとんどないといえる。今後は家庭再建に重点をおくというよりは，入所理由の解消によって家庭復帰できる児童については，積極的に家庭に帰し，その家庭を支えていく社会的制度の構築が必要である。それにより，親は児童を自分たちの都合で二度と引き離さないように心掛けていくと同時に，地域社会から孤立することがあってはならない。

親は児童の福祉を守るという責務があり，それを遂行していかなければならないが，再び家庭内での問題が起こった場合には，早期に専門家である児童福祉機関への相談を通して問題解決をはかっていくことが大切である。家族は自信喪失や孤独感からの回復をして，もう一度社会生活の中で児童の福祉を高めていくことに取り組んでいくことが必要である。

7. 地域社会の課題

地域社会の理解を考える場合に，次の2つの視点を明らかにしておくことが大切である。第1は，入所児童にとって地域社会とはどこであるかということ，第2には地域社会は成熟しているかということである。入所児童のほとんどは家族と地理的・心理的に離れて生活をしている。シーボーム報告が出されて，コミュニティ・ケア論，ノーマライゼーション思想の流入で，地

域福祉・在宅福祉が叫ばれてきている。そのような動きの中で,「施設の社会化」が具体的に実践されてきている。

　児童福祉施設の存在するその場所も地域社会の一部であるという認識を持ってきたといえる。また,児童福祉施設が開かれた施設としての機能を果たしていくために,児童福祉施設の側から行われていった働きかけであったといえる。施設の側からの働きかけは,専門職員の地域住民に対するサービスや,施設の物的設備を開放することである。それは,社会資源のひとつとしての施設の有用性を発揮することになる。

　地域社会が,福祉を理解する場合に,市民としての地域住民が,社会的平等思想と人々との間で分かち合う社会連帯思想にもとづき,地域社会は,施設の存在意義を理解し,施設と共に福祉社会の実現のために協力をしていく。これは,相互に理解をしていく試みがなされなければならない。そして地域社会の健全化という機能を果たしていけるように,地域社会を再構築していくことが大切である。

　入所児童にとっては,治療的・教育的機能を果たしていく地域社会とならなければならない。再び児童を施設に入所させることがないように,予防的機能を果たす責務がある。過去の社会福祉の発展の歴史の中で明らかなように祉会的防衛的懲罰的段階では,対象者を隔離収容したり締め出していくことがあった。このことは福祉に逆行することであることを肝に銘じておかなければならない。

8. 行政の課題

　行政(政府)は,福祉政策の主体として憲法第25条の規定にもとづいての施策を担っている。福祉の見直しが進められている現代において,スティグマ(烙印)の感情が福祉需要の抑制の道具として用いられているという指摘があ

る。福祉については，政策のために用いられてはいけない。人間の尊厳を保障する施策としての福祉に対する認識を持ち，福祉を追求していかなければならない。また，一般国民が福祉についての正しい認識をするための福祉教育を進めていくことが必要である。

　福祉は，あるときには，自分たちとは関係がない他人事のような問題としてとらえている。また他のときには，社会福祉は流行語のひとつになっている。そのために，その理念や内容については国民の理解は十分ではなく，内実のともなわないものになってしまう傾向にある。1909年に米国のワシントンで第1回白亜館会議がT・ルーズベルト大統領により「要救護児童の保護に関する会議」という名の下に召集され，そこで，「家庭生活は，文明の所産のうちもっとも高い，もっとも美しいものである。児童に緊急なやむをえない理由がない限り，家庭生活から引き離されてはならない」と宣言が出された。これからの社会福祉を考えていく場合に，社会はどのような福祉社会を実現していくのか，どのような児童を育てていくのかということについての究極の目標に向けて，政治も福祉もタイアップしていくことが求められている。社会福祉は究極において，隣人とともに生きることによって，自らも人間らしい生を追い求める道にほかならない。

第7節　児童養護ネットワークの確立

1．児童の権利の保障

■ 経済変動の波及

　すでに第1章においても触れているように，児童の養護は，人間の尊厳に

たって人間としての権利を保障し，福祉を守ることである。児童はさまざまな権利を有しながら，それを自分で確保・行使できない立場にある。児童は，身体的・精神的に未熟で弱い存在であるが故に，親や大人・社会が保護し健全な成長発達を保障しなければならないのである。

　わが国は，第2次世界大戦後，現在にいたるまで急激な変化を遂げた。戦争ですべてを失なった状況から，奇跡的な経済復興をし，高度経済成長をなし遂げたのである。高度経済成長は，わが国の産業構造を高度化させ，それにともない労働市場を大きく変革させた。農村の解体と再編成がはじまり農民の産業労働者化が進められ，労働力の需要増大により地方から都市工業地域への大量の人口移入が都市化問題を発生させた。児童の健全な成長・発達の中心である家族や家庭，さらに地域社会にも大きな影響を及ぼすにいたった。一方地方では，人口流出による過疎化のなかで，追い打ちをかけるように，出稼ぎ労働による家族機能の弱体化や歪みを促進し，児童の養育問題が多発するようになった。このように高度経済成長のもとにもたらされた，経済的，社会的変動は，いやがうえにも家族や家庭・地域社会を大きく変えてしまった。都市化・過疎化は，家庭の養育機能の変化や弱体化をもたらし，さらに地域社会の共同的・連帯的意識の希薄化，相互援助機能の低下などにより，多発する児童問題への対応として社会的養護援助機能が不可欠の状況となってきている。今日みられる物質的な消費競争，経済中心主義は，すべての事柄を物や金銭で換算する風潮をあおり，人間に対する愛情すら金品で評価する傾向さえみられている。物質文明に対するあくなき欲望の追求は限界を知らず，夫婦共稼ぎを促進させ家族の役割機能を大きく変えつつある。

　経済中心主義の傾向は，家庭のあり方や親子・家族の人間関係を変貌させ，さらに他者や近隣社会との孤立化を促進させ家庭崩壊につながる状況を加速させる様相さえみられてきている。深刻な養育の危機が訪れようとしている

のである。家庭機能や養育機能の変化の影響を，まともに受けて育つ児童に対し，いま何をすべきか切に問われているのではないだろうか。

■ 児童養護の今日的必要

今日の児童養護は，家庭の養育機能のみではもはや不可能であり，社会的養護機能と相まって車の両輪の如く協同し合って働きかけないかぎり，児童の健全な育成は望めないと指摘されながらも，家庭も社会もその機能をますます弱体化させてきているのである。

アメリカのハゼル・フレデリクセンは The Child and his Welfare の中で次のようにいっている。

> 「ある地域社会が，どの程度その社会の未来を考えているかを知るには，その地域社会が児童の親たちの貧富，社会的身分の上下にかかわらず，全ての児童の福祉に対して如何なる用意があるかを見ればわかるのである」

と指摘している。

わが国においても，すでに深刻な人口問題やそれにともなう福祉問題が予告され，それらについて論争がなされている。しかし，そのかわりには21世紀を背負って立つ現在の児童に対する施策はバラバラで，何か欠落しているものがあるように思えてならない。

今一度，児童養護について家庭や社会の役割責任を再検討し，機能の再編成が必要であると思う。

児童福祉法は，第１条にすべての児童の健全育成と生活保障および愛護を実現するために，全国民の努力を求めている。さらに児童の育成責任として，国や地方公共団体，児童の保護者がともに児童の心身の健やかな育成責任を負うと明記していることを振り返り，あらためて児童養護とはなにか，一人ひとりの児童のもつ福祉ニーズ，すなわち権利を保障するための多様なメニューを用意し，対応していく施策を講じる必要がある。

2. 総合的な児童福祉計画とネットワーク

　人間が人間らしく健全に成長発達していく，もっとも基本的な場が家庭である。今日，家庭機能や養育能力の混乱や低下が指摘されてはいるが，児童の健全な成長発達にとって親や家庭機能の重要性は依然として低下してはいない。むしろ，時代・社会の進展にともないその果たすべき役割はますます重くなってくるであろう。

　児童は望まれてこの世に生まれ，親や家族とともに自分の家庭で生活し，親のあふれるような愛情のもとで，慈み，養育されることは当然の権利である。これは，すべての児童への願望として実現に結びつかなければならない。

■ 施設養護の実数

　しかし現実には，多くの児童が０歳から満18歳前後まで家族や親と離れ，社会的養護である施設入所養護の対象となっている。ちなみに1997（平成９）年10月１日現在の厚生省による「社会福祉施設調査」の結果を見ると，13種類の入所施設に67,603人の児童が，家庭を離れて児童福祉施設で生活している。なお，助産施設・児童厚生施設を除く17種類の入所・通所施設を利用している児童は，1,809,905人と発表されている。

　約67,000人の児童は，何らかの事情により住み・慣れ親しんだ家庭や近隣社会から引き離され，児童相談所の一時保護所を経由して必要とする児童福祉施設に入所し，少なくとも数カ月あるいは数年，10数年を過ごすことになる。一人ひとりのもつニーズを解決援助すべく施設入所をするわけであるが，いずれは家庭や地域社会に復帰し生活参加することになるのである。

■ 児童養護の本流

　児童養護の本流は施設入所養護ではない。本流は，近隣社会の中で家庭養育を基軸に出発点とし，またゴールとして社会的養護機能が展開されることが原則であろう。

ある時期，児童の望ましい教育のあり方として，学校教育，社会教育，家庭教育の3機能が強調されていた。この理念は今日においても不変であろうと思われるが，社会の変化によりそれぞれの機能が低下もしくは弱体化してしまったのであろうか，久しく聞くことがない。そのことは，児童養護においてもいえることで，地域社会や家庭が養育機能を弱体化させている結果が，多くの児童問題をひき起こす要因となっている。したがって児童養護を考えるとき，2つの側面から考え対応していく必要があるように思われる。ひとつは，家庭機能の補強・回復と地域社会の養育機能の活性化である。もうひとつは，社会的養護機能の再編成である。

■ **家庭機能**

　家庭機能の補強は，「家庭のない家族の時代」といわれているからこそ重要であり，まず，親の子育てに対する責任を自覚させ，養育についての正しい知識や技術を学ばせる。多子家族では家族内で自然に，妹弟の出産や育児をとおして伝承的に学習されていたが，今日の少子時代では全く体験できずそのまま大人になって，図書などで知識を得るのみである。したがって，結婚前の教育が大切となってくる。養護施設児童の家庭の背景をみると，共通してせっかちな結婚がみられ，親や家族の知らない内に結婚し事後報告でとどまっているケースが意外と多くみられる。さらに，離婚に際してもほとんどの場合がごく近い周囲に，親しく相談するための信頼できる友人・知人がおらず，自分の考えや気持ちのみで，やはりせっかちな離婚にふみきる場合が多くみられている。夫婦が不和になる原因は多様であると思えるが，経済的貧困が一番多くみられ生活環境の向上が全く望めないのである。

　オーストラリアのメルボルン市のある民間福祉団体が，移民で多問題家庭が多数生活しているいわゆる問題多発地区に「ケア・フォース」（care force）と呼ばれるセンターを設置し，専門の家族相談員やケースワーカー等が，ボ

ランティアたちの協力を得て、家庭援助をしている。その結果、家庭の崩壊を未然に防ぎ、非行や要養護児童の発生を予防する「予防的福祉活動」が、大きな効果をあげているといわれている。これと同じような活動が、わが国でも展開できるとは思えないが、家庭崩壊や児童問題の発生を未然に予防する福祉活動にもう少し力を入れるべきではないかと思われる。

そういった意味で、家庭の強化と地域社会の養育機能の活性化が必要であると指摘したわけである。家庭の強化と地域社会の健全育成プログラムを効果的に展開するためには、市町村教育委員会、福祉事務所、保健所、児童相談所などの既存の機関の再編成をし、とくに家庭児童相談室の相談員の専門家による強化や教育委員会に訓練を受けた専門家を配置したり、民生・児童委員の質を選び能力を高めるための専門強化訓練を実施することが当面の課題といえよう。

■ 解決援助としての施設養護

児童養護のもうひとつの側面としてあげた、社会的養護機能の再編成についてであるが、ここでは広義にとらえるのではなく、狭義の児童福祉施設の対応としての施設入所養護について考えてみたい。施設入所養護は予防的福祉活動ではなく、すでにさまざまなニーズ（問題といってもよい）の解決援助の領域である。その目的は、できるだけ早い時期に家庭に帰るか、社会にでて生活適応していけるよう養護もしくは教護・保護しながら、施設によっては独立自活に必要な知識技能を与えたり、治療をしたり、指導したりというようになっている。

ここで共通にいえることは、すべての入所児童が、自分の家庭から離れ、親や家族と別れ施設に入所し子供同士の中で、集団生活をすることである。一般の近隣社会とは、かけ離れた生活環境の中で、少数の大人と大勢の子供が生活する実態は、第2次世界大戦以後ほとんど変わらず続けられている。

施設養護再編成の事例を参考としてみてみたい。

　1946年，英国のカーティス委員会は報告書の中でおおむね次のような勧告を行った。

> 「児童の入所施設における子供たちに与えられている物的・身体的水準は，一般家庭において子供が受けるそれよりも，かなり高い場合がしばしばあることは認められるが，そのような管理運営が一見うまくいっているような場合にも，そこに往々にして一人ひとりの個々人としての子供に対する関心の欠如と，余りにもよそよそしい没人間的関係が存在していることに気づかざるを得ない…。子供のパーソナリティにとって最大の危害をひき起こすことになりかねないような施設という環境のもとで，親や家庭の喪失によって受けた傷手を，それのみが癒す手助けとなることのできる子供の情緒的ニードに対する，繊細な心配り，知恵と愛情のこもった親切，こういう面での社会的養護水準の格段の向上が要請される」

　このように施設養護の現状を警告し，改善策を勧告したのである。それを受けて英国は里親養護を中心とした，児童養護がスタートし，グループホーム，施設といった順序に再編成の結果があらわれてきている。この報告書は今日からみて，55年前のものであるが，わが国の施設入所養護のあり方を振りかえる契機としたいものである。

　さらに，「英国内務省児童局第6回報告書」の中で次のようなことをのべている。

> 「社会的養護の下にある児童は誰でも，良い両親によって育てられる子供に与えられるようないろいろな成長の機会を持たせられるべきであり，自分自身の家庭に暮している子供の立場にできるだけ近い位置におくような，生活諸条件の下におかれなければならない」

　よく考えてみると，施設で生活しているすべての児童は，たとえどのような理由があるにせよ施設の生活を享受しているわけではあるまい。養護児童や教護児童の高年齢で入所した児童になればなるほど，施設生活に対する思いは強いのではあるまいか。わが国の施設入所養護が，戦後一貫して今日ま

でとらされてきた姿勢は，多人数収容と低い最低基準であった。戦後のある時期まではやむを得ないとしても，社会的条件が大きく変容し個人主義化が進んできている現実に立つと，施設のハード（建物・設備など）の部分は近代化されたといいながらも，本当に現実にマッチしない部分が多くみられているのではあるまいか。また家庭において，望ましくない人間関係の中におかれたり不適切な養育を受けてきた児童の施設養護にかかわる職員が，常に中断・変更・交替といった一貫恒常性を欠きがちな状況が強まっている中で，果たして児童の情緒的な，安定感，所属感，信頼感を創出・維持できるのであろうか。

■ 家庭復帰のための援助

さきにのべたように，児童の施設入所の目的がニーズを解決して再び家庭に帰るのであれば，家庭に対する働きかけは不可欠の条件となる。家族と施設を結ぶ新しい実践がアメリカ各地で行われ，児童を施設やグループホームにしばりつけないで，家庭で社会的養護の間を柔軟に行き来するという新しい方策がみられているので参考にしてみたい。

「家庭と施設を結ぶ新しい7つの実践」[6]

(1) 一時保護（respite care）　障害・知恵遅れの子供の緊急一時保護。

(2) デイ・ケア（day care）　相互作用の経験，親の休息などが目的。

(3) デイ・トリートメント（day treatment）　10代の子供たちの治療が目的。

(4) ファミリー・トリートメント（family treatment）　週末に家に帰るか，週末に施設で過ごすパートタイムの施設ケア。

(5) 一時的施設居住週末などを利用してファミリーセラピイを行う。

(6) ファミリー・キャンプ（family camp）　夏などにインテンシィブにキャンプ場で家族を対象とする。

(7) アフター・ケア（after care）　グループホーム施設と同じサービスを家で行う。

さらに，大きな課題として「永続的計画」Permanency または Permanent Planning といわれるものがあり，これは児童が場当たり的にあちこちに措置されるのではなく，予防→アセスメント（総合的事前評価）→処遇計画の中で，個々の児童にとってもっとも良い方向を見定め，計画しておこうというものである。

アメリカの考え(7)や実践をそっくりそのまま受け入れるというのではなく，児童養護についてできるだけ児童を家庭から引き離さないで，家庭養護を中心として方向をしっかり見定めながら計画し実践しようとしている考えや方向こそ，わが国の社会的養護の欠落している部分ではあるまいか。

■ **施設養護のこれから**

今だからこそ，わが国の家庭機能の見直し・強化・地域社会の養育機能の強化をふまえて，ひとりの児童の幸福と健全な成長発達の権利が実現されるよう，あらゆる機能や資源が用意され，選択され，活用される条件を創り出していく，総合的な児童福祉計画が根本的に必要なのである。その計画を実現していくために，児童養護対応ネットワークが確立され総合化され，予見的に，即応的に，可変的に活用されていく必要があろう。

施設養護はその1機能として作用し，ニーズを解決援助し家庭復帰を促進するために，今後ますますその社会的責任は重くなるであろう。

多様なニーズへの対応として，施設養護機能もメニューの選択肢をふやす必要がすでに出てきている。

グループホーム養護がその一例である。グループホーム養護は今後，養護児童，教護児童，知的障害児童，心身障害児童，あるいは老人等も対象とする，施設養護の主要な1機能として必要性が高まってきている。

さらに，老人と児童，乳児と学童・少年などの統合された施設養護機能も実現するかもしれない。すでに実践している，養護施設における軽度の情緒障害児，準教護児，軽度の知的障害児の統合的養護や，地域における養育相談などの複合的な施設養護機能も含めて，総合的な児童福祉計画に盛り込まれ新たな社会的養護機能として再編成されるべきであろう。もちろん，費用の問題，職員の養成・訓練，最低基準の問題なども再検討される必要があろう。それらは結局，ひとりの児童の福祉ニーズの解決に，児童養護ネットワークが機能するということである。

注

(1)　E. W. ジャンス『児童養護職員現任訓練の手引』1968年。

(2)　小林提樹・平井信義編『施設保育・養護の実際』日本小児医事出版社，1971年，10頁。

(3)　大谷嘉朗・吉沢英子監修，ソーシャルワーク研究所編『養護の理論と実際—養護内容を中心として』相川書房，1975年，24〜25頁。

(4)　須賀賢道・硯川真旬・鬼崎信好編著『養護理論と実際』八千代出版，1981年，2頁。

(5)　碓井隆次『施設収容児童の養護原理』家政教育社，1965年，143頁。

(6)　社会的養護のあり方に関する研究班編『社会的養護の今後のあり方に関する研究—グループホームに関する研究』，資生堂社会福祉事業財団，1986年，87〜88頁。

(7)　同上，提言編参照。

資料
関係法令抜粋

児童憲章

（昭和26・5・5）

われらは，日本国憲法の精神にしたがい，児童に対する正しい観念を確立し，すべての児童の幸福をはかるために，この憲章を定める。

児童は，人として尊ばれる。
児童は，社会の一員として重んぜられる。
児童は，よい環境のなかで育てられる。

1 すべての児童は，心身ともに，健やかにうまれ，育てられ，その生活を保障される。
2 すべての児童は，家庭で，正しい愛情と知識と技術をもって育てられ，家庭に恵まれない児童には，これにかわる環境が与えられる。
3 すべての児童は，適当な栄養と住居と被服が与えられ，また，疾病と災害からまもられる。
4 すべての児童は，個性と能力に応じて教育され，社会の一員としての責任を自主的に果すように，みちびかれる。
5 すべての児童は，自然を愛し，科学と芸術を尊ぶように，みちびかれ，また，道徳的心情がつちかわれる。
6 すべての児童は，就学のみちを確保され，また，十分に整った教育の施設を用意される。
7 すべての児童は，職業指導を受ける機会が与えられる。
8 すべての児童は，その労働において，心身の発育が阻害されず，教育を受ける機会が失われず，また児童としての生活がさまたげられないように，十分に保護される。
9 すべての児童は，よい遊び場と文化財を用意され，わるい環境からまもられる。
10 すべての児童は，虐待，酷使，放任その他不当な取扱からまもられる。
11 あやまちをおかした児童は，適切に保護指導される。
12 すべての児童は，身体が不自由な場合，または精神の機能が不十分な場合に，適切な治療と教育と保護が与えられる。
13 すべての児童は，愛とまことによって結ばれ，よい国民として人類の平和と文化に貢献するように，みちびかれる。

児童の権利に関する条約
（抄）
（平成6・5・16 条約2号）

1989・11・20 国際連合総会第44会期採択
1994・5・22 日本国について発効
（改正 平15条約3・外告183）

第2条〔差別の禁止〕
1 締約国は，その管轄の下にある児童に対し，児童又はその父母若しくは法定保護者の人種，皮膚の色，性，言語，宗教，政治的意見その他の意見，国民的，種族的若しくは社会的出身，財産，心身障害，出生又は他の地位にかかわらず，いかなる差別もなしにこの条約に定める権利を尊重し，及び確保する。
2 締約国は，児童がその父母，法定保護者又は家族の構成員の地位，活動，表明した意見又は信念によるあらゆる形態の差別又は処罰から保護されることを確保するためのすべての適当な措置をとる。

第3条〔子どもの最善の利益〕
1 児童に関するすべての措置をとるに当たっては，公的若しくは私的な社会福祉施設，行政当局又は立法機関のいずれによって行われるものであっても，児童の最善の利益が主として考慮されるものとする。
2 締約国は，児童の父母，法定保護者又は児童について法的に責任を有する他の者の権利及び義務を考慮に入れて，児童の福祉に必要な保護及び養護を確保することを約束し，このため，すべての適当な立法上及び行政上の措置をとる。
3 締約国は，児童の養護又は保護のための施設，役務の提供及び設備が，特に安全及び健康の分野に関し並びにこれらの職員の数及び適格性並びに適正な監督に関し権限のある当局の設定した基準に適合することを確保する。

第6条〔生命への権利，生存・発達の確保〕
1 締約国は，すべての児童が生命に対する固有の権利を有することを認める。
2 締約国は，児童の生存及び発達を可能な最大限の範囲において確保する。

第12条〔意見表明権〕
1 締約国は，自己の意見を形成する能力のある児童がその児童に影響を及ぼすすべての事項について自由に自己の意見を表明する権利を確保する。この場合において，児童の意見は，その児童の年齢及び成熟度に従って相応に考慮されるものとする。
2 このため，児童は，特に，自己に影響を及ぼす司法上及び行政上の手続において，国内法の手続規則に合致する方法により直接に又は代理人若しくは適当な団体を通じて聴取される機会を与えられる。

第18条〔親の第一次的養育責任と国の援助〕
1 締約国は，児童の養育及び発達について父母が共同の責任を有するという原則についての認識を確保するために最善の努力を払う。父母又は場合により法定保護者は，児童の養育及び発達についての第一義的な責任を有する。児童の最善の利益は，これらの者の基本的な関心事項となるものとする。
2 締約国は，この条約に定める権利を保障し及び促進するため，父母及び法定保護者が児童の養育についての責任を遂行するに当たりこれらの者に対して適当な援助を与えるものとし，また，児童の養護のための施設，設備及び役務の提供の発展を確保する。
3 締約国は，父母が働いている児童が利用する資格を有する児童の養護のための役務の提供及び設備からその児童が便益を受ける権利を有することを確保するためのすべての適当な措置をとる。

第19条〔親による虐待・放任・搾取からの保護〕
1 締約国は，児童が父母，法定保護者又は児童を監護する他の者による監護を受けている間において，あらゆる形態の身体的若しくは精神的な暴力，傷害若しくは虐待，

放置若しくは怠慢な取扱い,不当な取扱い又は搾取(性的虐待を含む。)から児童を保護するためすべての適当な立法上,行政上,社会上及び教育上の措置をとる。
2 1の保護措置には,適当な場合には,児童及び児童を監督する者のために必要な援助を与える社会的計画の作成その他の形態による防止のための効果的な手続並びに1に定める児童の不当な取扱いの事件の発見,報告,付託,調査,処置及び事後措置並びに適当な場合には司法の関与に関する効果的な手続を含むものとする。

第20条〔家庭環境を奪われた子どもの養護〕
1 一時的若しくは恒久的にその家庭環境を奪われた児童又は児童自身の最善の利益にかんがみその家庭環境にとどまることが認められない児童は,国が与える特別の保護及び援助を受ける権利を有する。
2 締約国は,自国の国内法に従い,1の児童のための代替的な監護を確保する。
3 2の監護には,特に,里親委託,イスラム法のカファーラ,養子縁組又は必要な場合には児童の監護のための適当な施設への収容を含むことができる。解決策の検討に当たっては,児童の養育において継続性が望ましいこと並びに児童の種族的,宗教的,文化的及び言語的な背景について,十分な考慮を払うものとする。

第23条〔障害児の権利〕
1 締約国は,精神的又は身体的な障害を有する児童が,その尊厳を確保し,自立を促進し及び社会への積極的な参加を容易にする条件の下で十分かつ相応な生活を享受すべきであることを認める。
2 締約国は,障害を有する児童が特別の養護についての権利を有することを認めるものとし,利用可能な手段の下で,申込みに応じた,かつ,当該児童の養護している他の者の事情に適した援助を,これを受ける資格を有する児童及びこのような児童の養護について責任を有する者に与えることを奨励し,かつ,確保する。
3 障害を有する児童の特別な必要を認めて,2の規定に従って与えられる援助は,父母又は当該児童を養護している他の者の資力を考

慮して可能な限り無償で与えられるものとし,かつ,障害を有する児童が可能な限り社会への統合及び個人の発達(文化的及び精神的な発達を含む。)を達成することに資する方法で当該児童が教育,訓練,保健サービス,リハビリテーション・サービス,雇用のための準備及びレクリエーションの機会を実質的に利用し及び享受することができるように行われるものとする。
4 締約国は,国際協力の精神により,予防的な保健並びに障害を有する児童の医学的,心理学的及び機能的治療の分野における適当な情報の交換(リハビリテーション,教育及び職業サービスの方法に関するふ情報の普及及び利用を含む。)であってこれらの分野における自国の能力及び技術を向上させ並びに自国の経験を広げることができるようにすることを目的とするものを促進する。これに関しては,特に,開発途上国の必要を考慮する。

第24条〔健康・医療への権利〕
1 締約国は,到達可能な最高水準の健康を享受すること並びに病気の治療及び健康の回復のための便宜を与えられることについての児童の権利を認める。締約国は,いかなる児童もこのような保健サービスを利用する権利が奪われないことを確保するよう努力する。
2 締約国は,1の権利の完全な実現を追求するものとし,特に,次のことのための適当な措置をとる。
 (a) 幼児及び児童の死亡率を低下させること。
 (b) 基礎的な保健の発展に重点を置いて必要な医療及び保健をすべての児童に提供することを確保すること。
 (c) 環境汚染の危険を考慮に入れて,基礎的な保健の枠組みの範囲内で行われることを含めて,特に容易に利用可能な技術の適用により並びに十分に栄養のある食物及び清潔な飲料水の供給を通じて,疾病及び栄養不良と戦うこと。
 (d) 母親のための産前産後の適当な保健を確保すること。
 (e) 社会のすべての構成員特に父母及び児童が,児童の健康及び栄養,母乳による育児の利点,

衛生(環境衛生を含む。)並びに事故の防止についての基礎的な知識に関して,情報を提供され,教育を受ける機会を有し及びその知識の使用について支援されることを確保すること。
 (f) 予防的な保健,父母のための指導並びに家族計画に関する教育及びサービスを発展させること。
3 締約国は,児童の健康を害するような伝統的な慣行を廃止するため,効果的かつ適当なすべての措置をとる。
4 締約国は,この条において認められる権利の完全な実現を漸進的に達成するため,国際協力を促進し及び奨励することを約束する。これに関しては,特に,開発途上国の必要を考慮する。

第28条〔教育への権利〕
1 締約国は,教育についての児童の権利を認めるものとし,この権利を漸進的にかつ機会の平等を基礎として達成するため,特に,
 (a) 初等教育を義務的なものとし,すべての者に対して無償のものとする。
 (b) 種々の形態の中等教育(一般教育及び職業教育を含む。)の発展を奨励し,すべての児童に対し,これらの中等教育が利用可能であり,かつ,これらを利用する機会が与えられるものとし,例えば,無償教育の導入,必要な場合における財政的援助の提供のような適当な措置をとる。
 (c) すべての適当な方法により,能力に応じ,すべての者に対して高等教育を利用する機会が与えられるものとする。
 (d) すべての児童に対し,教育及び職業に関する情報及び指導が利用可能であり,かつ,これらを利用する機会が与えられるものとする。
 (e) 定期的な登校及び中途退学率の減少を奨励するための措置をとる。
2 締約国は,学校の規律が児童の人間の尊厳に適合する方法で及びこの条約に従って運用されることを確保するためのすべての適当な措置をとる。
3 締約国は,特に世界における無知及び非識字の廃絶に寄与し並びに科学上及び技術上の知識並びに

最新の教育方法の利用を容易にするため，教育に関する事項についての国際協力を促進し，及び奨励する。これに関しては，特に，開発途上国の必要を考慮する。

第29条〔教育の目的〕
1 締約国は，児童の教育が次のことを指向すべきことに同意する。
 (a) 児童の人格，才能並びに精神的及び身体的な能力をその可能な最大限度まで発達させること。
 (b) 人権及び基本的自由並びに国際連合憲章にうたう原則の尊重を育成すること。
 (c) 児童の父母，児童の文化的同一性，言語及び価値観，児童の居住国及び出身国の国民的価値観並びに自己の文明と異なる文明に対する尊重を育成すること。
 (d) すべての人民の間の，種族的，国民的及び宗教的集団の間の並びに原住民である者の間の理解，平和，寛容，両性の平等及び友好の精神に従い，自由な社会における責任ある生活のために児童に準備させること。
 (e) 自然環境の尊重を育成すること。
2 この条又は前条のいかなる規定も，個人及び団体が教育機関を設置し，及び管理する自由を妨げるものと解してはならない。ただし，常に，1に定める原則が遵守されること及び当該教育機関において行われる教育が国によって定められる最低限度の基準に適合することを条件とする。

第31条〔休息・余暇，遊び，文化的・芸術的生活への参加〕
1 締約国は，休息及び余暇についての児童の権利並びに児童がその年齢に適した遊び及びレクリエーションの活動を行い並びに文化的な生活及び芸術に自由に参加する権利を認める。
2 締約国は，児童が文化的及び芸術的な生活に十分に参加する権利を尊重しかつ促進するものとし，文化的及び芸術的な活動並びにレクリエーション及び余暇の活動のための適当かつ平等な機会の提供を奨励する。

児童福祉法（抄）

（昭和22・12・12 法律164）
（平成20・12・19 法93改正現在）

第1章 総則

〔児童福祉の理念〕
第1条 すべて国民は，児童が心身ともに健やかに生まれ，且つ，育成されるよう努めなければならない。
② すべて児童は，ひとしくその生活を保障され，愛護されなければならない。

〔児童育成の責任〕
第2条 国及び地方公共団体は，児童の保護者とともに，児童を心身ともに健やかに育成する責任を負う。

〔原理の尊重〕
第3条 前2条に規定するところは，児童の福祉を保障するための原理であり，この原理は，すべて児童に関する法令の施行にあたって，常に尊重されなければならない。

〔児童および障害児〕
第4条 この法律で，児童とは，満18歳に満たない者をいい，児童を左のように分ける。
 一 乳児 満1歳に満たない者
 二 幼児 満1歳から，小学校就学の始期に達するまでの者
 三 少年 小学校就学の始期から，満18歳に達するまでの者
② この法律で，障害児とは，身体に障害のある児童又は知的障害のある児童をいう。

〔妊産婦〕
第5条 この法律で，妊産婦とは，妊娠中又は出産後1年以内の女子をいう。

〔保護者〕
第6条 この法律で，保護者とは，親権を行う者，未成年後見人その他の者で，児童を現に監護する者をいう。

〔事業〕
第6条の2 この法律で，児童自立生活援助事業とは，第25条の7第1項第三号に規定する児童自立援助の実施に係る義務教育終了児童等（義務教育を終了した児童又は児童以外の満20歳に満たない者であって，第27条第1項第三号に規定する措置のうち政令で定めるものを解除されたものその他政令で定めるものをいう。以下同じ。）につき第33条の6第1項に規定する住居において同項に規定する日常生活上の援助及び生活指導並びに就業の支援を行い，あわせて第25条の7第1項第三号に規定する児童自立生活援助の実施を解除された者につき相談その他の援助を行う事業をいう。
② この法律で，放課後児童健全育成事業とは，小学校に就学しているおおむね10歳未満の児童であって，その保護者が労働等により昼間家庭にいないものに，政令で定める基準に従い，授業の終了後に児童厚生施設等の施設を利用して適切な遊び及び生活の場を与えて，その健全な育成を図る事業をいう。
③ この法律で，子育て短期支援事業とは，保護者の疾病その他の理由により家庭において養育を受けることが一時的に困難となった児童について，厚生労働省令で定めるところにより，児童養護施設その他の厚生労働省令で定める施設に入所させ，その者につき必要な保護を行う事業をいう。
④ この法律で，乳児家庭全戸訪問事業とは，一の市町村（特別区を含む。以下同じ。）の区域内における原則としてすべての乳児のいる家庭を訪問することにより，厚生労働省令で定めるところにより，子育てに関する情報の提供並びに乳児及びその保護者の心身の状況及び養育環境の把握を行うほか，養育についての相談に応じ，助言その他の援助を行う事業をいう。
⑤ この法律で，養育支援訪問事業とは，厚生労働省令で定めるところにより，乳児家庭全戸訪問事業の実施その他により把握した保護者の養育を支援することが特に必要と認められる児童（第8条に規定する要保護児童に該当するものを除く。以下「要支援児童」という。）若しくは保護者に監護させることが不適当であると認められる児童及びその保護者又は出産後の養育について出産前において支援を行うことが特に必要と認められる妊婦（以下「特定妊婦」という。）（以下「要支援児童等」という。）に対し，その養育が適切に行われるよう，当該要支援児童等の居宅において，養育に関する相談，指導，助言その他必要な支援を行う

事業をいう。
⑥　この法律で，地域子育て支援拠点事業とは，厚生労働省令で定めるところにより，乳児又は幼児及びその保護者が相互の交流を行う場所を開設し，子育てについての相談，情報の提供，助言その他の援助を行う事業をいう。
⑦　この法律で，一時預かり事業とは，家庭において保育を受けることが一時的に困難となった乳児又は幼児について，厚生労働省令で定めるところにより，主として昼間において，保育所その他の場所において，一時的に預かり，必要な保護を行う事業をいう。
⑧　この法律で，小規模住居型児童養育事業とは，第27条第1項第三号の措置に係る児童について，厚生労働省令で定めるところにより，保護者のない児童又は保護者に監護させることが不適当であると認められる児童（以下「要保護児童」という。）の養育に関し相当の経験を有する者その他の厚生労働省令で定める者（次条第1項に規定する里親を除く。）の居住において養育を行う事業をいう。
〔里親〕
第6条の3　この法律で，里親とは，養育里親及び厚生労働省令で定める人数以下の要保護児童を養育することを希望する者であって，養子縁組によって養親となることを希望するものその他のこれらに類する者として厚生労働省令で定めるもののうち，都道府県知事が第27条第1項第三号の規定により児童を委託する者として適当と認めるものをいう。
②　この法律で，養育里親とは，前項に規定する厚生労働省令で定める人数以下の要保護児童を養育することを希望し，かつ，都道府県知事が厚生労働省令で定めるところにより行う研修を修了したことその他の厚生労働省令で定める要件を満たす者であって，第34条の18に規定する養育里親名簿に登録されたものをいう。
〔児童福祉施設及び障害児施設支援〕
第7条　この法律で，児童福祉施設とは，助産施設，乳児院，母子生活支援施設，保育所，児童厚生施設，児童養護施設，知的障害児施設，知的障害児通園施設，盲ろう

あ児施設，肢体不自由児施設，重症心身障害児施設，情緒障害児短期治療施設，児童自立支援施設及び児童家庭支援センターとする。
②　この法律で，障害児施設支援とは，知的障害児施設支援，知的障害児通園施設支援，盲ろうあ児施設支援，肢体不自由児施設支援及び重症心身障害児施設支援をいう。
③　この法律で，知的障害児施設支援とは，知的障害児施設に入所する知的障害のある児童に対して行われる保護又は治療及び知識技能の付与をいう。
④　この法律で，知的障害児通園施設支援とは，知的障害児通園施設に通う知的障害のある児童に対して行われる保護及び知識技能の付与をいう。
⑤　この法律で，盲ろうあ児施設支援とは，盲ろうあ児施設に入所する盲児（強度の弱視児を含む。）又はろうあ児（強度の難聴児を含む。）に対して行われる保護及び指導又は援助をいう。
⑥　この法律で，肢体不自由児施設支援とは，肢体不自由児施設又は独立行政法人国立病院機構若しくは高度専門医療に関する研究等を行う独立行政法人に関する法律（平成20年法律第93号）第4条第1項に規定する国立高度専門医療センターの設置する医療機関であって厚生労働大臣が指定するもの（以下「指定医療機関」という。）において，上肢，下肢又は体幹の機能の障害（以下「肢体不自由」という。）のある児童に対して行われる治療及び知識技能の付与をいう。
⑦　この法律で，重症心身障害児施設支援とは，重症心身障害児施設に入所し，又は指定医療機関に入院する重度の知的障害及び重度の肢体不自由が重複している児童に対して行われる保護並びに治療及び日常生活の指導をいう。
〔保健所の業務〕
第12条の6　保健所は，この法律の施行に関し，主として次の業務を行うものとする。
一　児童の保健について，正しい衛生知識の普及を図ること。
二　児童の健康相談に応じ，又は健康診査を行い，必要に応じ，保健指導を行うこと。
三　身体に障害のある児童の療育

について，指導を行うこと。
四　児童福祉施設に対し，栄養の改善その他衛生に関し，必要な助言を与えること。
〔児童福祉司〕
第13条　都道府県は，その設置する児童相談所に，児童福祉司を置かなければならない。
②　児童福祉司は，都道府県知事の補助機関である職員とし，次の各号のいずれかに該当する者のうちから，任用しなければならない。
一　厚生労働大臣の指定する児童福祉司若しくは児童福祉施設の職員を養成する学校その他の施設を卒業し，又は厚生労働大臣の指定する講習会の課程を修了した者
二　学校教育法に基づく大学又は旧大学令に基づく大学において，心理学，教育学若しくは社会学を専修する学科又はこれらに相当する課程を修めて卒業した者であって，厚生労働省令で定める施設において1年以上児童その他の者の福祉に関する相談に応じ，助言，指導その他の援助を行う業務に従事したもの
三　医師
三の二　社会福祉士
四　社会福祉主事として，2年以上児童福祉事業に従事した者
五　前各号に掲げる者と同等以上の能力を有すると認められる者であって，厚生労働省令で定めるもの
③　児童福祉司は，児童相談所長の命を受けて，児童の保護その他児童の福祉に関する事項について，相談に応じ，専門的技術に基いて必要な指導を行う等児童の福祉増進に努める。
④　児童福祉司は，政令の定めるところにより児童相談所長が定める担当区域により，前項の職務を行い，担当区域内の市町村長に協力を求めることができる。
〔保育士の定義〕
第18条の4　この法律で，保育士とは，第18条の18第1項の登録を受け，保育士の名称を用いて，専門的知識及び技術をもって，児童の保育及び児童の保護者に対する保育に関する指導を行うことを業とする者をいう。
〔欠格事由〕
第18条の5　次の各号のいずれかに

該当する者は，保育士となることができない。
一　成年被後見人又は被保佐人
二　禁錮以上の刑に処せられ，その執行を終わり，又は執行を受けることがなくなつた日から起算して2年を経過しない者
三　この法律の規定その他児童の福祉に関する法律の規定であつて政令で定めるものにより，罰金の刑に処せられ，その執行を終わり，又は執行を受けることがなくなつた日から起算して2年を経過しない者
四　第18条の19第1項第2号又は第2項の規定により登録を取り消され，その取消しの日から起算して2年を経過しない者

〔保育士の資格〕
第18条の6　次の各号のいずれかに該当する者は，保育士となる資格を有する。
一　厚生労働大臣の指定する保育士を養成する学校その他の施設（以下「指定保育士養成施設」という。）を卒業した者
二　保育士試験に合格した者

〔保育士試験の実施〕
第18条の8　保育士試験は，厚生労働大臣の定める基準により，保育士として必要な知識及び技能について行う。〔後略〕

〔登録〕
第18条の18　保育士となる資格を有する者が保育士となるには，保育士登録簿に，氏名，生年月日その他厚生労働省令で定める事項の登録を受けなければならない。
②　保育士登録簿は，都道府県に備える。
③　都道府県知事は，保育士の登録をしたときは，申請者に第1項に規定する事項を記載した保育士登録証を交付する。

〔登録の取消し等〕
第18条の19　都道府県知事は，保育士が次の各号のいずれかに該当する場合には，その登録を取り消さなければならない。
一　第18条の5各号（第4号を除く。）のいずれかに該当するに至つた場合
二　虚偽又は不正の事実に基づいて登録を受けた場合
②　都道府県知事は，保育士が第18条の21又は第18条の22の規定に違反したときは，その登録を取り消し，又は期間を定めて保育士の名称の使用の停止を命ずることができる。

〔信用失墜行為の禁止〕
第18条の21　保育士は，保育士の信用を傷つけるような行為をしてはならない。

〔保育士の秘密保持義務〕
第18条の22　保育士は，正当な理由がなく，その業務に関して知り得た人の秘密を漏らしてはならない。保育士でなくなつた後においても，同様とする。

〔名称の使用制限〕
第18条の23　保育士でない者は，保育士又はこれに紛らわしい者は，保育士又はこれに紛らわしい名称を使用してはならない。

第2章　福祉の保障

〔療育の指導等〕
第19条　保健所長は，身体に障害のある児童につき，診査を行ない，又は相談に応じ，必要な療育の指導を行わなければならない。〔後略〕

〔療育の給付〕
第20条　都道府県は，骨関節結核その他の結核にかかつている児童に対し，療育に併せて学習の援助を行うため，これを病院に入院させて療育の給付を行うことができる。
②　療育の給付は，医療並びに学習及び療養生活に必要な物品の支給とする。
③　前項の医療は，次に掲げる給付とする。
一　診察
二　薬剤又は治療材料の支給
三　医学的処置，手術及びその他の治療並びに施術
四　病院又は診療所への入院及びその療育に伴う世話その他の看護
五　移送
④　第2項の医療に係る療育の給付は，厚生労働大臣又は都道府県知事が次項の規定により指定する病院（以下「指定療育機関」という。）に委託して行うものとする。
⑤　厚生労働大臣は，国が開設した病院についてその主務大臣の同意を得て，都道府県知事は，その他の病院についてその開設者の同意を得て，第2項の医療を担当させる機関を指定する。
⑥　前項の指定は，政令で定める基準に適合する病院について行うものとする。
⑦　指定療育機関は，30日以上の予告期間を設けて，その指定を辞退することができる。
⑧　指定教育機関が第6項の規定に基づく政令で定める基準に適合しなくなつたとき，次条の規定に違反したとき，その他指定療育機関に第2項の医療を担当させるについて著しく不適当であると認められる理由があるときは，厚生労働大臣が指定した指定療育機関については厚生労働大臣が，都道府県知事が指定した指定療育機関については都道府県知事が，その指定を取り消すことができる。

〔障害福祉サービス〕
第21条の6　市町村は，障害者自立支援法第5条第1項に規定する障害福祉サービス（以下「障害福祉サービス」という。）を必要とする障害児の保護者が，やむを得ない事由により同法に規定する介護給付費又は特例介護給付費（第56条の6第1項において「介護給付費等」という。）の支給を受けることが著しく困難であると認めるときは，当該障害児につき，政令で定める基準に従い，障害福祉サービスを提供し，又は当該市町村以外の者に障害福祉サービスの提供を委託することができる。

〔保育の実施〕
第24条　市町村は，保護者の労働又は疾病その他の政令で定める基準に従い条件で定める事由により，その監護すべき乳児，幼児又は第39条第2項に規定する児童の保育に欠けるところがある場合において，保護者から申込みがあつたときは，それらの児童を保育所において保育しなければならない。ただし，保育に対する需要の増大，児童の数の減少等やむを得ない事由があるときは，家庭的保育事業による保育を行なうことその他の適切な保護をしなければならない。
②　前項に規定する児童について保育所における保育を行うこと（以下「保有の実施」という。）を希望する保護者は，厚生労働省令の定めるところにより，入所を希望する保育所その他厚生労働省令の定める事項を記載した申込書を市町村に提出しなければならない。この場合において，保育所は，厚生

参考資料

労働省令の定めるところにより、当該保護者の依頼を受けて、当該申込書の提出を代わって行うことができる。
③ 市町村は、1の保育所について、当該保育所への入所を希望する旨を記載した前項の申込書に係る児童のすべてが入所する場合には当該保育所における適切な保育の実施が困難となることその他のやむを得ない事由がある場合においては、当該保育所に入所する児童を公正な方法で選考することができる。
④ 市町村は、第25条の8第3号又は第26条第1項第4号の規定による報告又は通知を受けた児童について、必要があると認めるときは、その保護者に対し、保育の実施の申込みを勧奨しなければならない。
⑤ 市町村は、第1項に規定する児童の保護者の保育所の選択及び保育所の適正な運営の確保に資するため、厚生労働省令の定めるところにより、その区域内における保育所の設置者、設備及び運営の状況その他の厚生労働省令の定める事項に関し情報の提供を行わなければならない。

〔要保護児童発見者の通告義務〕
第25条 要保護児童を発見した者は、これを市町村、都道府県の設置する福祉事務所若しくは児童相談所又は児童委員を介して市町村、都道府県の設置する福祉事務所若しくは児童相談所に通告しなければならない。ただし、罪を犯した満14歳以上の児童については、この限りでない。この場合においては、これを家庭裁判所に通告しなければならない。

〔福祉事務所長の採るべき措置〕
第25条の8 都道府県の設置する福祉事務所の長は、第25条の規定による通告又は前条第2項第2号若しくは次条第1項第3号の規定による送致を受けた児童及び相談に応じた児童、その保護者又は妊産婦について、必要があると認めたときは、次の各号のいずれかの措置を採らなければならない。
一 第27条の措置を要すると認める者並びに医学的、心理学的、教育学的、社会学的及び精神保健上の判定を要すると認める者は、これを児童相談所に送致すること。
二 児童又はその保護者をその福祉事務所の知的障害者福祉司又は社会福祉主事に指導させること。
三 助産の実施、母子保護の実施又は保育の実施（以下「保育の実施等」という。）が適当であると認める者は、これをそれぞれその保育の実施等に係る都道府県又は市町村の長に報告し、又は通知すること。〔後略〕
四 児童自立生活援助の実施が適当であると認める者は、これをその実施に係る都道府県知事に報告すること。
五 第21条の6の規定による措置が適当であると認める者は、これをその措置に係る市町村の長に報告し、又は通知すること。

〔児童相談所のとるべき措置〕
第26条 児童相談所は、第25条の規定による通告を受けた児童、第25条の7第1項第1号若しくは第2項第1号、前条第1号又は少年法（昭和23年法律第168号）第6条の6第1項若しくは第18条第1項の規定による送致を受けた児童及び相談に応じた児童、その保護者又は妊産婦について、必要があると認めたときは、次の各号のいずれかの措置を採らなければならない。
一 次条の措置を要すると認める者は、これを都道府県知事に報告すること。
二 児童又はその保護者を児童福祉司若しくは児童委員に指導させ、又は都道府県以外の者の設置する児童家庭支援センター若しくは都道府県以外の障害者自立支援法第5条第17項に規定する相談支援事業（次条第1項第2号及び第34条の6において「相談支援事業」という。）を行う者その他第13条第1項第2号に前条第2号に規定する厚生労働省令で定めるものに指導を委託すること。
三 第25条の7第1項第2号又は前条第2号の措置が適当であると認める者は、これを福祉事務所に送致すること。
四 保育の実施等が適当であると認める者は、これをそれぞれその保育の実施等に係る都道府県又は市町村の長に報告し、又は通知すること。

五 児童自立生活援助の実施が適当であると認める児童は、これをその実施に係る都道府県知事に報告すること。
六 第21条の6の規定による措置が適当であると認める者は、これをその措置に係る市町村の長に報告し、又は通知すること。
七 子育て短期支援事業又は養育支援訪問事業の実施が適当であると認める者は、これをその事業の実施に係る市町村の長に通知すること。

〔都道府県の採るべき措置〕
第27条 都道府県は、前条第1項第1号の規定による報告又は少年法第18条第2項の規定による送致のあった児童につき、次の各号のいずれかの措置を採らなければならない。
一 児童又はその保護者に訓戒を加え、又は誓約書を提出させること。
二 児童又はその保護者を児童福祉司、知的障害者福祉司、社会福祉主事、児童委員若しくは当該都道府県の設置する児童家庭支援センター若しくは当該都道府県が行う相談支援事業に係る職員に指導させ、又は当該都道府県以外の者の設置する児童家庭支援センター、当該都道府県以外の相談支援事業を行う者若しくは前条第1項第二号に規定する厚生労働省令で定める者に指導を委託すること。
三 児童を里親に委託し、又は乳児院、児童養護施設、知的障害児施設、知的障害児通園施設、盲ろうあ児施設、肢体不自由児施設、重症心身障害児施設、情緒障害児短期治療施設若しくは児童自立支援施設に入所させること。
四 家庭裁判所の審判に付することが適当であると認める者は、これを家庭裁判所に送致すること。〔後略〕

〔家庭裁判所への送致〕
第27条の3 都道府県知事は、たまたま児童の行動の自由を制限し、又はその自由を奪うような強制的措置を必要とするときは、第33条及び第47条の規定により認められる場合を除き、事件を家庭裁判所に送致しなければならない。

〔秘密保持義務〕

第27条の4　第26条第1項第二号又は第27条第1項第二号の規定により行われる指導〔委託に係るものに限る。〕の事務に従事する者又は従事していた者は、その事務に関して知り得た秘密を漏らしてはならない。

〔保護者の児童虐待等の場合の措置〕
第28条　保護者が、その児童を虐待し、著しくその監護を怠り、その他保護者に監護させることが著しく当該児童の福祉を害する場合において、第27条第1項第3号の措置を採ることが児童の親権を行う者又は未成年後見人の意に反するときは、都道府県は、次の各号の措置を採ることができる。
一　保護者が親権を行う者又は未成年後見人であるときは、家庭裁判所の承認を得て、第27条第1項第3号の措置を採ること。
二　保護者が親権を行う者又は未成年後見人でないときは、その児童を親権を行う者又は未成年後見人に引き渡すこと。ただし、その児童を親権を行う者又は未成年後見人に引き渡すことが児童の福祉のため不適当であると認めるときは、家庭裁判所の承認を得て、第27条第1項第3号の措置を採ること。〔後略〕

〔同居児童の届出〕
第30条　4親等内の児童以外の児童を、その親権を行う者又は未成年後見人から離して、自己の家庭（単身の世帯を含む。）に、3月（乳児については、1月）を超えて同居される意思をもつて同居させた者又は継続して2月以上（乳児については、20日以上）同居させた者（法令の定めるところにより児童を委託させた者及び児童を単に下宿させた者を除く。）は、同居を始めた日から3月以内（乳児については、1月以内）に、市町村長を経て、都道府県知事に届け出なければならない。ただし、その届出期間内に同居をやめたときは、この限りでない。〔中略〕
③　保護者は、経済的理由等により、児童をそのもとにおいて養育しがたいときは、市町村、都道府県の設置する福祉事務所、児童相談所、児童福祉司又は児童委員に相談しなければならない。

〔児童の一時保護〕
第33条　児童相談所長は、必要があると認めたときは、第26条第1項の措置をとるに至るまで、児童に一時保護を加え、又は適当な者に委託して、一時保護を加えさせることができる。
②　都道府県知事は、必要があると認めるときは、第27条第1項又は第2項の措置をとるに至るまで、児童相談所長をして、児童に一時保護を加えさせ、又は適当な者に、一時保護を加えることを委託させることができる。
③　前2項の規定による一時保護の期間は、当該一時保護を開始した日から2月を超えてはならない。
④　前項の規定にかかわらず、児童相談所長又は都道府県知事は、必要があると認めるときは、引き続き第1項又は第2項の規定による一時保護を行うことができる。〔後略〕

〔親権喪失宣言の請求〕
第33条の7　児童又は児童以外の満20歳に満たない者（次条及び第33条の9において「児童等」という。）の親権者が、その親権を濫用し、又は著しく不行跡であるときは、民法（明治29年法律第89号）第834条の規定による親権喪失の宣告の請求は、同条に定める者のほか、児童相談所長も、これを行うことができる。

〔未成年後見人選任の請求〕
第33条の8　児童相談所長は、親権を行う者及び未成年後見人のない児童等について、その福祉のため必要があるときは、家庭裁判所に対し未成年後見人の選任を請求しなければならない。

〔未成年後見人解任の請求〕
第33条の9　児童等の未成年後見人に、不正な行為、著しい不行跡その他後見人の任務に適しない事由があるときは、民法第846条の規定による未成年後見人の解任の請求は、同条に定める者のほか、児童相談所長も、これを行うことができる。

〔禁止行為〕
第34条　何人も、次に掲げる行為をしてはならない。
一　身体に障害又は形態上の異常がある児童を公衆の観覧に供する行為
二　児童にこじきをさせ、又は児童を利用してこじきをする行為
三　公衆の娯楽を目的にして、満15歳に満たない児童にかるわざ又は曲馬をさせる行為
四　満15歳に満たない児童に戸々について、又は道路その他これに準ずる場所で歌謡、遊芸その他の演技を業務としてさせる行為
四の二　児童に午後10時から午前3時までの間、戸々について又は道路その他これに準ずる場所で物品の販売、配布、展示若しくは拾集又は役務の提供を業務としてさせる行為
四の三　戸々について、又は道路その他これに準ずる場所で物品の販売、配布、展示若しくは拾集又は役務の提供を業務として行う満15歳に満たない児童を、当該業務行うために、風俗営業等の規則及び業務の適正化等に関する法律（昭和23年法律第122号）第2条第4項の接待飲食等営業、同条第6項の店舗型性風俗特殊営業及び同条第9項の店舗型電話異性紹介営業に該当する営業を営む場所に立ち入らせる行為
五　満15歳に満たない児童に酒席に侍する行為を業務としてさせる行為
六　児童に淫行をさせる行為
七　前各号に掲げる行為をするおそれのある者その他児童に対し、刑罰法令に触れる行為をなすおそれのある者に、情を知つて、児童を引き渡す行為及び当該引渡し行為のなされるおそれがあるの情を知つて、他人に児童を引き渡す行為
八　成人及び児童のための正当な職業紹介の者が、営利を目的として、児童の養育をあっせんする行為
九　児童の心身に有害な影響を与える行為をさせる目的をもつて、これを自己の支配下に置く行為
②　児童養護施設、知的障害児施設、知的障害児通園施設、盲ろうあ児施設、肢体不自由児施設又は児童自立支援施設においては、それぞれ第41条から第43条の3まで及び第44条に規定する目的に反して、入所した児童を酷使してはならない。

第3章　事業、養育里親及び施設

〔助産施設〕
第36条　助産施設は、保健上必要が

参 考 資 料

あるにもかかわらず，経済的理由により，入院助産を受けることができない妊産婦を入所させて，助産を受けさせることを目的とする施設とする。

〔乳児院〕

第37条　乳児院は，乳児（保健上，安定した生活環境の確保その他の理由により特に必要のある場合には，幼児を含む。）を入院させて，これを養育し，あわせて退院した者について相談その他の援助を行うことを目的とする施設とする。

〔母子生活支援施設〕

第38条　母子生活支援施設は，配偶者のない女子又はこれに準ずる事情にある女子及びその者の監護すべき児童を入所させて，これらの者を保護するとともに，これらの者の自立の促進のためにその生活を支援し，あわせて退所した者について相談その他の援助を行うことを目的とする施設とする。

〔保育所〕

第39条　保育所は，日日保護者の委託を受けて，保育に欠けるその乳児又は幼児を保育することを目的とする施設とする。

② 保育所は，前項に規定にかかわらず，特に必要があるときは，日日保護者の委託を受けて，保育に欠けるその他の児童を保育することができる。

〔児童厚生施設〕

第40条　児童厚生施設は，児童遊園，児童館等児童に健全な遊びを与えて，その健康を増進し，又は情操をゆたかにすることを目的とする施設とする。

〔児童養護施設〕

第41条　児童養護施設は，保護者のない児童（乳児を除く。ただし，安定した生活環境の確保その他の理由により特に必要のある場合には，乳児を含む。以下この条において同じ。），虐待されている児童その他環境上養護を要する児童を入所させて，これを養護し，あわせて退所した者に対する相談その他の自立のための援助を行うことを目的とする施設とする。

〔知的障害児施設〕

第42条　知的障害児施設は，知的障害のある児童を入所させて，これを保護し，又は治療するとともに，独立自活に必要な知識技能を与えることを目的とする施設とする。

〔知的障害児通園施設〕

第43条　知的障害児通園施設は，知的障害のある児童を日々保護者の下から通わせて，これを保護するとともに，独立自活に必要な知識技能を与えることを目的とする施設とする。

〔盲ろうあ児施設〕

第43条の2　盲ろうあ児施設は，盲児（強度の弱視児を含む。）又はろうあ児（強度の難聴児を含む。）を入所させて，これを保護するとともに，独立自活に必要な指導又は援助をすることを目的とする施設とする。

〔肢体不自由児施設〕

第43条の3　肢体不自由児施設は，肢体不自由のある児童を治療するとともに，独立自活に必要な知識技能を与えることを目的とする施設とする。

〔重症心身障害児施設〕

第43条の4　重症心身障害児施設は，重度の知的障害及び重度の肢体不自由が重複している児童を入所させて，これを保護するとともに，治療及び日常生活の指導をすることを目的とする施設とする。

〔情緒障害児短期治療施設〕

第43条の5　情緒障害児短期治療施設は，軽度の情緒障害を有する児童を，短期間，入所させ，又は保護者の下から通わせて，その情緒障害を治し，あわせて退所した者について相談その他の援助を行うことを目的とする施設とする。

〔児童自立支援施設〕

第44条　児童自立支援施設は，不良行為をなし，又はなすおそれのある児童及び家庭環境その他の環境上の理由により生活指導等を要する児童を入所させ，又は保護者の下から通わせて，個々の児童の状況に応じて必要な指導を行い，その自立を支援し，あわせて退所した者について相談その他の援助を行うことを目的とする施設とする。

〔児童家庭支援センター〕

第44条の2　児童家庭支援センターは，地域の児童の福祉に関する各般の問題につき，児童に関する家庭その他からの相談のうち，専門的な知識及び技術を必要とするものに応じ，必要な助言を行うとともに，市町村の求めに応じ，技術的助言その他必要な援助を行うほか，第26条第1項第2号及び第27条第1項第2号の規定による指導を行い，あわせて児童相談所，児童福祉施設等との連絡調整その他の厚生労働省令の定める援助を総合的に行うことを目的とする施設とする。

② 児童家庭支援センターの職員は，その職務を遂行するに当たつては，個人の身上に関する秘密を守らなければならない。

〔最低基準の制定等〕

第45条　厚生労働大臣は，児童福祉施設の設備及び運営並びに里親の行う養育について，最低基準を定めなければならない。この場合において，その最低基準は，児童の身体的，精神的及び社会的な発達のために必要な生活水準を確保するものでなければならない。

② 児童福祉施設の設置者及び里親は，前項の最低基準を遵守しなければならない。

③ 児童福祉施設の設置者は，児童福祉施設の設備及び運営についての水準の向上を図ることに努めるものとする。

〔児童福祉施設の長の義務〕

第46条の2　児童福祉施設の長は，都道府県知事又は市町村長（第32条第3項の規定により保育所における保育を行うことの権限又は第24条第1項ただし書に規定する保護の権限が当該市町村に置かれる教育委員会に委任されている場合にあつては，当該教育委員会）からこの法律の規定に基づく措置又は助産の実施若しくは母子保護の実施のための委託若しくは保育所における保育を行うことの委託を受けたときは，正当な理由がない限り，これを拒んではならない。

〔児童福祉施設の長の親権等〕

第47条　児童福祉施設の長は，入所中の児童で親権を行う者又は未成年後見人のないものに対し，親権を行う者又は未成年後見人があるに至るまでの間，親権を行う。ただし，民法第797条の規定による縁組の承諾をするには，厚生労働省令の定めるところにより，都道府県知事の許可を得なければならない。

② 児童福祉施設の長，その住居において養育を行う第6条の2第8項に規定する厚生労働省令で定める者又は里親は，入所中又は受託中の児童で親権を行う者又は未成年後見人のあるものについても，

305

監護，教育及び懲戒に関し，その児童の福祉のため必要な措置をとることができる。
〔児童福祉施設に入所中の児童の教育〕
第48条　児童養護施設，知的障害児施設，盲ろうあ児施設，肢体不自由児施設，情緒障害児短期治療施設及び児童自立支援施設の長並びに里親は，学校教育法に規定する保護者に準じて，その施設に入所中又は受託中の児童を就学させなければならない。
〔乳児院等の長による相談及び助言〕
第48条の2　乳児院，母子生活支援施設，児童養護施設，情緒障害児短期治療施設及び児童自立支援施設の長は，当該施設の所在する地域の住民に対して，その行う児童の保護に支障がない限りにおいて，児童の養育に関する相談に応じ，及び助言を行うよう努めなければならない。
〔保育所の情報提供等〕
第48条の3　保育所は，当該保育所が主として利用される地域の住民に対してその行う保育に関し情報の提供を行い，並びにその行う保育に支障がない限りにおいて，乳児，幼児等の保育に関する相談に応じ，及び助言を行うよう努めなければならない。
②　保育所に勤務する保育士は，乳児，幼児等の保育に関する相談に応じ，及び助言を行うために必要な知識及び技能の修得，維持及び向上に努めなければならない。

児童福祉施設最低基準（抄）
（昭和23・12・39厚令63）
（平成22・6・1厚労令75改正現在）

第1章　総則

（この省令の趣旨）
第1条　児童福祉法（昭和22年法律第164号。以下「法」という。）第45条の規定による児童福祉施設の設備及び運営についての最低基準（以下最低基準という。）は，この省令の定めるところによる。
（最低基準の目的）
第2条　最低基準は，児童福祉施設に入所している者が，明るくて，衛生的な環境において，素養があり，かつ，適切な訓練を受けた職員（児童福祉施設の長を含む。以下同じ。）の指導により，心身ともに健やかにして，社会に適応するように育成されることを保障するものとする。
（最低基準の向上）
第3条　都道府県知事は，その管理に属する法第8条第2項に規定する都道府県児童福祉審議会（社会福祉法（昭和26年法律第45号）第12条第1項の規定により同法第7条第1項に規定する地方社会福祉審議会（以下この項において「地方社会福祉審議会」という。）に児童福祉に関する事項を調査審議させる都道府県にあつては，地方社会福祉審議会）の意見を聴き，その監督に属する児童福祉施設に対し，最低基準を超えて，その設備及び運営を向上させるように勧告することができる。〔中略〕
5　厚生労働大臣は，最低基準を常に向上させるように努めるものとする。
（最低基準と児童福祉施設）
第4条　児童福祉施設は，最低基準を超えて，常に，その設備及び運営を向上させなければならない。
2　最低基準を超えて，設備を有し，又は運営をしている児童福祉施設においては，最低基準を理由として，その設備又は運営を低下させてはならない。
（児童福祉施設の構造設備の一般原則）
第5条　児童福祉施設には，法に定めるそれぞれの施設の目的を達成するために必要な設備を設けなければならない。
2　児童福祉施設の構造設備は，採光，換気等入所している者の保健衛生及びこれらの者に対する危害防止に十分な考慮を払つて設けられなければならない。
（児童福祉施設における職員の一般的要件）
第7条　児童福祉施設に入所している者の保護に従事する職員は，健全な心身を有し，児童福祉事業に熱意のある者であつて，できる限り児童福祉事業の理論及び実際について訓練を受けた者でなければならない。

（入所した者を平等に取り扱う原則）
第9条　児童福祉施設においては，入所している者の国籍，信条，社会的身分又は入所に要する費用を負担するか否かによつて，差別的取扱いをしてはならない。
（懲戒に係る権限の濫用禁止）
第9条の3　児童福祉施設の長は，入所中の児童に対し法第47条第1項本文の規定により親権を行う場合であつて懲戒するとき又は同条第2項の規定により懲戒に関しその児童の福祉のために必要な措置を採るときは，身体的苦痛を与え，人格を辱める等その権限を濫用してはならない。
（苦情への対応）
第14条の3　児童福祉施設は，その行つた援助に関する入所している者又はその保護者等からの苦情に迅速かつ適切に対応するために，苦情を受け付けるための窓口を設置する等の必要な措置を講じなければならない。〔中略〕
3　児童福祉施設は，その行つた援助に関し，当該措置又は助産の実施，母子保護の実施若しくは保育の実施に係る都道府県又は市町村から指導又は助言を受けた場合は，当該指導又は助言に従つて必要な改善を行わなければならない。
4　児童福祉施設は，社会福祉法第83条に規定する運営適正化委員会が行う同法第83条第1項の規定による調査にできる限り協力しなければならない。

第2章　助産施設

（種類）
第15条　助産施設は，第1種助産施設及び第2種助産施設とする。
2　第1種助産施設とは，医療法（昭和23年法律第205号）の病院である助産施設をいう。
3　第2種助産施設とは，医療法の助産所である助産施設をいう。
（入所させる妊産婦）
第16条　助産施設には，法第22条第1項に規定する妊産婦を入所させて，なお余裕のあるときは，その他の妊産婦を入所させることができる。
（第2種助産施設の職員）
第17条　第2種助産施設には，医療法に規定する職員のほか，1人以上の専任又は嘱託の助産師を置か

なければならない。
2 第2種助産施設の嘱託医は、産婦人科の診療に相当の経験を有する者でなければならない。

第3章 乳児院

(乳児院の設備の基準)
第19条 乳児院(乳児10人未満を入所させる乳児院を除く。)の設備の基準は、次のとおりとする。
一 寝室、観察室、診察室、病室、ほふく室、調理室、浴室及び便所を設けること。
二 寝室及び観察室の面積は、それぞれ乳児1人につき1.65平方メートル以上であること。

第20条 乳児10人未満を入所させる乳児院の設備の基準は、次のとおりとする。
一 乳児の養育に専用の室を設けること。
二 前項の室の面積は、1室につき9.91平方メートル以上とし、乳児1人につき1.65平方メートル以上であること。

(職員)
第21条 乳児院(乳児10人未満を入所させる乳児院を除く。)には、小児科の診療に相当の経験を有する医師又は嘱託医、看護師、栄養士及び調理員を置かなければならない。ただし、調理業務の全部を委託する施設にあつては調理員を置かないことができる。
2 看護師の数は、おおむね乳児の数を1.7で除して得た数(その数が7人未満であるときは7人)以上とする。
3 看護師は、保育士又は児童指導員(児童の生活指導を行う者をいう。以下同じ。)をもつてこれに代えることができる。ただし、乳児10人の乳児院には2人以上、乳児が10人を超える場合は、おおむね10人増すごとに1人以上看護師を置かなければならない。

第22条 乳児10人未満を入所させる乳児院には、嘱託医、看護師及び調理員又はこれに代わるべき者を置かなければならない。
2 看護師の数は、7人以上とする。ただし、その1人を除き、保育士又は児童指導員をもつてこれに代えることができる。

(養育の内容)
第23条 乳児院における養育は、乳児の健全な発育を促進し、その人格の形成に資することとなるものでなければならない。
2 養育の内容は、精神発達の観察及び指導、毎日定時に行う授乳、食事、おむつの交換、入浴、外気浴及び安静並びに定期に行う身体測定のほか、第12条第1項に規定する健康診断及び必要に応じ行う感染症等の予防処置を含むものとする。

第4章 母子生活支援施設

(設備の基準)
第26条 母子生活支援施設の設備の基準は、次のとおりとする。
一 母子室、集会、学習等を行う室、調理室、浴室及び便所を設けること。ただし、付近に公衆浴場等があるときは、浴室を設けないことができる。
二 母子室は、1世帯につき1室以上とすること。
三 母子室の面積はおおむね1人につき3.3平方メートル以上であること。
四 乳児又は幼児を入所させる母子生活支援施設には、付近にある保育所又は児童厚生施設が利用できない等必要があるときは、保育所に準ずる設備を設けること。
五 乳児又は幼児30人未満を入所させる母子生活支援施設には、静養室を、乳児又は幼児30人以上を入所させる母子生活支援施設には、医務室及び静養室を設けること。

(職員)
第27条 母子生活支援施設には、母子指導員(母子生活支援施設において、母子の生活指導を行う者をいう。以下同じ。)、嘱託医、少年を指導する職員及び調理員又はこれに代わるべき者を置かなければならない。ただし、調理業務の全部を委託する施設にあつては、調理員を置かないことができる。

(母子指導員の資格)
第28条 母子指導員は、次の各号のいずれかに該当する者でなければならない。
一 地方厚生局長又は地方厚生支局長(以下「地方厚生局長等」という。)の指定する児童福祉施設の職員を養成する学校その他の養成施設を卒業した者
二 保育士の資格を有する者
三 社会福祉士の資格を有する者
四 学校教育法(昭和22年法律第26号)の規定による高等学校若しくは中等教育学校を卒業した者、同法第90条第2項の規定により大学への入学を認められた者若しくは通常の課程による12年の学校教育を修了した者(通常の課程以外の課程によりこれに相当する学校教育を修了した者を含む。)又は文部科学大臣がこれと同等以上の資格を有すると認定した者であつて、2年以上児童福祉事業に従事したもの

(生活指導)
第29条 母子生活支援施設における生活指導は、個々の母子の家庭生活及び稼働の状況に応じ、就労、家庭生活及び児童の養育に関する相談及び助言を行う等の支援により、その自立の促進を目的とし、かつ、その私生活を尊重して行わなければならない。

第5章 保育所

(設備の基準)
第32条 保育所の設備の基準は、次のとおりとする。
一 乳児又は満2歳に満たない幼児を入所させる保育所には、乳児室又はほふく室、医務室、調理室及び便所を設けること。
二 乳児室の面積は、乳児又は前号の幼児1人につき1.65平方メートル以上であること。
三 ほふく室の面積は、乳児又は第1号の幼児1人につき3.3平方メートル以上であること。
四 乳児室又はほふく室には、保育に必要な用具を備えること。
五 満2歳以上の幼児を入所させる保育所には、保育室又は遊戯室、屋外遊戯場(保育所の付近にある屋外遊戯場に代わるべき場所を含む。以下同じ。)、調理室及び便所を設けること。
六 保育室又は遊戯室の面積は、前号の幼児1人につき1.98平方メートル以上、屋外遊戯場の面積は、前号の幼児1人につき3.3平方メートル以上であること。
七 保育室又は遊戯室には、保育に必要な用具を備えること。
八 乳児室、ほふく室、保育室又は遊戯室(以下「保育室等」という。)を2階に設ける建物は、次のイ、ロ及びハの要件に、保

育室等を3階以上に設ける建物は，次のロからチまでの要件に該当するものであること。
　イ　建築基準法（昭和25年法律第201号）第2条第9号の2に規定する耐火建築物又は同条第9号の3に規定する準耐火建築物（同号ロに該当するものを除く。）であること。
　ロ　保育室等が設けられている次の表〔略〕の上欄に掲げる階に応じ，同表の中欄に掲げる区分ごとに，それぞれ同表の下欄に掲げる施設又は設備が1以上設けられていること。
　ハ　ロに掲げる施設及び設備が避難上有効な位置に設けられ，かつ，保育室等の各部分からその一に至る歩行距離が30メートル以下となるように設けられていること。
　ニ　保育所の調理室（次に掲げる要件のいずれかに該当するものを除く。ニにおいて同じ。）以外の部分と保育所の調理室の部分が建築基準法第2条第7号に規定する耐火構造の床若しくは壁又は建築基準法施行令第112条第1項に規定する特定防火設備で区画されていること。この場合において，換気，暖房又は冷房の設備の風道が，当該床若しくは壁を貫通する部分又はこれに近接する部分に防火上有効にダンパーが設けられていること。
　　(1)　スプリンクラー設備その他これに類するもので自動式のものが設けられていること。
　　(2)　調理用器具の種類に応じて有効な自動消火装置が設けられ，かつ，当該調理室の外部への延焼を防止するために必要な措置が講じられていること。
　ホ　保育所の壁及び天井の室内に面する部分の仕上げを不燃材料でしていること。
　ヘ　保育室等その他乳児又は幼児が出入し，又は通行する場所に，乳児又は幼児の転落事故を防止する設備が設けられていること。
　ト　非常警報器具又は非常警報設備及び消防機関へ火災を通報する設備が設けられていること。
　チ　保育所のカーテン，敷物，建具等で可燃性のものについて防炎処理が施されていること。

（職員）
第33条　保育所には，保育士，嘱託医及び調理員を置かなければならない。ただし，調理業務の全部を委託する施設にあつては，調理員を置かないことができる。
2　保育士の数は，乳児おおむね3人につき1人以上，満1歳以上満3歳に満たない幼児おおむね6人につき1人以上，満3歳以上満4歳に満たない幼児おおむね20人につき1人以上（認定こども園（就学前の子どもに関する教育，保育等の総合的な提供の推進に関する法律（平成18年法律第77号。以下「就学前保育等推進法」という。）第6条第2項に規定する認定こども園をいう。）である保育所（以下「認定保育所」という。）にあつては，幼稚園（学校教育法第1条に規定する幼稚園をいう。以下同じ。）と同様に1日に4時間程度利用する幼児（以下「短時間利用児」という。）おおむね35人につき1人以上，1日に8時間程度利用する幼児（以下「長時間利用児」という。）おおむね20人につき1人以上），満4歳以上の幼児おおむね30人につき1人以上（認定保育所にあつては，短時間利用児おおむね35人につき1人以上，長時間利用児おおむね30人につき1人以上）とする。ただし，保育所1につき2人を下ることはできない。

（保育時間）
第34条　保育所における保育時間は，1日につき8時間を原則とし，その地方における乳児又は幼児の保護者の労働時間その他家庭の状況等を考慮して，保育所の長がこれを定める。

（保育の内容）
第35条　保育所における保育は，養護及び教育を一体的に行うことをその特性とし，その内容については，厚生労働大臣が，これを定める。

（保護者との連絡）
第36条　保育所の長は，常に入所している乳児又は幼児の保護者と密接な連絡をとり，保育の内容等につき，その保護者の理解及び協力を得るよう努めなければならない。

第6章　児童厚生施設

（設備の基準）
第37条　児童厚生施設の設備の基準は，次のとおりとする。
　一　児童遊園等屋外の児童厚生施設には，広場，遊具及び便所を設けること。
　二　児童館等屋内の児童厚生施設には，集会室，遊戯室，図書室及び便所を設けること。

（職員）
第38条　児童厚生施設には，児童の遊びを指導する者を置かなければならない。
2　児童の遊びを指導する者は，次の各号のいずれかに該当する者でなければならない。
　一　地方厚生局長等の指定する児童福祉施設の職員を養成する学校その他の養成施設を卒業した者
　二　保育士の資格を有する者
　三　学校教育法の規定による高等学校若しくは中等教育学校を卒業した者，同法第90条第2項の規定により大学への入学を認められた者若しくは通常の課程による12年の学校教育を修了した者（通常の課程以外の課程によりこれに相当する学校教育を修了した者を含む。）又は文部科学大臣がこれと同等以上の資格を有すると認定した者であつて，2年以上児童福祉事業に従事したもの
　四　学校教育法の規定により，幼稚園，小学校，中学校，高等学校又は中等教育学校の教諭となる資格を有する者
　五　次のいずれかに該当する者であつて，児童厚生施設の設置者（地方公共団体以外の者が設置する児童厚生施設にあつては，都道府県知事（指定都市にあつては，市長とし，児童相談所設置市にあつては，児童相談所設置市の市長とする。以下同じ。））が適当と認めたもの
　　イ　学校教育法の規定による大学において，心理学，教育学，社会学，芸術学若しくは体育学を専修する学科又はこれらに相当する課程を修めて卒業した者

参 考 資 料

ロ　学校教育法の規定による大学において，心理学，教育学，社会学，芸術学若しくは体育学を専修する学科又はこれらに相当する課程において優秀な成績で単位を修得したことにより，同法第102条第2項の規定により大学院への入学が認められた者
ハ　学校教育法の規定による大学院において，心理学，教育学，社会学，芸術学若しくは体育学を専攻する研究科又はこれらに相当する課程を修めて卒業した者
ニ　外国の大学において，心理学，教育学，社会学，芸術学若しくは体育学を専修する学科又はこれらに相当する課程を修めて卒業した者

（遊びの指導を行うに当たつて遵守すべき事項）
第39条　児童厚生施設における遊びの指導は，児童の自主性，社会性及び創造性を高め，もつて地域における健全育成活動の助長を図るようこれを行うものとする。

第7章　児童養護施設

（設備の基準）
第41条　児童養護施設の設備の基準は，次のとおりとする。
一　児童の居室，調理室，浴室及び便所を設けること。
二　児童の居室の1室の定員は，これを15人以下とし，その面積は，1人につき3.3平方メートル以上とすること。
三　入所している児童の年齢等に応じ，男子と女子の居室を別にすること。
四　便所は，男子用と女子用とを別にすること。
五　児童30人以上を入所させる児童養護施設には，医務室及び静養室を設けること。
六　入所している児童の年齢，適性等に応じ職業指導に必要な設備を設けること。

（職員）
第42条　児童養護施設には，児童指導員，嘱託医，保育士，栄養士及び調理員を置かなければならない。ただし，児童40人以下を入所させる施設にあつては，栄養士を，調理業務の全部を委託する施設にあつては調理員を置かないことができる。
2　職業指導を行う場合には，職業指導員を置かなければならない。
3　児童指導員及び保育士の総数は，通じて，満3歳に満たない幼児おおむね2人につき1人以上，満3歳以上の幼児おおむね4人につき1人以上，少年おおむね6人につき1人以上とする。

（児童指導員の資格）
第43条　児童指導員は，次の各号のいずれかに該当する者でなければならない。
一　地方厚生局長の指定する児童福祉施設の職員を養成する学校その他の養成施設を卒業した者
二　学校教育法の規定による大学の学部で，心理学，教育学若しくは社会学を専修する学科又はこれらに相当する課程を修めて卒業した者
三　学校教育法の規定による大学の学部で，心理学，教育学若しくは社会学に関する科目の単位を優秀な成績で修得したことにより，同法第102条第2項の規定により大学院への入学を認められた者
四　学校教育法の規定による大学院において，心理学，教育学若しくは社会学を専攻する研究科又はこれらに相当する課程を修めて卒業した者
五　外国の大学において，心理学，教育学若しくは社会学を専修する学科又はこれらに相当する課程を修めて卒業した者
六　学校教育法の規定による高等学校若しくは中等教育学校を卒業した者，同法第90条第2項の規定により大学への入学を認められた者若しくは通常の課程による12年の学校教育を修了した者（通常の課程以外の課程によりこれに相当する学校教育を修了した者を含む。）又は文部科学大臣がこれと同等以上の資格を有すると認定した者であつて，2年以上児童福祉事業に従事したもの
七　学校教育法の規定により，小学校，中学校，高等学校又は中等教育学校の教諭となる資格を有する者であつて，厚生労働大臣又は都道府県知事が適当と認めたもの
八　3年以上児童福祉事業に従事した者であつて，厚生労働大臣又は都道府県知事が適当と認めたもの

（生活指導及び家庭環境の調整）
第44条　児童養護施設における生活指導は，児童の自主性を尊重し，基本的生活習慣を確立するとともに豊かな人間性及び社会性を養い，児童の自立を支援することを目的として行わなければならない。
2　児童養護施設の長は，前項の目的を達成するため，児童の家庭の状況に応じ，その家庭環境の調整を行わなければならない。

（職業指導）
第45条　児童養護施設における職業指導は，勤労の基礎的な能力及び態度を育てることにより，児童の自立を支援することを目的として，児童の適性，能力等に応じてこれを行わなければならない。
2　職業指導は，営利を目的とせず，かつ，児童の福祉を損なうことのないようこれを行わなければならない。
3　私人の設置する児童養護施設の長は，当該児童養護施設内において行う職業指導に付随する収入があつたときには，当該収入を適切に処分しなければならない。
4　児童養護施設の長は，必要に応じ当該児童養護施設外の事業場等に委託して児童の職業指導を行うことができる。ただし，この場合，児童が当該事業場から受け取る金銭の使途については，これを貯金させる等有効に使用するよう指導しなければならない。

第8章　知的障害児施設

（設備の基準）
第48条　知的障害児施設の基準は，次のとおりとする。
一　知的障害児施設（自閉症を主たる症状とする児童を入所させる知的障害児施設（以下「自閉症児施設」という。）を除く。）については，第41条の規定を準用する。ただし，静養室は，必ずこれを設けなければならない。
二　自閉性を主たる症状とする児童であつて，病院に収容することを要するものを入所させる自閉症児施設（以下「第1種自閉症児施設」という。）には，医療法に規定する病院として必要な設備のほか，観察室，静養室，

309

訓練室及び浴室を設けること。
　三　自閉性を主なる症状とする児童であつて，症院に収容することを要しないものを入所させる自閉症児施設（以下「第2種自閉症児施設」という。）については，第41条の規定を準用する。ただし，医務室及び静養室は，必ずこれを設けなければならない。
（職員）
第49条　知的障害児施設（自閉症児施設を除く。次項において同じ。）については，第42条の規定を準用する。ただし，児童指導員及び保育士の総数は，通じておおむね児童の数を4.3で除して得た数以上とする。
2　知的障害児施設には，精神科の診療に相当の経験を有する嘱託医を置かなければならない。
3　第1種自閉症児施設には，医療法に規定する病院として必要な職員のほか，児童指導員及び保育士をおかなければならない。
4　第1種自閉症児施設の児童指導員及び保育士の総数は，通じておおむね児童の数を6.7で除して得た数以上とする。
5　第1種自閉症児施設には，第1項及び第2項の職員並びに医師及び看護師を置かなければならない。
6　第2種自閉症児施設の看護師の数は，児童おおむね20人につき1人以上とする。
7　自閉症児施設の医師は，児童を対象とする精神科の診療に相当の経験を有する医師でなければならない。
（生活指導の目的）
第50条　知的障害児施設における生活指導は，児童が日常の起居の間に，当該知的障害児施設を退所した後，できる限り社会に適応するようこれを行わなければならない。

第8章の2　知的障害児通園施設
（設備の基準）
第55条　知的障害児通園施設の設備の基準は，次のとおりとする。
　一　指導室，遊戯室，屋外遊戯場，医務室，静養室，相談室，調理室，浴室又はシヤワー室及び便所を設けること。
　二　指導室の1室の定員は，これをおおむね10人とし，その面積は，児童1人につき2.47平方メートル以上とすること。
　三　遊戯室の面積は，児童1人につき1.65平方メートル以上とすること。
（職員）
第56条　知的障害児通園施設については，第49条第1項及び第2項の規定を準用する。ただし，知的障害児通園施設の児童指導員及び保育士の総数は，通じておおむね乳児又は幼児の数を4で除して得た数及び少年の数を7.5で除して得た数の合計数以上とする。
（生活指導及び職業指導）
第57条　知的障害児通園施設における生活指導については，第50条の規定を準用する。
2　知的障害児通園施設における職業指導については，第51条の規定を準用する。

第9章　盲ろうあ児施設
（設備の基準）
第60条　盲児施設（盲ろうあ児施設のうち，盲児を入所させるものをいう。以下同じ。）の施設の基準は，次のとおりとする。
　一　児童の居室，講堂，遊戯室，訓練室，職業指導に必要な設備，音楽に関する設備，調理室，浴室及び便所を設けること。
　二　児童30人以上を入所させる盲児施設には，医務室及び静養室を設けること。
　三　児童の居室の1室の定員は，これを15人以下とし，その面積は，1人につき3.3平方メートル以上とすること。
　四　入所している児童の年齢等に応じ，男子と女子の居室を別にすること。
　五　階段の傾斜を穏やかにするほか，浴室及び便所の手すり，特殊表示等身体の機能の不自由を助ける設備を設けること。
　六　便所は，男子用と女子用とを別にすること。
2　ろうあ児施設（盲ろうあ児施設のうち，ろうあ児を入所させるものをいう。）の設備の基準は，次のとおりとする。
　一　ろうあ児施設（強度の難聴の幼児を保護者の下から通わせて指導訓練を行う施設（以下「難聴幼児通園施設」という。）を除く。次項において同じ。）には，児童の居室，講堂，遊戯室，訓練室，職業指導に必要な設備，映写に関する設備，調理室，浴室及び便所を設けること。
　二　難聴幼児通園施設には，遊戯室，観察室，医務室，聴力検査室，訓練室，相談室，調理室及び便所を設けること。
3　前項に規定するもののほか，ろうあ施設の設備の基準については，第1項第2号から第4号まで及び第6号の規定を準用する。
（職員）
第61条　盲ろうあ児施設（難聴幼児通園施設を除く。次項において同じ。）には，嘱託医，児童指導員，保育士，栄養士及び調理員を置かなければならない。ただし，児童40人以下を入所させる施設にあつては栄養士を，調理業務の全部を委託する施設にあつては調理員を置かないことができる。
2　盲ろうあ児施設の児童指導員及び保育士の総数は，通じて，乳児又は幼児おおむね4人につき1人以上，少年おおむね5人につき1人以上とする。
3　難聴幼児通園施設には，第1項に規定する職員並びに聴能訓練を担当する職員（以下「聴能訓練担当職員」という。）及び言語機能の訓練を担当する職員（以下「言語機能訓練担当職員」という。）を置かなければならない。ただし，児童40人以下を入所させる施設にあつては，栄養士を置かないことができる。
4　難聴幼児通園施設の児童指導員，保育士，聴能訓練担当職員及び言語機能訓練担当職員の総数は，通じておおむね幼児4人につき1人以上とする。ただし，聴能訓練担当職員及び言語機能訓練担当職員の数は，それぞれそ2人以上でなければならない。
5　嘱託医は，眼科又は耳鼻いんこう科の診療に相当の経験を有する者でなければならない。
6　職業指導を課する場合には，職業指導員を置かなければならない。

第9章の3　肢体不自由児施設
（設備の基準）
第68条　肢体不自由児施設の設備の基準は，次のとおりとする。
　一　肢体不自由児施設（次号及び第3号に掲げる施設を除く。次条第1項から第3項までにおい

参 考 資 料

て同じ。）には、医療法に規定する病院として必要な設備のほか、ギブス室、訓練室、屋外訓練場、講堂、図書室、特殊手工芸等の作業を指導するに必要な設備、義肢装具を製作する設備及び浴室を設けること。ただし、義肢装具を製作する設備は、他に適当な施設があるときは、これを設けることを要しないこと。

二 通所による入所者のみを対象とする施設である肢体不自由児施設（以下「肢体不自由児通園施設」という。）には、医療法に規定する診療所として必要な設備のほか、訓練室、屋外訓練場、相談室及び調理室を設けること。

三 病院に収容することを要しない肢体不自由のある児童であって、家庭における養育が困難なものを入所させる肢体不自由児施設（以下「肢体不自由児療護施設」という。）には、児童の居室、静養室、医務室、訓練室、屋外訓練場、調理室、浴室及び便所を設けること。

四 肢体不自由児施設においては、階段の傾斜を緩やかにするほか、浴室及び便所の手すり等身体の機能の不自由を助ける設備を設けること。

（職員）

第69条 肢体不自由児施設には、医療法に規定する病院として必要な職員のほか、児童指導員、保育士及び理学療法士又は作業療法士を置かなければならない。

2 肢体不自由児施設の長及び医師は、肢体の機能の不自由な者の療育に関して相当の経験を有する医師でなければならない。

3 肢体不自由児施設の児童指導員及び保育士の総数は、通じて、乳児又は幼児おおむね10人につき1人以上、少年おおむね20人につき1人以上とする。

4 肢体不自由児通園施設には、医療法に規定する診療所として必要な職員のほか、児童指導員、保育士、看護師及び理学療法士又は作業療法士を置かなければならない。

5 肢体不自由児療護施設には、嘱託医、児童指導員、保育士、看護師、栄養士及び調理員を置かなければならない。ただし、児童40人以下を入所させる施設にあつては栄養士を、調理業務の全部を委託するものにあつては調理員を置かないことができる。

6 肢体不自由児療護施設の児童指導員及び保育士の総数は、通じておおむね児童の数を3.5で除して得た数以上とすること。

7 職業指導を課する場合には、職業指導員を置かなければならない。

（入所した児童に対する健康診断）

第70条 肢体不自由児施設においては、第12条第1項に規定する入所時の健康診断に当たり、整形外科的診断により肢体の機能障害の原因及びその状況を精密に診断し、入所を継続するか否かを考慮しなければならない。

（生活指導等）

第71条 肢体不自由児施設における生活指導及び職業指導並びに肢体不自由児施設の長の保護者等との連絡については、第50条、第51条及び第53条の規定を準用する。

2 前項のほか、肢体不自由児施設については、第46条の規定を準用する。

第9章の4 重症心身障害児施設

（設備の基準）

第72条 重症心身障害児施設の設備の基準は、医療法に規定する病院として必要な設備のほか、観察室、訓練室、看護師詰所及び浴室を設けることとする。

（職員）

第73条 重症心身障害児施設には、医療法に規定する病院として必要な職員のほか、児童指導員、保育士、心理指導を担当する職員及び理学療法士又は作業療法士を置かなければならない。

2 重症心身障害児施設の長及び医師は、内科、精神科、医療法施行令（昭和23年政令第326号）第3条の2第1項第一号ハ及びニ(2)の規定により神経と組み合わせた名称を診療科名とする診療科、小児科、外科、整形外科又はリハビリテーション科の診療に相当の経験を有する医師でなければならない。

第9章の5 情緒障害児短期治療施設

（設備の基準）

第74条 情緒障害児短期治療施設の設備の基準は、次のとおりとする。

一 児童の居室、医務室、静養室、遊戯室、観察室、心理検査室、相談室、工作室、調理室、浴室及び便所を設けること。

二 児童の居室の1室の定員は、これを5人以下とし、その面積は、1人につき3.3平方メートル以上とすること。

三 男子と女子の居室は、これを別にすること。

四 便所は、男子用と女子用とを別にすること。

（職員）

第75条 情緒障害児短期治療施設には、医師、心理療法を担当する職員、児童指導員、保育士、看護師、栄養士及び調理員を置かなければならない。ただし、調理業務の全部を委託する施設にあつては調理員を置かないことができる。

2 医師は、精神科又は小児科の診療に相当の経験を有する者でなければならない。

3 心理療法を担当する職員は、学校教育法の規定による大学の学部で心理学を修め学士と称することを得る者又は同法の規定による大学の学部で心理学に関する科目の単位を優秀な成績で修得したことにより、同法第102条第2項の規定により大学院への入学を認められた者であつて、個人及び集団心理療法の技術を有し、かつ、心理療法に関する1年以上の経験を有するものでなければならない。

4 心理療法を担当する職員の数は、おおむね児童10人につき1人以上とする。

5 児童指導員及び保育士の総数は、通じておおむね児童5人につき1人以上とする。

（心理療法、生活指導及び家庭環境の調整）

第76条 情緒障害児短期治療施設における心理療法及び生活指導は、児童の社会的適応能力の回復を図り、児童が、当該情緒障害児短期治療施設を退所した後、健全な社会生活を営むことができるように行わなければならない。

2 情緒障害児短期治療施設の長は、前項の目的を達成するため、児童の保護者に児童の性質及び能力を説明するとともに、児童の家庭の状況に応じ、その家庭環境の調整を行わなければならない。

第10章 児童自立支援施設

（設備の基準）

第79条　児童自立支援施設の学科指導に関する設備については，小学校，中学校又は特別支援学校の設備の設置基準に関する学校教育法の規定を準用する。ただし，学科指導を行わない場合にあつてはこの限りでない。

2　前項の規定する設備以外の設備については，第41条の規定を準用する。ただし，男子と女子の居室は，これを別にしなければならない。

（職員）

第80条　児童自立支援施設には，児童自立支援専門員（児童自立支援施設において児童の自立支援を行う者をいう。以下同じ。），児童生活支援員（児童自立支援施設において児童の生活支援を行う者をいう。以下同じ。），嘱託医及び精神科の診療に相当の経験を有する医師又は嘱託医，栄養士並びに調理員を置かなければならない。ただし，児童40人以下を入所させる施設にあつては栄養士を，調理業務の全部を委託する施設にあつては調理員を置かないことができる。

2　職業指導を行う場合には，職業指導員を置かなければならない。

3　児童自立支援専門員及び児童生活支援員の総数は，通じておおむね児童5人につき1人以上とする。

（児童自立支援専門員の資格）

第82条　児童自立支援専門員は，次の各号のいずれかに該当する者でなければならない。

一　医師であつて，精神保健に関して学識経験を有する者
二　社会福祉士となる資格を有する者
三　地方厚生局長の指定する児童自立支援専門員を養成する学校その他の養成施設を卒業した者
四　学校教育法の規定による大学の学部で，心理学，教育学若しくは社会学を専修する学科若しくはこれらに相当する課程を修めて卒業した者又は同法の規定による大学の学部で，心理学，教育若しくは社会学に関する科目の単位を優秀な成績で修得したことにより，同法第102条第2項の規定により大学院への入学を認められた者であつて，1年以上児童自立支援事業に従事したもの又は前条第1項第4号イからハまでに掲げる期間の合計が2年以上であるもの

五　学校教育法の規定による大学院において，心理学，教育学若しくは社会学を専攻する研究科又はこれらに相当する課程を修めて卒業した者であつて，1年以上児童自立支援事業に従事したもの又は前条第1項第4号イからハまでに掲げる期間の合計が2年以上であるもの

六　外国の大学において，心理学，教育学若しくは社会学を専修する学科又はこれらに相当する課程を修めて卒業した者であつて，1年以上児童自立支援事業に従事したもの又は前条第1項第4号イからハまでに掲げる期間の合計が2年以上であるもの

七　学校教育法の規定による高等学校若しくは中等教育学校を卒業した者，同法第90条第2項の規定により大学への入学を認められた者若しくは通常の課程による12年の学校教育を修了した者（通常の課程以外の課程によりこれに相当する学校教育を修了した者を含む。）又は文部科学大臣がこれと同等以上の資格を有すると認定した者であつて，3年以上児童自立支援事業に従事したもの又は前条第1項第4号イからハまでに掲げる期間の合計が5年以上であるもの

八　学校教育法の規定により，小学校，中学校，高等学校又は中等教育学校の教諭となる資格を有する者であつて，1年以上児童自立支援事業に従事したもの又は2年以上教員としてその職務に従事したもの

（児童生活支援員の資格）

第83条　児童生活支援員は，次の各号のいずれかに該当する者でなければならない。

一　保育士の資格を有する者
二　社会福祉士となる資格を有する者
三　3年以上児童自立支援事業に従事した者

（生活指導，職業指導，学科指導及び家庭環境の調整）

第84条　児童自立支援施設における生活指導及び職業指導は，すべて児童がその適性及び能力に応じて，自立した社会人として健全な社会生活を営んでいくことができるよう支援することを目的としなければならない。

2　学科指導については，学校教育法の規定による学習指導要領を準用する。ただし，学科指導を行わない場合にあつてはこの限りでない。

3　生活指導，職業指導及び家庭環境の調整については，第44条及び第45条の規定を準用する。

第11章　児童家庭支援センター

（設備の基準）

第88条の2　児童家庭支援センターには相談室を設けなければならない。

（職員）

第88条の3　児童家庭支援センターには，法第44条の2第1項に規定する業務（次条において「支援」という。）を担当する職員を置かなければならない。

2　前項の職員は，法第13条第2項各号のいずれかに該当する者でなければならない。

（支援を行うに当たつて遵守すべき事項）

第88条の4　児童家庭支援センターにおける支援に当たつては，児童，保護者その他の意向の把握に努めるとともに，懇切を旨としなければならない。

2　児童家庭支援センターにおいて，児童相談所，福祉事務所，児童福祉施設，民生委員，児童委員，母子自立支援員，母子福祉団体，公共職業安定所，婦人相談員，保健所，市町村保健センター，精神保健福祉センター，学校等との連絡調整を行うに当たつては，その他の支援を迅速かつ的確に行うことができるよう円滑にこれを行わなければならない。

3　児童家庭支援センターにおいては，その附置されている施設との緊密な連携を行うとともに，その支援を円滑に行えるよう必要な措置を講じなければならない。

索　引

あ　行

愛情欲求の未充足 …………………… 207
愛知県立ならわ学園 ………………… 175
アサイラム …………………………… 14
アフター・ケア ……………… 138, 239, 242, 267
アフター・ケア・ホーム …………… 138
アルメーダ, L. …………………… 18, 154
医学的治療 …………………………… 260
池上感化院 …………………………… 180
石井十次 …………………………… 24, 135
意識化 ………………………………… 228
衣生活 ………………………………… 213
依存感情 ……………………………… 39
一時保護 ……………………………… 202
一時保護所 …………………………… 204
意図的集団 …………………………… 233
ウェザーヘッド博士 ………………… 4
運営管理能力 ………………………… 116
運動療法 ……………………………… 238
栄養士 ………………………………… 213
江戸時代の児童養護 ………………… 19
エリクソン, E. …………………… 209
エレン・ケイ ……………………… 2, 36
援助計画 ……………………………… 246
援助展開の多面性と治療的要素 …… 267
援助の互換性と相互連携 …………… 268
オーエン, R. ……………………… 21
大阪市立児童院 ……………………… 175
岡山県立津島児童学院 ……………… 175
親子関係調整 ……………… 59, 195, 239
親子分離 ……………………………… 80

か　行

カーティス委員会 …………………… 294
介護福祉士 …………………………… 102
介護福祉士法 ………………………… 282
カウンセリング ……………………… 172
科学的思考 ……………………… 269, 271
核家族化 ………………… 4, 41, 33, 173
学習意欲の喪失 ……………………… 59
学童期の発達 ………………………… 9
家族関係不調 ………………………… 54
家族機能の低下・脆弱化 ……… 48, 153
価値観・倫理観の形成 …………… 39, 40
学校との連携 ………………………… 218
学校不適応―不登校児童 …………… 54
家庭型・居住型施設 ………………… 64
家庭学校 ……………………………… 180
家庭環境不良 ………………………… 53
家庭機能 ……………………………… 292
家庭裁判所 …………………………… 57, 264
家庭児童養護 ………………………… 4
家庭調整 ……………………………… 71
家庭的雰囲気 ………………………… 61
家庭に変わる機能 …………………… 98
家庭のない家庭の時代 ……………… 292
家庭復帰 ……………………………… 70
家庭崩壊 ………………………… 50, 210
家庭養育 ……………………………… 36
家庭養育の機能の衰退 ……………… 50
家庭療育 ……………………………… 61
ガルトン, F. ……………………… 22
環境汚染 ……………………………… 2
環境療法 ……………………………… 267
監獄 …………………………………… 179
緘黙 …………………………………… 174
基礎的集団 …………………………… 231
基本的信頼 …………………………… 209
基本的人権 …………………………… 37
基本的生活習慣 …………………… 39, 210
救護法 ………………………………… 27
共感関係 ……………………………… 163
教護院運営要領 ……………………… 177
京都市立青葉寮 ……………………… 175
居住型施設養護 ……………………… 66

拒食	174
居宅生活支援事業	61
記録	271
近代の養護思想	25
クライン，M.	237
クラブ活動	182
グループダイナミックス	197
グループホーム	13, 108, 278
グループワーカー	230, 257
グループワーク	229, 230
訓戒・誓約	204
ケア・フォース	293
経営主体	256
経済的基盤	49
ケースワーカー	224, 257
ケースワーク	224
ケースワークの基本原理（原則）	227
言語療法	238
原始・古代社会の生活と児童	14
現代家族の特徴	41
効果測定	138
工業化	173
合計特殊出生率	43
光明皇后	134
交友のひろがり	218
高齢化社会	282
国際児童年	37
国際人権宣言	36
国際連盟によるジュネーブ宣言	36
国立感化院武蔵野学院	180
国連・子どもの権利に関する条約	6
孤児院	30
子育てに関する意識	45
子育てに伴う否定的感情	47
古代の児童養護	15
子供の人権擁護	192
コノプカ，J.	230
小林提樹	161
個別化	227
個別的養育	157
小松島子どもの家	175
コミュニケーション	271
コミュニティ・ケア	61, 63

コミュニティワーク	267, 268

さ 行

サイコドラマ	177
在宅ケア	62
作業療法	238
里親委託	52
里親制度	274
里親養護	12, 60, 61, 82
賛育会乳児院	154
自己覚知	122
自己決定	227
自己洞察	113
思春期（青年期）の発達	10, 40
静岡県立吉原林間学園	175
施設外研修	111
施設固有の機能	99
施設内教育	219
施設内研修	111
施設入所	52, 60, 78
施設の管理責任者	120
施設の社会化	136
施設の職員としての資質	120
施設養護	82, 247
施設養護過程	266
施設養護内容	247
施設養護の重要性	62
施設養護の展開過程	265
施設養護の萌芽	23
施設養護の目標	66
施設養護の理念	66
肢体不自由児施設	69, 145
自治会活動	182
視聴覚障害	153
しつけ	211
児童委員指導	204
児童期	40
児童虐待防止法	27
児童憲章	6, 32, 37, 194
児童権利宣言	6, 33, 36, 194
児童厚生施設	68, 187
児童指導員	64, 200
児童自立支援施設	57, 69, 177

児童心理学	38	社会的評価	247
児童心理司	200, 203, 260	社会的養護機能	251, 292
児童精神医学	38	社会的養護サービス	7
児童相談所	50, 195, 199, 260, 261	社会福祉士	102, 282
児童の権利	6	社会福祉主事	224
児童の権利に関する条約	36	社会福祉職の動向と専門性	109
児童の個別化	196	社会復帰	70
児童の処遇と時間短縮	126	社会不適応―非行	56
児童の人格の社会化	38	シャザル, J.	5
児童の人権	198	ジャンス, E.W.	269
児童の世紀	33	重症心身障害児	58
児童の知識（head），身体（hand），意志（heart）	38	重症心身障害児施設	69
		住生活	214
児童の発達保障	6	集団主義養護理論	136
児童票	205	集団心理療法	177
児童福祉司	57, 200, 203, 260	主訴	266
児童福祉施設	68	恤救規則	26
児童福祉施設最低基準	95, 237	受容	228
児童福祉指導	204	障害児の権利と福祉と教育の保障	143
児童福祉の基本理念	59	障害児保育	185
児童福祉の思想	37	小規模グループ化	156
児童福祉のための施設運営	90	小規模施設	278
児童福祉法	6, 32	少産化傾向	42
児童養護	3, 59	小舎制	22, 135, 214
児童養護施設	68, 132	情緒障害児短期治療施設	69, 176
児童養護職員	62	情緒不安	181
児童養護職員の人間性	269, 270	職員集団	256
児童養護の変遷	13	職員の訓練・研修	110
児童養護問題	49, 54, 59	職員の専門性向上	85
視能訓練	238	処遇援助技術の互換性	268
自発的・自律的態度	177	処遇過程の連続性と一貫性の保持	265
自閉症	174	処遇効果	198
自閉症児施設	189	処遇効果の測定評価	246
シモン, V.	22	処遇の責任者	119
社会資源の活用	220	食生活	213
社会的ケア	52, 53, 59	助言指導	204
社会的ケアサービス	60	助産施設	182
社会的ケアの基本的枠組	59	女性の開放運動	186
社会的ケアの基本理念	61	女性の社会参加	43
社会的児童養護	4	女性の就労率	44
社会的自立	40	自立援助ホーム	138, 263
社会的自立のための依存	39	私立予備感化院	180
社会的適応	270	人格形成基盤	37

親権	49	戦争と児童	29
親権帰属	49	ぜん息	153
親権者の権利	198	仙台基督教育児院	154
人口の過密・過疎	173	先天性心疾患	153
心身障害児通園事業	190	専門家集団との協働	260
診断	266	専門職業的の意識	272
診断判定会議	204	専門職業的対人関係	269
信頼関係	40, 196	専門性を支える職員の人間性	269
心理的葛藤	54	専門的基盤の確立	265
心理療法	260	専門的対人関係	228
心理療法士	237	専門的養護	58
進路指導	217	憎悪感	181
スーパーバイザー	112, 271	相互連携	268
スーパービジョン	111, 271, 272	措置委託費	93
スキンシップ	156	措置会議	204
ストレス要因	153	措置機関	266
スピッツ, R.A.	81	措置通知書	198
生活共同体	4	措置判定会議	202
生活圏の拡大	40	措置変更	205, 251
生活習慣の5原則	248	措置理由	266
生活主体者	278		
生活ニーズ	39	**た 行**	
生活日課	211	第2救護施設	174
生活リズム	212	大舎制	214
生活歴	242	対象者参加	228
性教育	216	対人恐怖	174
脆弱化	210	体罰	91
精神医学的治療	236	高木憲次	147
精神衛生	155	高瀬真郷	180
精神的健康	254	他機関とのシステム連携	269
精神的ショック	52	単親家庭	58
精神発達	174	地域社会との交流	220
成長発達過程	67	地域社会に開かれた施設づくり	218
清和天皇	154	知育偏重	56
世界児童憲章	6	少子部	15
世界人権宣言	33	チームアプローチ	235, 239
責任主体	256	チームワーク	122, 257
ゼネバ宣言	6, 33	父親の存在感	48
全国社会福祉協議会	155	父親不在の現象	43, 44
全国社会福祉協議会乳児福祉協議会	152	知的障害児施設	68
全国乳児院収容状況実態調査	153	知的障害児通園施設	68, 189
潜在的崩壊家庭	174	知能指数(IQ)	157
前思春期の発達	10	中世の児童養護	16

索 引

調査	266
懲治場	179
調理員	213
通告・相談	200
通所型施設養護	63, 65
妻の親権	52
同一視(identification)	39
東京都マイタウン構想	276
東京都養育家庭制度	275
都市化現象	173
留岡幸助	24, 180
都立母子保健院	155
トレッカー, H.	229

な 行

長野県立諏訪湖健康学園	175
名古屋市立くすのき学園	175
難聴幼児通園施設	168, 190
日常生活の治療的教育的環境の設定	267
乳児院	68, 151
入所型施設養護	73
乳幼児期	40
任意集団	234
人間関係障害	209
人間関係の基本	121
人間性の回復	70, 194
人間不信	181
脳器質的障害	210
脳波検査	236
ノーマライゼーション	97

は 行

パーソナリティ	8
パーソンズ, T.	38
パーマネンシー・プランニング（永続的計画）	83, 296
バイステック, F.P.	224
敗戦後の児童養護	29, 30
ハウスペアレント	278
白亜館児童福祉会議	36
ハゼル・フレデリクセン	290
発達障害	153
発達段階に応じた教育の保障	92
発達段階の理解	8
発達の原則	7
発達保障	11, 37
反社会的行動	10, 57, 174
反社会的問題行動	208
非行行為	56, 174
非社会的問題行動	174, 208
非人救済	154
悲田院	14, 16, 134
秘密厳守	228
兵庫県立清水ヶ丘学園	175
貧困問題	2
ファミリー・グループホーム	77, 276
ファミリー・ケースワーク	71, 137
ファミリー・サポート・サービス	83
ファミリー・ソーシャルワーク	267, 268
ファミリー・ヘルパー・プロジェクト	84
福祉事務所	50, 195, 224, 260, 264
婦人共立育児会	154
不登校児童生徒	57, 58
不良行為	178
プレイ・セラピー	172
フロイト, A.	237
分離・適応体験	204
ペスタロッチ	21
ベビーホテル	155, 185
ベルナード, N.W.	7
ベンダー, R.	81
保育士	64, 200
保育所	68, 183
防災避難訓練	216
暴走行為	174
ボウルビー, J.	71, 81, 156
ホームライフ的形態	211
保健所	260, 264
母子家庭の自立更生	186
母子関係	7
母子生活支援施設	68, 186
ホスピタリズム	81, 135
母性的養育の喪失	156
母性のアタッチメント	38
ボランティアとの連携	222
堀文次	135

ま 行

マッセン，P.H. ……………………………207
マルサス ………………………………………22
慢性湿疹 ………………………………………153
三つ子の魂百まで ……………………………155
面接指導 ………………………………………57
面接相談員 ……………………………………200
盲ろうあ児施設 ………………………68, 164, 167

や 行

薬物依存 ………………………………………174
山口県立みほり学園 …………………………175
遊戯療法（プレイ・セラピー）……………237
養育家庭 ………………………………………275
養育不安・混乱 ………………………………56
養育不能 ………………………………………54
要援護児童 ……………………………………62
養護相談の推移 ………………………………50
幼保一元化 ……………………………………184

ら 行

余暇時間 ………………………………………215
余暇指導 ………………………………………182

ら 行

ライフサイクル ………………………………44
理学療法 ………………………………………238
理学療法士 ……………………………………151
離婚件数 ………………………………………48
リッチモンド，M. …………………………224
リハビリテーション …………58, 149, 237, 268
両親共稼ぎによる鍵っ子の問題 ……………172
ルーズベルト，T. ……………………………36
ルソー，J.J. …………………………………21
ろう学校 ………………………………168, 169
労働時間短縮 …………………………105, 125
ロールプレイ …………………………………177

わ 行

ワーカーの自己理解（自己分析）…………228
ワークハウス …………………………………21

《著者紹介》

飯田　進（いいだ・すすむ）
（Ⅰ章，Ⅴ章-7，Ⅶ章-1・7執筆）
1932年生まれ
明治学院大学大学院社会福祉学専攻修士課程修了
元　　弘前学院大学社会福祉学部教授
現在　児童養護施設堀川愛生園理事長

大嶋　恭二（おおしま・きょうじ）
（Ⅳ章，Ⅴ章-5・6，Ⅶ章-3執筆）
1942年生まれ
McGill大学大学院修士課程修了ソーシャルワーク専攻
現在　共立女子大学家政学部教授

小坂　和夫（こさか・かずお）
（Ⅴ章-4・8，Ⅵ章，Ⅶ章-2・5執筆）
明治学院大学社会学部卒業
養護施設二葉学園園長，郡山女子大学家政学部助教授を歴任
1999年　逝去

豊福　義彦（とよふく・よしひこ）
（Ⅱ章，Ⅴ章-2，Ⅶ章-4執筆）
1935年生まれ
明治学院大学大学院社会福祉学専攻修士課程修了
現在　東京キリスト教大学非常勤講師

宮本　和武（みやもと・かずむ）
（Ⅲ章，Ⅴ章-1・3・9，Ⅶ章-6執筆）
1950年生まれ
明治学院大学大学院社会福祉学専攻修士課程修了
現在　パット博士記念ホーム園長

養護内容総論〔改訂版〕

1989年5月20日	初版第1刷発行　〈検印省略〉
2000年4月20日	初版第17刷発行
2001年6月10日	改訂版1刷発行
2012年10月1日	改訂版16刷発行

定価はカバーに表示しています

著　者　　飯田　進・大嶋恭二
　　　　　小坂和夫・豊福義彦
　　　　　宮本和武

発行者　　杉田啓三

印刷者　　田中雅博

発行所　株式会社　ミネルヴァ書房
607-8494 京都市山科区日ノ岡堤谷町1
電話（075）581-5191／振替01020-0-8076

© 飯田進ほか，2001　　創栄図書印刷・清水製本

ISBN 978-4-623-03480-2

Printed in Japan

一番ヶ瀬康子編著
新・社会福祉とは何か［第3版］　　　￥2000

宮脇源次・森井利夫
瓜巣一美・豊福義彦　著
社会福祉入門［第5版］　　　￥2400

福田志津枝・古橋エツ子編著
私たちの生活と福祉［第4版］　　　￥2400

宮脇源次・村形光一
瓜巣一美・豊福義彦　著
児童福祉入門［第4版］　　　￥2400

福田志津枝編著
これからの児童福祉［第4版］　　　￥2400

長谷川眞人・神戸賢次・小川英彦編著
子どもの援助と子育て支援　　　￥2800
　　　──児童福祉の事例研究──

《シリーズ 少子化社会の子ども家庭福祉》
竹中哲夫・垣内国光・増山均編著
①新・子どもの世界と福祉　　　￥2800

浅倉恵一・峰島厚編著
②新・子どもの福祉と施設養護　　　￥2800

浅倉恵一・峰島厚編著
③子どもの福祉と養護内容　　　￥2400
　　　──施設における実践をどうすすめるか──

ミネルヴァ書房
http://www.minervashobo.co.jp/

資料

「障害者自立支援法」の概要

　平成17年11月7日,「障害者自立支援法」(平成17年法律第123号)が公布されました。この新法の概要を,
- 厚生労働省:障害者自立支援法による改革〜「地域で暮らす」を当たり前に〜(資料詳細版　http://www.mhlw.go.jp/bunya/shougaihoken/jiritsushien-hou02/2.html)
- 官報:平成17年11月7日(号外第249号)「本号で公布された法令のあらまし」

から抜粋し,収録します。
　この法律の施行期日は,法附則第1条に
　第1条　この法律は,平成18年4月1日から施行する。ただし,次の各号に掲げる規定は,当該各号に定める日から施行する。
　　一　附則第24条などの規定〔略〕　公布の日
　　二　附則第18条などの規定〔略〕　平成18年10月1日
　　三　附則第63条などの規定〔略〕　平成24年3月31日までの日で政令で定める日

と規定されています。

（ミネルヴァ書房編集部，2006年4月，非売品）

ミネルヴァ書房

「障害者自立支援法」のポイント

(厚生労働省：障害者自立支援法による改革〜「地域で暮らす」を当たり前に〜（資料詳細版）より抜粋)

「障害者自立支援法」のポイント

法律による改革

障害者施策を3障害一元化

現状
- 3障害（身体，知的，精神）ばらばらの制度体系（精神障害者は支援費制度の対象外）
- 実施主体は都道府県，市町村に二分化

→
- 3障害の制度格差を解消し，精神障害者を対象に
- 市町村に実施主体を一元化し，都道府県はこれをバックアップ

利用者本位のサービス体系に再編

現状
- 障害種別ごとに複雑な施設・事業体系
- 入所期間の長期化などにより，本来の施設目的と利用者の実態とが乖離

→
- 33種類に分かれた施設体系を6つの事業に再編。あわせて、「地域生活支援」「就労支援」のための事業や重度の障害者を対象としたサービスを創設
- 規制緩和を進め既存の社会資源を活用

就労支援の抜本的強化

現状
- 養護学校卒業者の55％は福祉施設に入所
- 就労を理由とする施設退所者はわずか1％

→
- 新たな就労支援事業を創設
- 雇用施策との連携を強化

支給決定の透明化，明確化

現状
- 全国共通の利用ルール（支援の必要度を判定する客観的基準）がない
- 支給決定のプロセスが不透明

→
- 支援の必要度に関する客観的な尺度（障害程度区分）を導入
- 審査会の意見聴取など支給決定プロセスを透明化

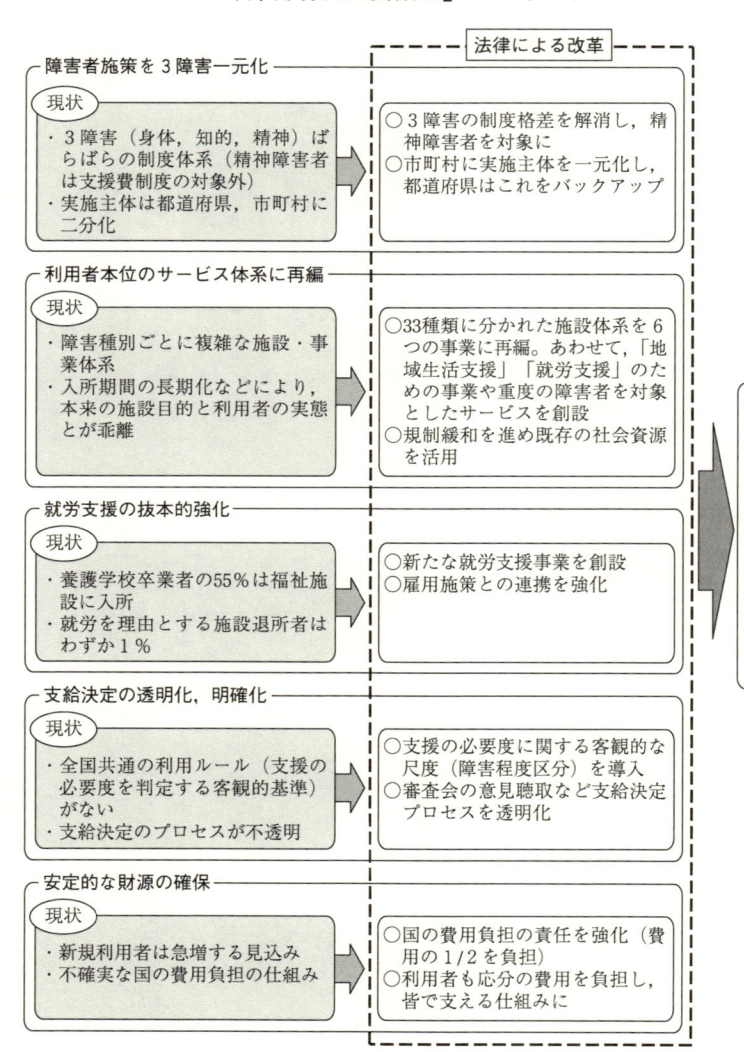

安定的な財源の確保

現状
- 新規利用者は急増する見込み
- 不確実な国の費用負担の仕組み

→
- 国の費用負担の責任を強化（費用の1/2を負担）
- 利用者も応分の費用を負担し，皆で支える仕組みに

⇒ 障害者が地域で暮らせる社会に　自立と共生の社会を実現

1　障害福祉サービスの「一元化」（制度の現状）

○障害の種別や年齢により，制度が複雑に組合わさっている。

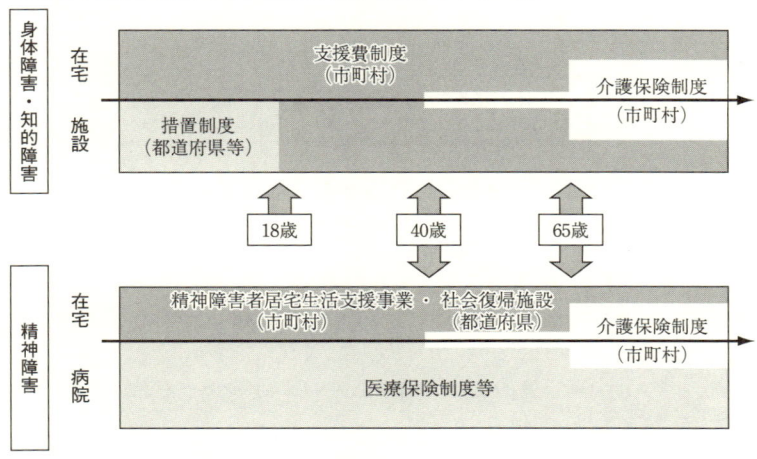

身体障害・知的障害
- 在宅：支援費制度（市町村） → 介護保険制度（市町村）
- 施設：措置制度（都道府県等） → 支援費制度（市町村） → 介護保険制度（市町村）

区分：18歳／40歳／65歳

精神障害
- 在宅：精神障害者居宅生活支援事業（市町村）・社会復帰施設（都道府県） → 介護保険制度（市町村）
- 病院：医療保険制度等

（注）かっこ内はサービスの実施主体や保険者等

障害福祉サービスの「一元化」（改革後の姿）

○「障害者自立支援法案」において障害者に共通の自立支援のための各種福祉サービスについて一元的に規定
○サービス提供主体は市町村に一元化

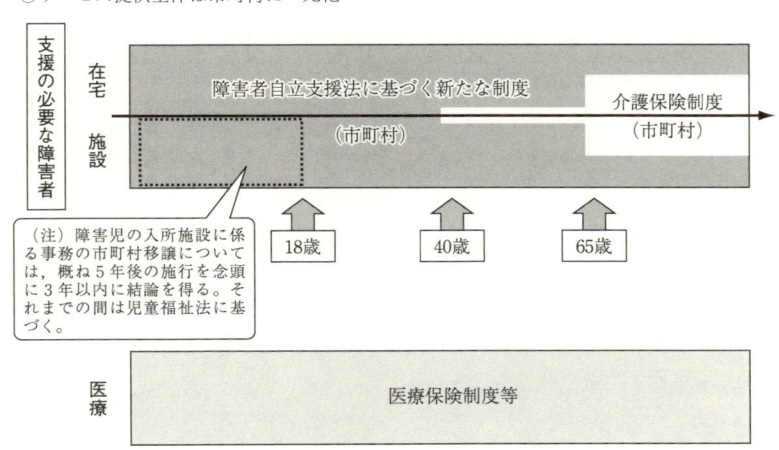

支援の必要な障害者
- 在宅：障害者自立支援法に基づく新たな制度（市町村） → 介護保険制度（市町村）
- 施設：障害者自立支援法に基づく新たな制度（市町村） → 介護保険制度（市町村）

区分：18歳／40歳／65歳

（注）障害児の入所施設に係る事務の市町村移譲については，概ね5年後の施行を念頭に3年以内に結論を得る。それまでの間は児童福祉法に基づく。

医療：医療保険制度等

2　働く意欲や能力のある障害者の就労支援

- 福祉施設から一般就労への移行を進めるための事業「就労移行支援事業」を創設
- 福祉と雇用がネットワークを構成して，障害者の適性に合った就職の斡旋等を行う。
- このほか，雇用施策においても，精神障害者への雇用率適用を含め，さらに障害者雇用を進める。

⇩

障害者がその能力や適性に応じて，より力を発揮できる社会へ

3　地域の限られた社会資源の活用

（運営基準の緩和）
- 制度を抜本的に見直し，一つの施設で異なる障害を持つ人にサービス提供できるよう規制緩和（特定の障害種別を対象にサービス提供することも可能）

（施設基準の緩和）
- 障害福祉サービスの拠点として，空き教室や空き店舗の活用ができるよう施設基準を緩和

（運営主体の緩和）
- 通所サービスについて，社会福祉法人のみならずＮＰＯ法人等も参入可能になるよう運営主体の規制を緩和

（既存のサービスの活用）
- 施設，事業体系を再編し，現在，法定外の事業である小規模作業所のうち，良質なサービスを提供するものについては，新たなサービス体系の下でサービス提供できるよう，都道府県の障害福祉計画に基づいて計画的に移行。

⇩

身近なところにサービス拠点
小規模な市町村でも障害者福祉に取組可能・地域活性化に貢献

4　手続きや基準の透明化・明確化

- 障害者のニーズに即して，支援を効果的に実施するための仕組み（ケアマネジメント）を制度化
- 福祉サービスの個別給付については，支援の必要度に関する客観的な尺度を開発
- サービスの長時間利用のケース等については，市町村は，住民に対する説明責任が果たせるよう，審査会を設置して意見を求めることができるようにする。

⇩

- 現在サービスを利用している者だけでなく，新たにサービスを利用しようとする者も，支援の必要度に応じて公平にサービスが利用できるようになる。
- サービス量と費用の必要性の説明が可能となり，支援の必要な障害者が必要なサービスを利用できる体制づくりに資する。
- 地域の実情に応じたサービス提供をしつつ，地域格差の縮小に資する。
- より効果的な支援の実現に資する。

5　増大するサービスの費用を皆で負担し支え合う

- 福祉サービスについては，新たにサービスを利用し始める者も多く，現状のままでは制度を維持することが困難であることから，必要なサービス量を確保するため，サービスの利用者を含めて，皆で費用を負担し支え合うことが必要。
- 公費負担医療については，制度により負担の軽減の仕組みが異なり統一が必要であるほか，精神通院公費や更生医療は医療費が急増しており，必要な医療を確保しつつ制度を維持するため，皆で費用を負担し支え合うことが必要。

福祉サービス

- 食費や光熱水費の実費負担
- サービス量と所得に応じた負担（定率負担＋月額負担上限）
- きめ細かな経過措置や，収入や預貯金のない者への配慮
- 在宅サービスに係る国及び都道府県の負担の義務化

公費負担医療

- 医療の質の確保や透明化等を推進
- 低所得者や継続的に相当額の医療費負担が発生する者に給付対象者等を重点化
- 医療費と所得に応じた負担
- 入院時の食費負担

「障害者自立支援法」のあらまし
（官報：平成17年11月7日（号外第249号）より抜粋）

◇**障害者自立支援法**（法律第123号）（厚生労働省）

一　目的

　　この法律は，障害者基本法（昭和45年法律第84号）の基本的理念にのっとり，他の障害者及び障害児の福祉に関する法律と相まって，障害者及び障害児がその有する能力及び適性に応じ，自立した日常生活又は社会生活を営むことができるよう，必要な障害福祉サービスに係る給付その他の支援を行い，もって障害者及び障害児の福祉の増進を図るとともに，障害の有無にかかわらず国民が相互に人格と個性を尊重し安心して暮らすことのできる地域社会の実現に寄与することを目的とすることとした。（第1条関係）

二　自立支援給付
1　障害程度区分及び支給要否決定に関する審査判定業務を行わせるため，市町村に介護給付費等の支給に関する審査会を置くこととした。（第15条関係）
2　支給決定等
　㈠　介護給付費等の支給を受けようとする障害者等は，市町村に申請をし，市町村の介護給付費等を支給する旨の決定を受けなければならないこととした。（第19条第1項及び第20条関係）
　㈡　市町村は，障害程度区分の認定及び支給要否決定を行うため，申請に係る障害者等の心身の状況，置かれている環境等について調査することとした。（第20条関係）
　㈢　市町村は，市町村審査会が行う障害程度区分に関する審査及び判定の結果に基づき，

障害程度の区分の認定を行うこととした。（第 21 条関係）
　　㈣　市町村は、障害者等の障害程度区分、介護者の状況、障害福祉サービスの利用に関する意向その他の事項を勘案して支給要否決定を行うこととした。（第 22 条関係）
　3　介護給付費，訓練等給付費等の支給
　　㈠　市町村は，支給決定を受けた障害者等が，都道府県知事が指定する指定障害福祉サービス事業者等から指定障害福祉サービス等を受けたときは，介護給付費又は訓練等給付費を支給することとした（第 29 条第 1 項関係）
　　㈡　介護給付費又は訓練等給付費の額は，障害福祉サービスの種類ごとに指定障害福祉サービス等に通常要する費用につき，厚生労働大臣が定める基準により算定した費用の額の 100 分の 90 に相当する額とすることとした。（第 29 条第 3 項関係）
　　㈢　支給決定障害者等が同一の月に受けた指定障害福祉サービス等に要した費用の額の合計額から介護給付費及び訓練等給付費の合計額を控除して得た額が，家計に与える影響その他の事情をしん酌して政令で定める額を超えるときは，当該同一の月における介護給付費又は訓練等給付費の額は，㈡により算定した費用の額の 100 分の 90 に相当する額を超え 100 分の 100 に相当する額以下の範囲内において政令で定める額とすることとした。（第 29 条第 4 項関係）
　　㈣　市町村は，所得の状況その他の事情をしん酌して定める特定障害者が，障害者支援施設等から特定入所サービスを受けたときは，当該施設等における食事の提供及び居住に要した費用について，特定障害者特別給付費を支給することとした。（第 34 条関係）
　4　指定障害福祉サービス事業者，指定障害者支援施設等及び指定相談支援事業者
　　㈠　指定障害福祉サービス事業者，指定障害者支援施設及び指定相談支援事業者の指定は，申請により，障害福祉サービスの種類等ごとに都道府県知事が行うこととした。（第 36 条，第 38 条及び第 40 条関係）
　　㈡　指定事業者等は，人員，設備及び運営に関する基準に従って，指定障害福祉サービス等又は指定相談支援を提供しなければならないこととした。（第 43 条〜第 45 条関係）
　5　自立支援医療費
　　㈠　自立支援医療費の支給を受けようとする障害者等は，市町村又は都道府県の自立支援医療費を支給する旨の認定を受けなければならないこととした。（第 52 条関係）
　　㈡　市町村等は，障害者等の心身の障害の状態からみて自立支援医療を受ける必要があり，かつ，当該障害者等又はその属する世帯の他の世帯員の所得の状況，治療状況その他の事情を勘案して政令で定める基準に該当する場合には，自立支援医療の種類ごとに支給認定をすることとした。（第 54 条関係）
　　㈢　市町村等は，支給認定を受けた障害者等が，都道府県知事が指定する指定自立支援医療機関から自立支援医療を受けたときは，自立支援医療費を支給することとした。（第 58 条関係）
　6　補装具費の支給
　　市町村は，障害者等の障害の状態からみて，補装具の購入又は修理を必要とする者であると認めるとき（障害者等又はその世帯員の所得が政令で定める基準以上であるときを除く。）は，当該補装具の購入又は修理に要した費用について，補装具費を支給することとした（第 76 条関係）
三　地域生活支援事業
　1　市町村が行う事業として，障害者等からの相談に応じ，必要な情報の提供及び助言等を供与するとともに，障害者等の権利の擁護のために必要な援助を行う事業，手話通訳

者等の派遣，日常生活用具の給付又は貸与，障害者等の移動を支援する事業等を定めることとした。(第77条関係)
2 都道府県が行う事業として，特に専門性の高い相談支援事業その他の広域的な対応が必要な事業等を定めることとした。(第78条関係)

四 障害福祉計画
1 厚生労働大臣は，障害福祉サービス及び相談支援並びに地域生活支援事業の提供体制を整備し，自立支援給付等の円滑な実施を確保するための基本的な指針を定めることとした。(第87条関係)
2 市町村及び都道府県は，基本指針に即して，障害福祉サービス，相談支援及び地域生活支援事業の提供体制の確保に関する計画を定めることとした。(第88条及び第89条関係)

五 費用
1 都道府県の負担及び補助
 (一) 都道府県は，障害福祉サービス費等負担対象額，自立支援医療費等及び補装具費の100分の25を負担することとした。(第94条第1項関係)
 (二) 都道府県は，予算の範囲内において，市町村の地域生活支援事業に要する費用の100分の25以内を補助することができることとした。(第94条第2項関係)
2 国の負担及び補助
 (一) 国は，障害福祉サービス費等負担対象額，自立支援医療費等及び補装具費の100分の50を負担することとした。(第95条第1項関係)
 (二) 国は，予算の範囲内において，地域生活支援事業に要する費用等の100分の50以内を補助することができることとした。(第95条第2項関係)

六 審査請求
市町村長の介護給付費等に係る処分に不服がある障害者等は，都道府県知事に対し審査請求をすることができることとするとともに，都道府県知事は，障害者介護給付費等不服審査会を置くことができることとした。(第97条及び第98条関係)

七
この法律は，一部の規定を除き，平成18年4月1日から施行することとした。